स्त्री-पुरुष : कुछ पुनर्विचार

स्त्री-पुरुष
कुछ पुनर्विचार

राजकिशोर

वाणी प्रकाशन

वाणी प्रकाशन

4695, 21-ए, दरियागंज, नयी दिल्ली 110 002

फ़ोन : +91 11 23273167 फ़ैक्स : +91 11 23275710

शाखाएँ

अशोक राजपथ, पटना 800 004, बिहार

कॉफ़ी हाउस कैम्पस, महात्मा गांधी मार्ग, इलाहाबाद 211 001, उत्तर प्रदेश

महात्मा गांधी अन्तरराष्ट्रीय हिन्दी विश्वविद्यालय, वर्धा 442 001, महाराष्ट्र

www.vaniprakashan.in
marketing@vaniprakashan.in
sales@vaniprakashan.in

STREE-PURUSH : KUCHH PUNARVICHAR
(Man and Woman : Some Reconsiderations)
by Raj Kishore

ISBN : 978-81-8143-654-2
Feminism

संस्करण 2000, 2007

आवृत्ति 2019

मूल्य : ₹ 395

सिटी प्रेस, दिल्ली-110 095 में मुद्रित

वाणी प्रकाशन का लोगो मक़बूल फ़िदा हुसेन की कूची से

तुम्हें प्यार करने का
दर्द
उससे कहीं ज्यादा है
जितना मैं सह सकता हूँ

व्यक्ति का व्यक्ति से प्रत्यक्ष, प्राकृतिक और जरूरी रिश्ता *स्त्री* से पुरुष का रिश्ता हैं। इस प्राकृतिक प्रजातीय रिश्ते में प्रकृति से मनुष्य का रिश्ता तत्काल मनुष्य से उसका रिश्ता बन जाता है। ठीक उसी तरह जैसे मनुष्य से उसका रिश्ता तत्काल प्रकृति से उसका रिश्ता बन जाता है—जो उसकी अपनी *प्राकृतिक* मंजिल है। अतः इस रिश्ते में यह *ऐंद्रिक रूप से अभिव्यक्त* होता है—जिसे हम एक *तथ्य* की तरह लक्ष्य कर सकते हैं कि मानव सत्व किस हद तक मनुष्य के लिए स्वाभाविक हो गया है या प्रकृति किस हद तक मनुष्य का मानव सत्व हो गयी है। अतः इस रिश्ते से हम मानव विकास के समग्र स्तर की परख भी कर सकते हैं।

—कार्ल मार्क्स

(इकॉनॉमिक एंड फिलासाफिक मैनुस्क्रिप्ट्स ऑफ 1844)

लेखकीय

दुनिया भर में पुरुष के लिए स्थूल लौकिक चिंताओं के अलावा स्त्री और ईश्वर, यही कुतूहल, कल्पना तथा सोच-विचार के दो प्रमुख केंद्र रहे हैं। ईश्वर ने मुझे कभी आकर्षित नहीं किया, स्त्री अब भी लुभाती है। लेकिन बहुत-से दूसरे लोगों की तरह ही स्त्री मेरे लिए भी जितना यथार्थ है, उससे कहीं ज्यादा कल्पना। यथार्थ और कल्पना के बीच इतनी भयावह और खतरनाक दूरी क्यों है ? इसकी जड़ें कहाँ हैं ? इस दूरी के नतीजे क्या निकले हैं ? इसे कैसे पाटा जा सकता है ? यह लेख माला इन परेशान कर देनेवाले सवालों का जवाब खोजने की एक विनम्र कोशिश है। मैं नहीं जानता कि मेरी स्थापनाएँ कहाँ तक सही हैं। इसी लिए इन्हें प्रस्ताव कहना ही मुझे उचित जान पड़ता है। दरअसल, मेरी मूल कोशिश उस नयी विचारधारा के संदर्भ में स्त्री-पुरुष संबंध को देखने की है, जिसके केंद्र में व्यक्ति और समाज, प्रकृति तथा संस्कृति तथा आवश्यकता और उद्योग का स्वाभाविक संतुलन है।

जाहिर है, स्त्रियों के मन में भी ऐसे ही सवाल उठते होंगे। वे जब समर्थ होंगी, तब अपने उत्तर खुद खोजेंगी। पश्चिम में तो खोज ही रही हैं, जिसका लाभ हमें भी मिल रहा है। लेकिन भारत का एक अपना यथार्थ भी है। अतः उसके बहुत-से सवाल अपने सवाल होंगे और उनका उत्तर भी अपने ही आसपास खोजना होगा। यह खुशी की बात है कि पिछले एक दशक से भारतीय स्त्री भी चुप नहीं है। वह न केवल सवाल उठा रही है, बल्कि जवाब भी ढूँढ़ रही है। महादेवी वर्मा, आशापूर्णा देवी, अमृता प्रीतम, मधु किश्वर, मणिमाला, कात्यायनी आदि इस रचनात्मक बेचैनी के कुछ प्रतीक भर हैं।

लेख माला की मूल योजना काफी लंबी है। उसमें 75 से ज्यादा अध्याय हैं। लेकिन विभिन्न कारणों से यह काम आगे नहीं बढ़ाया जा सका। भविष्य में कभी सुविधा हुई, तो इस लेख माला को उसकी तार्किक परिणति तक ले जाने में मुझे बहुत खुशी होगी। यहाँ कुछ ऐसे लेख जरूर जोड़ दिये गये हैं, जो मूल योजना का अंग नहीं हैं। आशा है, इससे पुस्तक की उपयोगिता बढ़ी ही है।

—राजकिशोर

क्रम

1. जो है, उससे बेहतर चाहिए

विकास और विडंबना का रोमांचक, क्रूर, कौतुकपूर्ण तथा प्रेरक नजारा देखना हो तो मानव जाति का इतिहास पढ़ना चाहिए। यह मुक्तियों तथा जंजीरों की एक ऐसी महागाथा है, जो मनुष्यता पर गर्व करना सिखलाती है, तो उस पर शर्मिंदा होने की पर्याप्त सामग्री भी मुहैया करती है। मानव जीवन की रक्षा के प्रयत्न और संहार, मानव अधिकारों की मान्यता और उनका हनन, एकविवाह पद्धति और व्यभिचार, राष्ट्रीयता और साम्राज्यवाद, ज्ञान का विकास और नयी-नयी रूढ़ियों का जन्म, बराबरी की खोज और विषमता का सृजन यानी हर अच्छे के समानांतर कुछ बुरा भी चलता रहा है। कुछ ऐसे व्यक्ति हुए हैं, जिन्होंने अच्छाई को मनुष्य की संभव सीमा में उसके चरम उत्कर्ष पर पहुँचा दिया (जैसे गौतम बुद्ध और ईसा मसीह), तो कुछ ऐसे भी हुए, जिन्होंने क्रूरता के अलंघ्य कीर्तिमान कायम किए (जैसे नादिरशाह और हिटलर)। लेकिन इन दो ध्रुवों के बीच ज्यादातर लोग ऐसे रहे हैं, जिन्होंने औसत अच्छाई और बुराई के साथ गर्भाशय से श्मशान तक की अपनी यात्रा पूरी की।

अकसर इस यात्रा को मनुष्य की विजय यात्रा के रूप में देखा जाता है। वस्तुतः विजय और पराजय की यह शब्दावली ही व्यक्त करती है कि मनुष्य प्रकृति के साथ, अपने सहयात्रियों के साथ और अंततः अपने साथ कोई ऐसा टिकाऊ सामंजस्य स्थापित नहीं कर पाया है, जिससे ये संबंध आनंदपूर्ण हो उठें। ऐसी हर विजय, जो गैरजरूरी है या जो प्रगति का कोई नया आयाम नहीं खोलती, अपने आपमें एक पराजय भी है। स्त्री-पुरुष संबंधों का ज्ञात इतिहास ऐसी विजयों और पराजयों का एक चकित और उदास कर देनेवाला सिलसिला है। ऐसा लगता है कि पुरुष प्रकृति के साथ जिस विजेता भाव से पेश आता रहा है, उसी विजेता भाव से उसने स्त्री को भी देखा है। स्त्री पुरुष का एक ऐसा उपनिवेश रही है, जिस पर अपना कब्जा जारी रखने के लिए उसे शायद ज्यादा मेहनत नहीं करनी पड़ी है। हालाँकि दोनों ने इतिहास के बीहड़ राजपथ पर अपनी यात्रा साथ-साथ शुरू की थी, पर शीघ्र ही उनकी नियति

अलग-अलग हो गयी। जैसे ही चीजें आसान होने लगीं और घुमंतुओं ने अपनी बस्तियाँ बनाना शुरू किया, स्त्री-पुरुष का स्वाभाविक संतुलन गड़बड़ाने लगा। हर गृहस्थी एक छोटी-सी जेल बन गयी, जिसे न केवल स्त्री को अपना मंदिर समझने को कहा गया, बल्कि धीरे-धीरे ऐसी व्यवस्था कर दी गयी कि उसके पास अपने बंदी जीवन को ही अधिकतम सहनीय बनाने के अलावा कोई और विकल्प नहीं रह जाये।

मनुष्य अपनी अभिव्यक्ति भौतिक माध्यमों से ही करता है और इस अर्थ में संगीत और कविता भी उतना ही भौतिक हैं, जितना कृषि और उद्योग। अतः किसी को विकल्पहीन करना हो तो इसका सर्वश्रेष्ठ तरीका यही है कि भौतिक संसार पर उसका कोई नियंत्रण नहीं रहने दीजिए। पहले दासों के साथ, फिर स्त्रियों के साथ यही किया गया। भौतिक साधनों पर इनका कोई नियंत्रण होने की तो बात ही छोड़िए, अपने शरीर के स्वामित्व से भी इन्हें वंचित कर दिया गया। दास को बल से, स्त्री को बल के साथ थोड़ा प्रेम मिला कर। यह प्रेम ऐसा था, जिससे कंधे पर रखे हुए जुए की चुभन तो खत्म नहीं हुई; हाँ, उसके प्रति थोड़ी आत्मीयता जरूर पैदा हो गयी। वस्तुतः स्त्री-पुरुष का संबंध है ही ऐसा कि उसमें सारी तिक्तता के बावजूद कुछ आत्मीयता रह ही जाती है। आगे चल कर दास तो मुक्त हो गये—हालाँकि उनके वंशज बँधुआ मजदूर वगैरह के रूप में आज भी पाये जाते हैं, लेकिन दुनिया के दो-तिहाई हिस्सों में स्त्री अब भी अंकुश में है। हमारा प्यारा हिंदुस्तान इसी दो-तिहाई दुनिया का एक सम्माननीय सदस्य है।

लेकिन जेल के साथ एक दिक्कत भी है। वह बंदी को जितना पराधीन करती है, जेलर को भी उतना ही बाँध देती है। उसे न केवल हर समय अपने कैदी की चौकसी रखनी पड़ती है, बल्कि वह स्वयं को असुरक्षित भी महसूस करता है। सच तो यह है कि कैदी और जेलर के बीच हमेशा एक शीत युद्ध जारी रहता है। स्त्री-पुरुष संबंध में इस शीत युद्ध की परछाइयाँ प्रचुरता से दिखाई पड़ती हैं। दुनिया में जो उसे सर्वाधिक प्रिय है, उसे कारावद्ध करने की सजा पुरुष को कई तरह से मिली है। स्वाभाविक संबंध जब अस्वाभाविक हो जाते हैं, तब वे आनंद की जगह विषाद पैदा करते हैं। स्त्री को कैदी बना कर पुरुष ने उसकी प्रगति तो अवरुद्ध की ही, अपने विकास को भी विकृत कर लिया। स्त्री की अनागरिकता से पुरुष के जीवन में एक ऐसा खालीपन पैदा हुआ, जिसे ईश्वर, संपत्ति, सत्ता यानी किसी भी कृत्रिम चीज से नहीं भरा जा सकता। साथ ही, जो चीज हमसे जितनी दूर होती है, वह हमारे लिए उतनी ही रहस्यपूर्ण होती है। यही वजह है कि स्त्री धीरे-धीरे पुरुष के लिए एक रहस्य बनती चली गयी। (रहस्य ! तेरा ही नाम स्त्री है—पश्चिम का निष्कर्ष और पुरुष का भाग्य तथा स्त्री का चरित्र दैव भी नहीं जानते, आदमी की क्या बिसात—पूर्व का निष्कर्ष)। निस्संदेह मनुष्य ने आत्महनन के जितने भी कार्य किये, उनमें स्त्री का उपनिवेशीकरण सबसे गहरी और सबसे मारक कार्रवाई थी। स्त्री को

अकेला कर पुरुष ने अपने को और अधिक अकेला कर लिया।

ईश्वर और स्त्री के बीच एक खास तरह का तनाव रहा है, जिस पर हमारा ध्यान तुरंत जाता है। ऐसा मानते हैं कि धर्म की शुरुआत आदिम जिज्ञासाओं तथा भौतिक परिस्थितियों को अपने अनुकूल बनाने की प्रक्रिया में रहस्यमय जान पड़नेवाली शक्तियों का सहयोग लेने के लिए हुई थी। लेकिन उसने पुरुष को एक ऐसा माध्यम भी सुपुर्द कर दिया, जिसकी सहायता से वह अपने इस अकेलेपन से निजात पा सकता था। यह था ईश्वर, जिसके बारे में यह मान लिया गया कि वह पूरी सृष्टि में व्याप्त है और उसके साथ निजी रिश्ता भी बनाया जा सकता है। लेकिन हर कृत्रिम धारणा की तरह ईश्वर की भी कुछ दिक्कतें थीं। एक तो वह कुछ ज्यादा ही सूक्ष्म और वायवीय था। फिर वह किसी एक का नहीं, सबका था। जिन धर्मों में प्रेम और गुस्सा करनेवाले ईश्वर की कल्पना की गयी (ईसाइयत और इसलाम; शुरू में हिंदू धर्म भी ऐसा ही था—बहुतों के लिए अब भी है), वहाँ तो मनुष्य की स्थिति और भी दयनीय थी। ईश्वर उसके अस्तित्वगत अकेलेपन को दूर तो करता था, पर वह डराता भी था। खुश होने पर जन्नत की हूरें उपलब्ध कराता था, तो नाराज होने पर दोजख की शाश्वत आग में भी झोंक देता था। फलतः ईश्वर के साथ पुरुष का वह प्रेमपूर्ण रिश्ता कभी नहीं बन पाया, जो मानव जीवन को आनंदपूर्ण बनाने के लिए जरूरी है। अतः अपना अकेलापन बाँटने के लिए वह कभी स्त्री की ओर दौड़ता रहा, तो कभी ईश्वर की ओर। अकसर तो दोनों के पीछे एक ही साथ। भर्तृहरि ने 'शृंगार शतक' में इस सच्चाई को अपने ढंग से इस प्रकार व्यक्त किया है : तरल परिणतिवाले इस असार संसार में पंडितों की दो ही उत्तम गतियाँ हैं। या तो उनका समय अच्छा व्यतीत होता है, जिनकी निर्मल बुद्धि तत्वज्ञान रूपी अमृत रस में स्नान करनेवाली है या फिर उनका जो उस स्त्री के शरीर पर हाथ दिए चंचलतापूर्वक उद्योग में तत्पर हैं, जो अपने पुष्ट स्तनों और जघन से भोग में सुखदायी है। निस्संदेह भर्तृहरि ने यहाँ स्त्री को एक हाड़-मांस की गुड़िया में तब्दील कर दिया है, लेकिन इस बात से भी इनकार नहीं किया जा सकता कि स्त्री के प्रति पुरुष के आकृष्ट होने का प्राकृतिक कारण उसका शरीर ही है। वरना यह कैसे सभव होता है कि बहुत-से बुद्धिमान पुरुष सुंदर मूर्खाओं के साथ पूरी-पूरी रात ही नहीं, पूरा जीवन बिता देते हैं और अपनी तमाम प्रखरता तथा संवेदनशीलता के बावजूद बदसूरत स्त्रियाँ अंततः कष्ट ही पाती हैं। भर्तृहरि इस समस्या से निश्चय ही अवगत थे, अतः उन्होंने उसके नौ श्लोक बाद ही दृढ़तापूर्वक कहा है कि **संभोग के समय स्त्री-पुरुष का एकचित्त हो जाना ही काम का फल है : यदि संभोग में दोनों का एक चित्त न हो तो वह शव के साथ संभोग की तरह है।** लेकिन संबंध के अन्य पहलुओं में जो स्त्री-पुरुष एकचित्त नहीं हो पाते, वे सिर्फ बिस्तर पर कैसे एकचित्त हो सकते हैं ? 'उर्वशी' में दिनकर जी ने मदनिका के मुँह से कहलवाया है :

वपु तो केवल ग्रंथ मात्र है,
क्या हो काय-मिलन से ?
तन पर जिसे प्रेम लिखता,
कविता आती वह मन से

पुरुष ने यहीं भूल की। उसने स्त्री के साथ अपने रिश्ते में कविता कम, छंद ज्यादा रचने की कोशिश ज्यादा की। मसलन, जीवन के अन्य क्षेत्रों में उसे नौकरानी बनाने का उद्यम किया, पर शय्या पर सहभागिता की कामना की। यह एक असंभव माँग थी। जिस संबंध में भय दूध में मक्खी की तरह बैठा हुआ हो, वहाँ प्रेम की गुंजाइश कहाँ ! पुरुष को प्रेम चाहिए और स्त्री उसे प्रेम देती भी रही है, लेकिन यह ज्यादातर एक दिखावा भर रहा है। गैरबराबरी के माहौल में प्रेम उपज ही नहीं सकता। फिर भी पुरुष की आसक्ति इतनी प्रबल रही है कि वह अक्सर दिखावे से ही तृप्त हो जाता रहा है। वह एक दूसरे शरीर में प्रवेश कर सुख की नदी में बार-बार छलाँग लगाता रहा, यही उसके लिए पर्याप्त था। इस सिलसिले में यह स्मरणीय है कि रति क्रिया में प्राप्त होनेवाले चरम सुख की तुलना ब्रह्मानंद से की गयी है, क्योंकि दोनों में ही मनुष्य पूरी तरह निःस्व हो जाता है और अस्तित्व का बोध लुप्त हो जाता है। लेकिन ईश्वर की तरह स्त्री भी विभोरता की चोटी पर पहुँचा देने के बाद पुरुष को उस जंगल में लौटा देती है जो जीवन है। श्रीकांत वर्मा की इन पंक्तियों का संदर्भ ठीक यही तो नहीं है, लेकिन स्त्री-पुरुष संबंध की मौजूदा अपर्याप्तताओं को ये बहुत ही सक्षम ढंग से व्यक्त करती हैं : *सच है तुम्हारे बिना जीवन अपंग है/लेकिन ! क्यों लगता है मुझे/प्रेम/अकेले होने का ही/एक और ढंग है।* पुरुष के लिए अभी हाल तक यह गनीमत थी कि उसका जीवन इस कदर सामूहिक तथा बहिर्मुखी था कि निस्संगता की यह पीड़ा सबके हिस्से में नहीं आती थी। ईश्वर की राह पर चलनेवाले वैरागियों के बारे में जो यह लोक दृष्टि बनी कि 'नारि मुई घर संपति नासी—मूड़ मुड़ाय भये संन्यासी' तो निश्चय ही इसका ठोस भौतिक आधार था।

क्या स्त्री को भी अकेलेपन की वैसी ही तीखी अनुभूति होती रही है, जैसी पुरुष को ? जरूर होती रही है। दासता कितने ही अवचेतन में क्यों न चली जाये, पर उसका एक फीका-सा, लगभग अदृश्य, किंतु दिन-रात चुभता हुआ एहसास जरूर बचा रह जाता है। लेकिन स्त्री को एक राहत भी थी। पुरुष जब अपना विजय अभियान जारी रखे होता है, तब स्त्री उसके भौतिक उत्तराधिकारी के पालन-पोषण में लगी रहती है। यह एक ऐसा काम है, जिसे तन-मन से समर्पित हुए बिना किया ही नहीं जा सकता। फिर प्रकृति ने पूरे स्त्री शरीर को ऐसा बनाया है कि यह उसका सबसे स्वाभाविक दायित्व जान पड़ता है। जो दायित्व जितना स्वाभाविक होता है, उसका निर्वाह उतना ही प्रेमपूर्ण होता है। दिनकर की 'उर्वशी' में मेनका रंभा से कहती है :

पर रंभे ! क्या कभी बात
यह भी मन में आती है,
माँ बनते ही त्रिया
कहाँ से कहाँ पहुँच जाती है
गलती है हिमशिला, सत्य है,
गठन देह की खो कर
पर, हो जाती वह असीम
कितनी पयस्विनी हो कर

इस दीर्घ, गहरे और जैविक सुख के कारण ही स्त्री का दुखमय जीवन भी कहीं न कहीं आनंद से भरा रहा है। लेकिन उसने मनुष्य के रूप में भी अनेक बाद अपसंस्कृति का अतिक्रमण किया है। दुनिया में महान प्रेमिकाएँ भी हुई हैं और सच्ची संन्यासिनियाँ भी। लेकिन स्त्री के अकेलेपन और पुरुष के अकेलेपन में फर्क है। पुरुष अपनी भौतिक समस्याओं को निपटा लेता है या उनसे पूरी तरह हार जाता है, तभी वह ईश्वर की ओर उन्मुख होता है और जब वह जीवन को जरा बारीक ढंग से देखने लगता है तभी स्त्री उसके लिए मादा से कुछ ऊँची चीज हो पाती है। लेकिन अधिकांशतः स्त्री की स्थिति इतनी अनुकूल नहीं हो पायी कि वह रोमांस की गली में चहलकदमी कर सके या सृष्टि के गूढ़ तत्व की खोज कर सके। स्त्री के लिए यह क्षेत्र न केवल 'थियरी' की दृष्टि से वर्जित, वरन 'प्रैक्टिस' की दृष्टि से भी बहुत ही अव्यावहारिक रहा है। हाँ, ईश्वर ने स्त्री को आकर्षित जरूर किया, क्योंकि वह इस दुखमय संसार में राहत का अदृश्य ध्रुवतारा था। इसके अलावा सेक्स को एक गंदी चीज करार दिये जाने के कारण भी स्त्री शारीरिक माध्यमों से अपने अकेलेपन से लड़ने का साहस नहीं जुटा सकी। शर्म को साहस बनाना आसान नहीं है। आज भी बहुत-सी स्त्रियाँ अपने निर्वस्त्र पति को देख कर आँखें मूँद लेती हैं या मुँह फेर लेती हैं।

अकेला होने का आनंद या पीड़ा अभी हाल तक स्त्री के लिए विलासिता रही है, तो इसके कारण शुद्ध रूप से भौतिक थे। पुरुष ने जो दुनिया बनायी, उसमें उसकी अपनी अभिव्यक्ति के अवसर तो असंख्य थे, लेकिन स्त्री को सुबह-शाम चूल्हे, साल-दर-साल प्रसूतिगृह में जाने (गिनेस बुक ऑफ रेकॉर्ड्स के अनुसार अब तक का सबसे बड़ा ज्ञात रेकॉर्ड सोवियत रूस की एक स्त्री [जन्म 1707, मृत्यु 1782] द्वारा 69 बच्चे पैदा करने का है) और समय मिलने पर सिलाई, बुनाई, कपड़ा धोने और पुरुष की थकावट दूर करने तक सीमित कर दिया गया। जिन स्त्रियों को ऐश्वर्यशाली हरमों में जगह मिली, उनका भौतिक जीवन तो बहुत सुखमय था, लेकिन उनकी हालत सोने के पिंजड़े में कैद चिड़ियों की तरह थी। वे अपनी भावनात्मक जरूरतें पूरी करने के लिए ज्यादा से ज्यादा दासों या भृत्यों की ओर ही मुखातिब

हो सकती थीं। साधारण औरतों का चूँकि अपना कोई व्यक्तित्व नहीं बनने दिया गया : उनका प्रत्येक क्षण किसी न किसी काम को समर्पित था, इसलिए उनके सामने अस्तित्वगत समस्याएँ उस तरह नहीं आ सकीं, जिस तरह पुरुषों के सामने। मसलन, इश्क फरमाने की सुविधा या तो युवा विधवा को थी या फिर वेश्या को। धर्मगुरुओं को भी अपने संघों के लिए स्त्रियाँ प्रायः इन्हीं दो स्रोतों से मिलती रही हैं।

ईश्वर और स्त्री को मुक्ति और माया के संघर्ष के रूप में भी देखा गया है। जिन्होंने ईश्वर को अपनाने की कोशिश की, वे स्त्री की छाया तक से भागते रहे। जिन्हें स्त्री ने लुभाया, उन्हें ईश्वर की कोई खास जरूरत नहीं पड़ी। स्त्री ने ईश्वर को भले ही अपना शत्रु न माना हो, लेकिन ईश्वरोन्मुख पुरुषों ने स्त्री को हमेशा एक ऐसी लपट के रूप में देखा, जिसकी आँच से भी उनके ब्रह्मचर्य का फूल कुम्हला जायेगा। पता नहीं कितने पुरुष जीवन की खोज में जीवन से पलायन करते रहे हैं। कबीर संन्यासी नहीं थे—गृहस्थ थे, फिर भी उनके नाम से यह दोहा प्रचलित है :

नारी तो हमहूँ करी
तब ना किया बिचार
जब जानी तब परिहरी
नारी महा विकार

क्या ईश्वर की मृत्यु और स्त्री की मुक्ति के बीच कोई तार्किक रिश्ता है ? औद्योगिक क्रांति ने इन दोनों का ही रास्ता प्रशस्त किया। निस्संदेह यह एक महान ऐतिहासिक घटना थी, लेकिन जिस तरह बड़े जलसे के बाद कूड़ा भी ढेर सारा जमा हो जाता है, उसी तरह औद्योगिक समाज ने मनुष्य को जितना मुक्त किया, उतना ही कटु भी बना दिया। इधर प्रकृति नंगी हुई, उधर मनुष्य। यह जीवन में पवित्रता की भावना का एक ऐसा वध था जिसकी कीमत आज भी चुकानी पड़ रही है। जीवन तथा समाज में जब कुछ भी पवित्र, रहस्यपूर्ण या कल्पना का विषय नहीं रह जाये, तब एक ऐसी जीवन चर्या विकसित होती है, जिसमें कोई रोमांच नहीं रह जाता। पैसा, सफलता, राजनीतिक शक्ति—ये जितना आनंद पैदा करते हैं, उतना ही थकाते भी हैं, क्योंकि दूसरों की कीमत पर जो कुछ भी हासिल किया जाता है, वह अंततः चेतना को बोझिल ही बनाता है। वास्तविक रोमांच तो जानने, रचने और संबंधों की गहनता में ही है। दुर्भाग्य से जीवन के अन्य क्षेत्रों की तरह स्त्री-पुरुष संबंध भी अब उथले और रोमांचहीन हो गये हैं। इसके अनेक कारण हैं। एक प्रमुख कारण तो बड़े-बड़े नगरों में आबादी का केंद्रीकरण है, जहाँ स्त्री गहरी उत्सुकता नहीं, सस्ती सनसनी ही पैदा कर सकती है। दूसरा कारण जीव विज्ञान द्वारा शरीर पर कुछ ज्यादा ही जोर देना है। उसने स्त्री-पुरुष की सामान्यता पर जोर न दे कर उनकी आवयविक विशिष्टताओं को इतना रेखांकित किया है कि पुरुष मुख्यतः लिंग तथा स्त्री मुख्यतः भगांकुर हो कर रह गयी है। जीवन को अहं की कारा से बाहर निकालने

को अब न ईश्वर है जो ब्रह्मांड से मनुष्य को जोड़ सके और न प्रेम, जो जीवन को रसमय बनाये रख सके। श्रम भी—अधिकांश लोगों के लिए—दिनोंदिन शुष्क होता जा रहा है। मनुष्य आज न केवल अकेला है, बल्कि बहुत बड़े पैमाने पर अकेला है और मुक्ति का कोई रास्ता नजर नहीं आता।

आज के इस नक्शे में भारतीय स्त्री-पुरुष की स्थिति क्या है ? हमारे यहाँ यथार्थ के एक नहीं, हजारों स्तर हैं। एक सिरे पर आदिवासी जीवन है, जहाँ मनुष्य अब भी प्रकृति की गोद में सिमटे हुए शिशु की तरह है और दूसरे सिरे पर सारे मानवीय संबंधों की व्यर्थता समझ चुके छूँछे स्त्री-पुरुष, जो नहीं जानते कि अपने अस्तित्व का करें तो क्या करें। इन दो ध्रुवों के बीच स्त्री-पुरुष संबंधों के असंख्य स्वरूप हैं, लेकिन शायद इनमें दस प्रतिशत संबंध भी ऐसे नहीं हैं, जिन्हें किसी हद तक पूर्ण या तुष्टिकर कहा जा सके। भारतीय समाज की सबसे बड़ी समस्या भौतिक दरिद्रता है, जो सांस्कृतिक दरिद्रता के साथ मिल कर अनेक प्रकर के दुखों को जन्म देती है। लेकिन जिनकी आर्थिक समस्याएँ किसी हद तक सुलझ चुकी हैं, उनकी छटपटाहटें भी कम गहरी नहीं हैं। यही वजह है कि पश्चिम का स्त्री मुक्ति आंदोलन हमारे यहाँ भी सुगबुगाने लगा है। क्या यही, बिल्कुल यही माकूल वक्त नहीं है, जब स्त्री-पुरुष के बीच की दुनिया पर नये सिरे से विचार किया जाये ? आखिर दर्द है, तो उसकी कुछ न कुछ दवा तो होगी ही। फिर, भारतीय मनुष्य को यह सुविधा भी है कि वह अपनी जड़ता तथा पश्चिम की गति, दोनों के अनुभवों का लाभ उठा सके और वह रास्ता चुन सके, जिस पर चल कर स्त्री और पुरुष न केवल स्वयं को पूर्ण तथा मुक्त कर सकते हैं, बल्कि अपने परिवेश को भी स्वस्थ, आनंदपूर्ण तथा गरिमाशाली बना सकते हैं। कुछ मूर्ख किस्म के लोग कह सकते हैं कि भारत की मुख्य समस्या आर्थिक है। पहले वह हल हो जाये, फिर स्त्री-पुरुष का मामला देखा जायेगा। लेकिन मनुष्य गाय नहीं है, जिसे सिर्फ चारे की जरूरत हो। साथ ही, ऐसा भी नहीं है कि आर्थिक उन्नति और सांस्कृतिक उन्नति में कोई वास्तविक अंतर्विरोध हो। बल्कि भारत जैसे देशों में तो ये दोनों उन्नतियाँ एक साथ ही हो सकती हैं। इनमें जो आगे-पीछे का भेद करते हैं, वे या तो मनुष्य को सिर्फ पेट मानते हैं या फिर सिर्फ नर-मादा ! जो प्राकृतिक है, वही मानवीय है; और जो मानवीय है, वह अप्राकृतिक कैसे हो सकता है ?

2. अधूरी चीजें तमाम

स्त्री पुरुष के लिए जादुई शब्द है। पाँच हजार साल पहले इसमें जितना रोमांच था, उतना ही आज भी है। सभ्यता का कोई भी विकास, विचार की कोई भी दिशा तथा जीवन शैली का कोई भी परिवर्तन इस जादू को खत्म नहीं कर पाया है। कभी-कभी तो लगता है कि यह शायद एकमात्र जादू है जो हमारे बीच बचा रह गया है। ईश्वर की मृत्यु हो चुकी है। देवता कूच कर गये हैं। रात की रहस्यमयता अब किसी को अभिभूत नहीं करती। उस तरह का एकांत कहीं नहीं बचा है जिसमें आश्चर्य, कौतूहल तथा विह्वलता के संवेग अचानक प्रबल हो उठते हैं। सनसनी और रहस्यमयता कहीं बची है तो वह स्त्री का शरीर और मन है। वह जैसे कोई रहस्यमय हीरक दीप है, जहाँ तक पहुँचना जरूरी है, लेकिन बीच में अनंत और गहरा समुद्र है। इसीलिए स्त्री-पुरुष संबंध कभी बासी या फीका नहीं हो पाता। कोई एक संबंध भले ही अर्थहीन जाये, लेकिन ताजगी और उत्तेजना की अनंत संभावनाएँ हमेशा आसपास बिखरी पड़ी रहती हैं। अगर ऐसा न हो तो आदमी का जीना मुश्किल हो जाये। उनका मुश्किल हो ही गया है जिन्होंने स्त्री के रहस्य को अपने स्तर पर अनावृत्त कर दिया है। उनके रेगिस्तान में कोई न खलिस्तान नहीं बचा। उसकी तलाश में वे कभी नशे की अँधेरी दुनिया में छलाँग लगाते हैं तो कभी अपनी ही जैसी देह में आनंद खोजते हैं।

वस्तुतः सभ्यता के शुरू से ही स्त्री एक शांत-सम्मोहक आतंक रही है। इसलिए पुरुष ने कभी उसकी पूजा की है, कभी उसका दमन किया है तथा कभी उसके समक्ष पूर्ण आत्मसमर्पण कर अस्तित्व के केंद्र में पहुँच कर जो शांति हासिल होती है, उसका स्वाद लेने का जोखिम उठाया है। लेकिन स्त्री से उसका सहज संबंध कभी विकसित नहीं हो पाया। इसलिए नहीं विकसित हो पाया, क्योंकि पुरुष ने अपनी दुनिया को सहज बनाने की कभी कोई गंभीर कोशिश नहीं की। एक बेचैन, असहज दुनिया में अपनी दिनचर्या का ज्यादा से ज्यादा समय बितानेवाला आदमी अस्तित्व

के अपने दूसरे हिस्से के साथ कोई सहज रिश्ता कायम कर भी कैसे सकता है। जीवन तो एक ही है : उसके अलग-अलग खाने बना कर आप अलग-अलग ढंग से नहीं जी सकते। एक खाना दूसरे खाने को प्रभावित करेगा ही करेगा। यही वजह है कि स्त्री-पुरुष की दुनिया एक उद्वेगपूर्ण दुनिया रही है। उसमें सुख है, दुख है, ताप है, तनाव है, प्रेम है, संघर्ष है, समर्पण है, दमन है, ऐश्वर्य है, दैन्य है, छलांग है, ठहराव है, गति है, जड़ता है यानी ऐसा क्या नहीं है जो जीवन के दूसरे पहलुओं में पाया ज़ाता हो। यह वस्तुतः इतर दुनिया का ही एक मिनिएचर, लघु रूप है—उसके ही जैसा, लेकिन उससे अलग भी, क्योंकि यहाँ अब भी कुछ प्राकृतिक ऊर्जा, कुछ शुद्ध प्रेम, कुछ प्रामाणिक पीड़ा बची हुई है। दरअसल, यही उसके जादू का स्रोत है।

इसका मतलब यह नहीं कि पुरुष स्त्री के लिए कोई रहस्य नहीं है। स्त्री मन को रहस्य माना गया है, लेकिन यह एक अतिरंजना ही है, जो गहरे अपरिचय से उपजी है। स्त्री रहस्यपूर्ण है, क्योंकि वह अपने को आसानी से अनावृत्त नहीं करती। अनावृत्त इसलिए नहीं करती, क्योंकि उसे इसका अवसर ही नहीं दिया जाता। उसे बाड़े में रखा जाता है और आशा की जाती है कि वह अपना कलेजा निकाल कर मेज पर रख देगी। यह एक असंभव माँग है। वस्तुतः स्त्री मन की जटिलता उसकी सांस्कृतिक स्थिति के कारण है। पुरुष का मन स्त्री से कम जटिल नहीं है। शायद ज्यादा ही हो। लेकिन इस जटिलता का एहसास हमें कम होता है, क्योंकि पुरुष अपने को तरह-तरह से व्यक्त करता रहता है। यह और बात है कि वह जितना व्यक्त करता है, उससे ज्यादा नहीं तो कम से कम उतना ही छिपाता है। आँखमिचौनी के इस सतत जारी खेल के कारण भी स्त्री और पुरुष एक-दूसरे के लिए लगातार अपरिचित बने रहते हैं। लेकिन चूँकि दोनों को ही एक-दूसरे की जरूरत बनी रहती है, इसलिए वे आपस में जितना टकराते हैं, एक-दूसरे को उतनी ही गहराई से जानने की भी कोशिश करते हैं। पुरुष चीखता है : औरतें पता नहीं चाहती क्या हैं ! स्त्री रोती है : कुछ भी कर दो, मर्द का दिल भरने वाला नहीं। इस तरह एक अँधेरे से दूसरे अँधेरे में छलाँग लगाने की दुखद, उबाऊ, किंतु चुनौतीपूर्ण प्रक्रिया जारी रहती है।

स्त्री-पुरुष का नाम लेते ही आज हमारे सामने जो असंख्य बिंब झिलमिलाने लगते हैं, उसका रहस्य भी यही है। एक स्त्री वह है, जिसने उपभोक्तावाद को पूरी तरह स्वीकार कर लिया है तथा अपने को शरीर से कुछ ज्यादा नहीं मानती। एक वह है जिसे प्रतिक्षण यह खटका लगा रहता है कि कहीं उसे सिर्फ शरीर न मान लिया जाये। एक वह है जो प्रेम और पूर्णता की तलाश में पुरुष-दर-पुरुष भटकती रहती है और इस सफर में जितना तृप्त होती है उससे कहीं ज्यादा आहत। एक वह भी है, जिसने इस पूर्णता की प्राणपण से तलाश की, लेकिन उसका स्वाद कभी

चखा ही नहीं। एक वह है जिसने दी हुई दुनिया को पूरी तरह स्वीकार कर लिया है और पति तथा बच्चों से आगे कभी कुछ सोचा ही नहीं : निराला को याद करें तो निष्कंप दीप की तरह लगातार जलती रही। एक वह है जो घर भी सँभालती है और दफ्तर भी तथा इस क्रम में इस कदर पिस जाती है कि उसके अस्तित्व का कोई भी कोना सही-सलामत नहीं रह पाता। कभी-कभी वह आनंद और आश्रय की खोज में किसी पुरुष या पर-पुरुष की छाँह में खड़ी हो जाती है, लेकिन पाती है कि इस छाँह की जलन भी कम नहीं है। एक वह है जिसे घर से निकाल कर बाजार में बैठा दिया गया है और जिसने पुरुष को या तो ग्राहक के रूप में देखा है या फिर 'प्रोफेशन टैक्स' वसूलनेवाले सरकारी नुमाइंदे या गैरसरकारी गुंडे के रूप में। एक वह है जिसे घर का चूल्हा प्रज्वलित रखने के लिए घर-घर जा कर बरतन माँजना पड़ता है और कभी-कभी पराये घर के स्वामी को भी तृप्त करना पड़ता है। एक वह है जो सुहागन हो कर भी विधवा है : जिसका पति स्त्रीत्व के जादू की तलाश में कहीं और भटक रहा है। एक वह है जो सचमुच विधवा है और अपने कटु-तिक्त अनुभवों से यह लगातार महसूस करती रहती है कि लगभग प्रत्येक पुरुष उसे उसके वैधव्य की जेल से मुक्त कराने के लिए उतावला है। एक वह है जो विधवा हो जाने पर पति की चिता पर चिन दी जाती है। एक वह है जो इस तरह चिनी तो नहीं गयी, लेकिन जिसे रोज तरह-तरह से यह एहसास कराया जाता है कि वह अब अपनी उम्र से ज्यादा जी रही है तथा मामूली-से पेंशन से अधिक की हकदार नहीं है। एक वह है जो किसी के साथ सात फेरे लगाने की अपनी बलवती इच्छा को मन में दबाये रह गयी। एक वह है जिसकी यह इच्छा पूरी तो हुई, लेकिन जिसे दुनिया का सबसे मीठा फल समझा था, वह रेत का लड्डू निकाला। वह एक है, जो अपने विफल विवाह की कंटकाकीर्ण सेज़ से अवैध सुख की तलाश में छलाँग लगाती है और अपनें प्रत्येक क्षण को बँटा हुआ तथा खंडित पाती है। एक वह है जो विभाजन की इस पीड़ा से त्रस्त हो कर इस या उस किसी एक दुनिया को पूरी तरह अंगीकार कर लेती है। एक वह है...

लेकिन पुरुष क्या सारे एकरूप हैं ? जाहिर है, जितनी तरह की स्त्रियाँ होंगी, लगभग उतनी ही तरह के पुरुष भी होंगे। बल्कि स्त्रियों के सुख-दुख को कसौटी मान कर पुरुषों की कोटियाँ भी बनायी जा सकती हैं। लेकिन पुरुष की दुनिया उत्पादक, अर्थ-केंद्रित तथा सत्ता से जुड़ी दुनिया है। इसलिए उसमें तरह-तरह की गतिविधियों का संचरण है। श्रम है, प्रतिद्वंदिता है, आकांक्षा है, उत्साह है, थकन है, जीत है, पराजय है, ऊब है, घुटन है, ऊँचाई है, क्षुद्रता है, हिंसा है, टूटन है, युद्ध है, उपलब्धि है, तृप्ति है, असंतोष है। गतिविधियाँ स्त्रियों की भी कम नहीं होतीं, लेकिन वे एक छोटी-सी दुनिया में सिमटी रहती हैं। यह बाकायदा आँकड़ों से साबित किया जा सकता है कि एक औसत औरत दिन भर में जितना चलती है, औसत पुरुष उसका

आधा भी नहीं चलता—घुमंतू साधुओं, भिखारियों, हॉकरों और सेल्समैनों की बात और है। लेकिन पुरुष की गतिविधियाँ उत्पादन और उपभोग, प्रशासन और नियंत्रण, खोज तथा आविष्कार एवं विनोद तथा मनोरंजन के विस्तृत-व्यापक संसार में इस तरह बिखरी हुई हैं कि स्त्री उसके जीवन में हाशिये की चीज लगती है। शायद इसीलिए कहा गया है कि प्रेम पुरुष के जीवन का एक कोना भर है, जबकि स्त्री के लिए पूरा जीवन है। लेकिन क्या सचमुच ? क्या यह हाशिया इतने केंद्रीय महत्व का नहीं है कि वह पुरुष के पूरे जीवन को मधुर या असंतुलित न बना दे ? दुखी दांपत्य से मनुष्य की कार्यक्षमता बढ़ती है या घटती है ? आखिर बात क्या है कि स्त्रियों को पुरुष वेश्या की जरूरत कम, बहुत कम पड़ती है, जबकि स्त्री वेश्या के बिना बहुत-से पुरुषों का काम ही नहीं चल पाता ? दस में पाँच ऐसे पुरुष तो होंगे ही, जो कभी न कभी वेश्यालय की ठहरी हुई बदबूदार हवा में ताजगी और रोमांच की तलाश कर चुके हैं। स्त्री को देखते ही पुरुष मात्र के संवेदना तंत्र में एक तरह की सनसनाहट भर जाती है, तो क्या इसका कारण सिर्फ उसकी लोलुपता है या वह अतृप्ति जो उसकी नस-नस को विह्वल तथा प्रतीक्षारत किये रहती है ? जिस तरह वृंदावन की गोपियों को कृष्ण के अलावा कोई पुरुष ही नजर नहीं आता था, क्या उसी तरह कुछ पुरुष भी ऐसे नहीं होते, जिन्हें किसी दूसरी स्त्री को 'उस' नजर से देखने की जरूरत ही नहीं होती ? अच्छी तरह खा-पी कर अघाये आदमी के पास कैसी भी थाली रख दीजिए, वह अपना मुँह मोड़ लेगा। लेकिन ऐसी तृप्ति कितने लोगों को नसीब हो पाती है ? जो स्त्री का दमन करता है और अत्यंत स्वतंत्र मानी जानेवाली स्त्री (यानी गणिका) से अपने को प्रतिबद्ध करता है, दोनों ही समान रूप से पीड़ित दिखाई पड़ते हैं—सिर्फ उनकी पीड़ा का रंग अलग-अलग होता है।

यह है वह विचित्र, दग्ध और आकुल दुनिया, जिसमें आज अधिकांश स्त्री-पुरुष अपने को पाते हैं। कहना नहीं पड़ेगा कि यह एक अधूरी, अंतर्विरोधों से भरी हुई, बेचैन और अभिशप्त दुनिया है, जिसमें किसी भी चैन नहीं है और कोई नहीं जानता—या जानना नहीं चाहता—कि उसे किस पाप की सजा मिल रही है।

लेकिन यदि कहीं कोई पाप नहीं है, तो फिर यह नरक तैयार कैसे हुआ है ? क्या यह नरक सिर्फ संबंधों का स्वाभाविक नरक है या इसका कुछ रिश्ता उस दुनिया से भी है, जिसका यह लघु रूप है ? वस्तुतः स्त्री-पुरुष संबंध की छानबीन सिर्फ दो व्यक्तियों के रिश्ते की छानबीन नहीं है—उन समूचे रिश्तों को समझने की कोशिश है, जिनके बीच यह रिश्ता पैदा होता है, प्रगाढ़ होता है और फिर एक दिन चुपचाप मर जाता है। स्त्री और पुरुष अगर एक-दूसरे के लिए आज भी अजनबी हैं, तो यह अनजाबियत कहीं उस विराट दुनिया में भी घुली-मिली होनी चाहिए, जिसका नागरिक होने का हमें गर्व है, पर वास्तव में अफसोस होना चाहिए।

दूसरे शब्दों में, प्रत्येक स्त्री-पुरुष पर इतिहास की गहरी छाया है और इस

छाया का भविर्ष्य इस बात से निर्धारित होगा कि हम अपने वर्तमान के साथ किस तरह पेश आते हैं। इतिहास के साथ सर्वश्रेष्ठ सलूक यही है कि उसे भविष्य के साथ उतना ही जुड़ने दिया जाये जितने के वह लायक है। इस मामले में थोड़ी भी गफलत या जरा भी देर उस हर एक चीज की उम्र बढ़ा देगी, जो जोंक की तरह हमारे वर्तमान का खून पी रही है। चूँकि हम प्रतिक्षण स्त्री या पुरुष हैं, इसलिए हमें प्रतिक्षण इस बिंदु पर सजग तथा सक्रिय रहना होया। नहीं तो हममें से किसी की खैर नहीं है।

3. सन्नाटे से सनसनाहट तक

स्त्री-पुरुष संबंध आज संकट के जिस दौर से गुजर रहे हैं, वैसा इसके पहले कभी नहीं हुआ था। एक लंबे समय तक इस मोर्चे पर भयानक सन्नाटा छाया रहा। यह सन्नाटा मरघट का सन्नाटा था। पुरुष के लिए परम शांति की स्थिति, क्योंकि उसकी बनायी हुई अराजक व्यवस्था को चुनौती देनेवाला कोई नहीं था। जीवन व्यापार का कठोर विभाजन कर दिया गया था। चौखट से बाहर की दुनिया पुरुष की और चौखट से पीछे का संसार स्त्री का। लेकिन यह विभाजन ऐसा था जो पुरुष की शक्ति को और मजबूत करता था। जिसके हाथ में सृष्टि की व्यापक सत्ता है, क्या घर में भी उसकी ही हुकूमत नहीं चलेगी ? स्त्री ने जब एक बार अपनी पराजय स्वीकार कर ली, तो फिर यह पराजय दिन-पर-दिन और गाढ़ी होनी ही थी। वंशानुगत हो कर दासता और बद्धमूल हो जाती है : वह अवचेतन के गहरे अंधेरे में प्रवेश कर जाती है और पूरी चेतना को सुदूर-नियंत्रित करती है। आधुनिक युग में स्त्री का विद्रोह हजारों वर्षों की इस दासता को एक खुली चुनौती है। औद्योगिक क्रांति के बाद जिस चीज ने पूरी समाज व्यवस्था में मूलभूत परिवर्तन कर दिया है, वह है आदमी का व्यक्ति हो जाना। व्यक्ति वह है जिसे अपने अकेलेपन का तीव्र एहसास हो; वह किसी भी घटना या प्रक्रिया को अपने निजी सुख-दुख की कसौटी पर कसता है तथा जीवन का अर्थ भी अपने निजी अस्तित्व के संदर्भ में ही खोजना चाहता है। अस्तित्ववाद इसकी चरम अभिव्यक्ति था। श्रीकांत वर्मा ने इस भावधारा को अत्यंत सुंदर ढंग से व्यक्त किया है : *जो मुझसे नहीं हुआ, वह मेरा संसार नहीं*। आधुनिक स्त्री की भी यही घोषणा है : वह भाड़ में जाये जो बराबरी देने को तैयार नहीं। स्त्री-पुरुष संबंध के मौजूदा संकट का मूल कारण यही है।

यह नहीं समझना चाहिए कि स्त्री ने यह पहली बार विद्रोह किया है। जहाँ भी अधीनता होगी, वहीं विद्रोह के बीज मिलेंगे। मनुष्य आखिरकार मनुष्य है। वह बराबर अपनी स्थिति को बेहतर बनाने की कोशिश करता है। इसके लिए वह समझौता

भी करता है और संघर्ष भी। स्त्री ने भी कभी समझौते के रास्ते से पुरुष पर विजय पाने की कोशिश की है और कभी संघर्ष से। समझौते का एक रूप है अपने स्त्रीत्व का इस्तेमाल कर पुरुष को वशीभूत करना। यह पुरुष मूल्यों की ही तलवार से उसे घायल करने का आत्मघाती रास्ता है, जिसमें स्त्री को कुछ विशेष सुविधाएँ मिलती हैं, तो वह और ज्यादा गुलाम भी हो जाती है : उसे दूसरों के सामने तन कर रहने के लिए अपने पुरुष के सामने और ज्यादा झुकना पड़ता है। संघर्ष का एक रूप सहपत्नी उर्फ सौत को अमान्य करने के लगातार उद्यम में दिखाई पड़ता है। परित्यक्ता का जीवन स्वीकार करना इसका चरम रूप रहा है। यह एक तरह से विवाह संस्था से बाहर निकल आने का निर्णय है। पहला रास्ता प्राप्ति का था, तो यह चरम त्याग का। लेकिन इसके दुख साधारण नहीं थे। चूँकि स्त्री पुनर्विवाह नहीं कर सकती थी, इसलि्ए वह अपनी परिचित दुनिया में एकाएक अजनबी हो जाती थी। लेकिन समझौता और संघर्ष दोनों के ही अवसर सीमित थे। आखिरकार समाज व्यवस्था तो वही की वही रहती थी। अतः उसके अंदर प्राप्त की गयी स्वाधीनता एक सीमित स्वाधीनता ही हो सकती थी।

कुछ लोगों को यह जान कर अचरज होगा कि धर्म भी स्त्री के संघर्ष का एक महत्वपूर्ण माध्यम रहा है। हाँ, वही धर्म, जिसने स्त्री को गुलाम बनाने की प्रक्रिया में ऐतिहासिक भूमिका निभायी है। ईश्वर पुरुष था, अतः वह स्त्री के साथ न्याय कर भी कैसे सकता था ? लेकिन धर्म की कोई एक स्थिर भूमिका नहीं रही। समय-समय पर उसमें नये, प्रगतिशील उभार आते रहे। ऐसे कई उभारों का स्त्रियों ने बड़े पैमाने पर स्वागत किया। इस संदर्भ में तीन धार्मिक आंदोलनों की चर्चा करना जरूरी है। बौद्ध और जैन धर्म को जब सामाजिक मान्यता मिली, तो स्त्रियों ने हजारों की संख्या में दीक्षा ली। महात्मा बुद्ध को शुरू में हिचकिचाहट थी कि स्त्रियों को अपने संघ में शामिल करें या नहीं। लेकिन तात्कालिक स्थितियों का दबाव इतना उग्र था कि उन्हें स्त्री के लिए अपने धर्म संघ के दरवाजे खोलने ही पड़े। महावीर के मन में ऐसी कोई शंका नहीं थी। उनकी दिक्कत दार्शनिक थी। जैन मान्यता यह है कि स्त्री को मोक्ष नहीं मिल सकता। अतः यह मत प्रतिपादित किया गया कि स्त्री साधना करे तो अगले जन्म में पुरुष योनि प्राप्त करेगी। इसके बाद भी उसकी साधना जारी रही तो वह जरूर मोक्ष लाभ कर सकती है। इस हिचकिचाहट और दार्शनिक अवरोध के बावजूद स्त्रियाँ बड़े पैमाने पर बौद्ध और जैन संघों में शामिल हुईं। क्यों शामिल हुईं ? क्या वे सचमुच निर्वाण या मोक्ष प्राप्त करना चाहती थीं ? निश्चय ही कुछ के मन में यह आकांक्षा पैदा हुई होगी, लेकिन अधिकांश ने तो लौकिक जीवन के दुखों से प्रताड़ित हो कर ही संन्यास के बीहड़ रास्ते पर पाँव बढ़ाये होंगे, हालाँकि द्वितीय श्रेणी ने वहाँ भी उनका पीछा नहीं छोड़ा। वे पुरुष भिक्षु की तुलना में हमेशा हीन बनी रहीं। जैनों के दिगंबर संप्रदाय में तो स्त्री के संन्यासी होने का कोई उपाय

ही नहीं था। व्यावहारिकता का तकाजा भी शायद यही था : यदि कोई स्वस्थ और सुंदर स्त्री दिगंबर साधु बन जाती, तो बहुत-से पुरुषों के अंतःवस्त्र गीले हो जाते। लेकिन जहाँ यह रोक नहीं थी, वहाँ भी स्त्री संन्यासी पर कठोर अंकुश थे। उसके साथ भेदभाव की तो कोई सीमा ही नहीं थी।

जैनों के एक संप्रदाय में अब भी यह नियम है कि स्त्री भिक्षु और पुरुष भिक्षु का आमना-सामना हो जाये, तो स्त्री भिक्षु ही पहले नमस्कार करेगी। स्त्री भिक्षु पर बंधन भी अनेक हैं। वह किसी पुरुष से अकेले में बात नहीं कर सकती—यहाँ तक कि अपने ही संघ के संन्यासी या आचार्य से भी। अकेली साध्वी के लिए संघ में कोई जगह नहीं है। कई हों तभी वे साधुत्व पाल सकती हैं। यानी संन्यास लेने के बाद भी स्त्रीत्व के दुखों ने उसका पीछा नहीं छोड़ा। वह पुरुष संन्यासियों के लिए एक सतत खतरा बनी रही। वह लोक में जितनी काम्य थी, लोक-विमुखों में उतनी ही अकाम्य। पुरुष ईश्वर की बनायी हुई सृष्टि में उसे कहीं चैन नहीं था।

फिर भी स्त्री ने संन्यास को अंगीकार किया तो इसीलिए कि इस निरंतर अपमान के बावजूद वह बाहरी दुनिया के संदर्भ में काफी सम्मानित थी। उसके संन्यास लेने के पूर्व जो उसे अपने पाँव की जूती या अपना यौन तनाव शांत करने का उपकरण मात्र मानते थे, वही उसे अब आदर देते थे तथा जमीन पर सिर रख कर उसकी वंदना करते थे। यह जरूर था कि वे संन्यासी के तो पाँव छू सकते थे, पर संन्यासिनी के नहीं। वह महल में असूर्यंपश्या थी, तो यहाँ आ कर अस्पृश्य हो गयी। फिर भी वह गृहस्थों से काफी ऊपर थी। उसने संसार का त्याग कर संसार पर विजय प्राप्त कर ली थी।

हाल ही में मृणाल पांडे ने कोई दो हजार साल पहले ताड़-पत्रों पर लिखित बौद्ध भिक्षुणियों की पाली कविताओं में से कुछ का अंग्रेजी से अनुवाद प्रकाशित किया है। इस संक्षिप्त बानगी से भी पता चलता है कि धर्म ने स्त्री को कितनी राहत पहुँचायी होगी। भिक्खुनी सुमंगला की माँ की कविता इस प्रकार है :

अरी मैं भली छूटी,
कितनी मुक्त हूँ मैं आज
पूरी तरह छूट गयी मैं
उस ओखली-मूसल से
कालिख लगे कुचेले हाथ-पैरों
और पिचके बासनों की संगत से
उस गुस्सैल भरतार से
जो अपनी ताड़ की छतरियों को
मुझसे कहीं ज्यादा प्यार करता था
सारी वासना और घृणा

धुल गयी है मेरे अंतर से
सुख से पसर कर
छतनार पेड़ों की छाँव तले
अब मैं सोच सकती हूँ देर तक
अरी मैं भली छूटी।

बारहवीं से सोलहवीं शताब्दी तक भारत में जो भक्ति आंदोलन चला, उसमें भी स्त्रियों की भूमिका बहुत महत्वपूर्ण थी। तब तक भारतीय जीवन में काफी सड़ांध आ चुकी थी। रूढ़ियों की जकड़न बहुत मजबूत हो चुकी थी। भारतीय जीवन में शौर्य क्षीण होने लगा था। विदेशी पहले भी आते थे, लेकिन मेहमान बन कर और अंत में भारतीय कुटुंब का अंग बन जाते थे। इस बार वे मालिक बन बैठे थे और अपना धार्मिक वर्चस्व भी कायम करना चाहते थे। ऐसे निराशापूर्ण माहौल में भक्ति ने बिजली की तरह चमक कर लोगों को आस्था तथा आत्मविश्वास से भर दिया तथा कुछ नये मूल्यों की स्थापना की। समाज में जब भी प्रगतिशीलता का झोंका आता है, तो उसका असर औरतों के जीवन पर भी पड़ता है। भक्ति आंदोलन के साथ भी यही हुआ। उसने औरतों को काफी हद तक मुक्त किया। कृष्ण भक्ति शाखा में तो स्त्री की जगह और भी गौरवपूर्ण थी। जिस तरह कृष्ण ने अपने जीवन में हजारों स्त्रियों को मुक्त किया था, उसी तरह उनकी प्रेमपूर्ण स्मृति ने मध्य युग की बहुत-सी स्त्रियों को स्वाधीन किया। कुछ पुरुष तो कृष्ण भक्ति में ऐसे दीवाने हुए कि उन्होंने अपने को स्त्री रूप में देखना शुरू किया, जिससे सखी संप्रदाय का जन्म हुआ। कबीर जैसे अक्खड़ संत ने भी 'राम मोर पिउ, मैं राम की बहुरिया' की घोषणा की है। स्त्रीत्व का यह उत्कर्ष स्त्री के गौरव का एक महत्वपूर्ण क्षण था। क्या इसका रहस्य यह था कि मुगल काल में हिंदू दर्प पूर्णतः पराजित हो गया था और सभी पुरुषों की स्थिति स्त्रियों जैसी ही हीन हो गयी थी ? मामला जो भी हो, इस भक्ति आंदोलन से ही मीरा बाई और सहजो बाई जैसी तेजस्वी स्त्रियों का जन्म हुआ। यह और बात है कि भक्ति के इस दौर में भी स्त्री लांछन की वस्तु रही। वह कामना की खान थी—किसी भी क्षण पुरुष को भ्रष्ट कर सकती थी। इस 'महाविकार' से संत को हमेशा सावधान रहना चाहिए। स्त्री का रूप यहाँ भी उसका शत्रु था। वह सुंदर थी, इसलिए एक समानांतर सत्ता थी तथा पुरुष को ईश्वर की साधना से भटका सकती थी। फलतः भक्ति आंदोलन में स्त्री के साथ एक तनावपूर्ण संबंध मिलता है। धार्मिक दुनिया का यह अंतर्विरोध अभी तक पूरी तरह खत्म नहीं हुआ है। ईश्वर के निकट भी उसकी मुक्ति नहीं है।

आखिर क्या वजह है कि आज भी स्त्रियाँ ही धर्म में सबसे ज्यांदा दिलचस्पी लेती हैं ? किसी भी धार्मिक संप्रदाय में चले जाइए, स्त्रियों की भरमार मिलेगी—इसके लिए चाहे उन्हें अपने 'कलित कल काले कुंचित केश' भी क्यों न मुड़ाने पड़ें। इसका

एक कारण तो दहेज आदि कारणों से विवाह की कठिनाई या पुरुषों के किस्से सुन-सुन कर पैदा होनेवाला वैवाहिक जीवन के प्रति विकर्षण है। वैधव्य भी एक कारण हो सकता है। लेकिन शायद मुख्य कारण यह है कि वहाँ पहुँच कर स्त्री एक ऐसी व्यवस्था से मुक्त हो जाती है, जिसमें उसे रोटी-कपड़े-छत के बदले पग-पग पर लांछित और अपमानित होना पड़ता है। वस्तुतः यह भी पुरुष-सेवी समाज से एक तरह का विद्रोह है। दूसरी ओर गृहस्थ स्त्री यदि धर्म-कर्म में अपना चित्त लगाती है, तो वह एक तरह से न्याय और आदर्श की फरियाद करती है। राम की पूजा करती है, तो उसे वह संघर्ष याद आता है, जो राम ने सीता की मर्यादा की रक्षा करने के लिए किया था। कृष्ण उसे भाते हैं, तो इसलिए कि वे उन्मुक्त प्रेम और स्त्री स्वाधीनता के महान प्रतीक हैं। शिव की स्मृति स्त्री को विह्वल करती है, तो इसलिए कि वह एक आदर्श जोड़ी है और इसमें उत्कट प्रेम, त्याग तथा एक-दूसरे के स्वाभिमान की रक्षा करने का उच्चतम संकल्प है। अगर हमारे आसपास की दुनिया में इनका थोड़ा भी अंश आ जाये, तो स्त्री मन को अपनी मुक्ति के लिए इतनी दूर-दूर तक शायद न भटकना पड़े। यथार्थ जितना विकट होता है, आदर्श की माँग उतनी ही बढ़ जाती है।

इस सिलसिले में यह नहीं भूलना चाहिए कि आधुनिक युग के पूर्व स्त्री कहीं सहज और उन्मुक्त थी, तो समाज के अत्यंत निचले वर्गों में। जहाँ सभ्यता का स्तर जितना ऊँचा था, वहाँ स्त्री पर अंकुश उतना ही कठोर था। जहाँ मनुस्मृति के श्लोकों की प्रतिध्वनि नहीं पहुँची थी, वे क्षेत्र स्त्री और पुरुष दोनों के लिए न्यूनतम वर्जनाग्रस्त रहे हैं : न कोई रोकनेवाला न टोकनेवाला। स्त्री का पुनर्विवाह भी उतना ही आसान जितना उस पुरुष का, जिस पर थूक कर वह चली गयी है। आज भी इस वर्ग की स्त्रियाँ अपेक्षाकृत ज्यादा स्वाधीन हैं। उनके यौन मूल्य वही नहीं हैं, जो तथाकथित सभ्य समाज के। कुलीन स्त्री के साथ एक बार बलात्कार हो जाये तो वह फूटी हुई हाँड़ी की तरह त्याज्य मान ली जाती है। लेकिन सीमांत पर जीनेवाली स्त्रियाँ सवर्ग पुरुषों के यौन उपनिवेशवाद तथा लूट-खसोट का शिकार होते हुए भी सहज ढंग से जीती आयी हैं। क्या यह इसलिए हुआ है कि यह तबका समाज का बाकायदा सदस्य कभी रहा ही नहीं ? या इसलिए कि इनका आर्थिक जीवन ऐसा है, जिसमें औरत को भी मर्द के साथ-साथ खटना पड़ता है ? एक कारण यह भी हो सकता है कि चूँकि यह वर्ग संस्कृति के बजाय प्रकृति के ज्यादा निकट रहा, इसलिए इसने मानव शरीर को किसी छद्म गौरव से महिमा मंडित नहीं किया। प्रकृति जितनी नंगी और निर्विकार है, उतने ही सहज और स्वाभाविक हैं किसी निम्न जाति की स्त्री के अधखुले अंग।

अब लेकिन स्थिति धीरे-धीरे बदल रही है। इन वर्गों की स्त्रियों में भी मध्यवर्गीय शील की धारणा प्रवेश करने लगी है तथा मध्य वर्ग एवं उच्च-मध्य वर्ग में पश्चिम

की नारी चेतना का उदय हुआ है। स्त्रियों का यह शिक्षित तथा आर्थिक रूप से सुखी वर्ग आज बेहद बेचैन है। उसके मनोलोक में एक अपूर्व सनसनाहट है। उसे लगता है जैसे उसे पंख लग गये हैं, लेकिन उड़ने के लिए कोई आकाश नहीं है। मध्यवर्गीय दांपत्य जीवन कलह, असंतोष तथा टकराव का निरंतर फैलता हुआ युद्धक्षेत्र बनता जा रहा है। स्त्री से आधुनिक पुरुष की माँग जिस अनुपात में बढ़ रही है, पुरुष से आधुनिक स्त्री की माँग भी उससे थोड़े कम अनुपात में ही सही, लेकिन खतरनाक ढंग से बढ़ रही है। खतरनाक इसलिए कि हमारे समाज में फिलहाल ऐसा कोई विस्तृत आंदोलन नहीं है, जो लोगों में समता, न्याय तथा मूल्यनिष्ठ जीवन की प्रेरणा पैदा करे। चारों तरफ पैसे, पद और प्रभुता के लिए हाय-हाय मची है। स्त्री भी इससे अछूती नहीं है। ऐसे माहौल में स्त्री का असंतोष सामाजिक टूटन को और तेज भी कर दे सकता है। लेकिन इसके रचनात्मक पहलू भी हैं। स्त्री अगर सचमुच, व्यापक अर्थों में, मुक्त होने की कोशिश करे तो वह पुरुष के लिए भी मुक्ति की प्रेरणा बन सकती है। सच तो यह है कि मुक्त होंगे तो दोनों एक साथ होंगे, अन्यथा वे एक-दूसरे की पराधीनता को और मजबूत करेंगे।

4. किस्सा पुराना है

हमारी सभ्यता की शुरुआत ही स्त्री की गुलामी से हुई है। मनुष्य जब जंगलों या पहाड़ों की गुफाओं में रहता था, तब एक आदिम तरह का समाजवाद था। संपत्ति नहीं थी और जब हुई तो सामूहिक हो गयी। परिवार का केंद्र स्त्री थी, क्योंकि उसी के द्वारा संतान की पहचान कायम की जा सकती थी। वह अपने परिवार की मुखिया होती थी और उसकी आज्ञा सबको शिरोधार्य करनी पड़ती थी। लेकिन जब मनुष्य के ज्ञान और गतिविधियों का विस्तार हुआ, तो एक नये ढंग का समाज बना, जिसके केंद्र में संचय था। इस संचय पर पुरुष ने कब्जा कर लिया, क्योंकि वह स्त्री की जैविक सीमाओं से मुक्त था और शारीरिक बल में भी उससे श्रेष्ठ था। 'जिसकी लाठी, उसकी भैंस' का यह सिलसिला एक बार शुरू हो गया, तो फिर इसने रुकने का नाम नहीं लिया। दुनिया के एक हिस्से में आज प्राचुर्य का ढेर लग गया है, फिर भी स्त्री को उसकी जगह नहीं लौटायी गयी है। हजारों वर्षों के वैषम्यमूलक इतिहास ने स्त्री की जिस शक्ति और ऊर्जा को कुचल कर रख दिया है, वह शक्ति अब पुनर्जाग्रत हुआ चाहती है। स्त्री अपनी पीठ की धूल पोंछ कर उठ खड़ी हुई है और फिर समाजवाद की माँग करने लगी है।

'मानव सभ्यता का विकास' में इस तथ्य को स्पष्ट करते हुए डॉ. रामविलास शर्मा ने लिखा है, 'आदिम समाजों में वंशानुक्रम और उत्तराधिकार माता या नारी के पक्ष से चलता है। सामूहिक विवाह में पिता का निश्चय नहीं रहता, माता ही निश्चित रहती है। यद्यपि गोत्र की सभी संतानें उसकी पुत्र-पुत्रियाँ होती हैं, फिर भी वह अपनी सगी संतान को पहचानती है।' एंगेल्स के अनुसार, 'वन्य अवस्था और निम्न बर्बर अवस्था के सभी जनों में माता से ही वंशानुक्रम चलता है। मातृसत्तात्मक गोत्रों में किसी एक परिवार में स्त्रियों का गोत्र तो होता है, लेकिन पुरुषों का गोत्र अलग-अलग हो सकता है। घर की स्वामिनी नारी होती है, क्योंकि वंश उसी के हिसाब से चलता है। इसी कारण आदिम समाज में नारी का आधिपत्य रहता है।

उत्पादन के विकास से ही नर-नारी के श्रम में महत्वपूर्ण विभाजन होता है। खेती और पशु पालन के प्रसार के साथ पुरुष आगे आता है और मातृसत्तात्मक परिवार के निर्मूल होने का समय आ जाता है।' रामविलास जी आगे बताते हैं कि भारत में अब भी अनेक ऐसी जनजातियाँ हैं, जहाँ स्त्री ही पारिवारिक सत्ता का केंद्र है और वह किसी भी तथाकथित सभ्य समुदाय की स्त्री से ज्यादा स्वतंत्र है।

कहा जाता है कि वैदिक युग में पुरुष-स्त्री काफी हद तक समान थे। इसके प्रमाण में अनेक वैदिक ऋचाएँ उद्धृत की जाती हैं, जिनसे पता चलता है कि कुमारियाँ प्रेमियों को ध्यान आकृष्ट करने के लिए उत्सवों में आभूषण पहन कर जाती हैं, प्रेमिका अपने प्रेमी से प्रणय निवेदन करती है, उससे उपहार भी स्वीकार करती है तथा रात के अंधकार में प्रेमिका से मुलाकात करने के लिए जाता हुआ प्रेमी यह कामना करता है कि सारा कुटुंब सोता रहे। गार्गी और मैत्रेयी जैसी विदुषी आर्याओं के नाम भी मिलते हैं। लेकिन यह सच्चाई का सिर्फ एक पहलू है। दूसरा पहलू कहीं ज्यादा संगीन है। वैदिक समाज भी अंततः पितृसत्तात्मक समाज था।

आप्टे ने बताया है कि 'वैदिक ऋचाओं में भूमि और पशुओं के साथ पुत्रों की तो कामना की गयी है, लेकिन पुत्रियों की नहीं। इसका कारण यह है कि उत्पादन पद्धति में पुरुष प्रधान है, स्त्री का स्थान गौण है।' स्पष्ट है कि उस विकसित व्यवस्था में भी स्त्री को पुरुष के संदर्भ में ही परिभाषित किया गया था। ऐसी अनेक वैदिक ऋचाएँ हैं, जिनसे पता चलता है कि वैदिक ऋषि भी लौकिक स्तर पर स्त्री को साधन ही मानता था। इसके दो उदाहरण यहाँ दिये जा रहे हैं। एक ऋचा में कहा गया है : 'स्त्री वह भूमि है जिसमें मनुष्य अपना बीज अपने आप उत्पन्न होने के लिए बोते हैं। स्त्री भी कामनायुक्त हो कर अपना अंग शिथिल कर देती है और पति अपनी संतान की कामना से बीज वपन करता है।' ऋग्वेद के एक दूसरे श्लोक में ब्रह्मचारिणी को आशीष दिया गया है कि जिस तरह लता वृक्ष से लिपट जाती है, उसी तरह तू अपने पति का आलिंगन कर और उसके मन को आकर्षित कर तथा वह तेरे मन को प्रसन्न करे। यानी पुरुष वृक्ष है और स्त्री लता। एक आधार है, दूसरा आधारित।

मनुस्मृति तक आते-आते स्त्री की हालत और दयनीय हो जाती है। मनुस्मृति के इस श्लोक की बड़े गौरव से याद की जाती है कि जहाँ नारी की पूजा होती है, वहाँ देवता प्रसन्न होते हैं। लेकिन यहाँ पूजा का अर्थ क्या है ? इसके लिए इसके ठीक पहले का श्लोक देखना चाहिए, जिसमें बताया गया है कि कल्याण की इच्छा करनेवाले पिता-भाई-देवरों को उचित है कि इनका वस्त्र-आभूषण से पूजन करें। निश्चय ही मनु ने साफ-साफ कहा है कि जिस कुल में बहू-बेटी दुखी होती है, वह कुल नष्ट हो जाता है। लेकिन यहाँ भी स्त्री के दुख को उसकी शारीरिक आवश्यकताओं के संदर्भ में ही देखा गया है। भावनात्मक स्तर पर उसकी स्थिति भाषाहीन गाय

से पृथक् नहीं है। मानो स्त्री की जरूरत सिर्फ भोजन-वस्त्र-आभूषण की है—उस चीज की नहीं, जिसे स्वतंत्रता या आत्मनिर्णय का अधिकार कहते हैं। बताया गया है कि पिता जिसको दे दे अथवा पिता की सम्मति से भाई जिसको दे दे, जब तक वह जीवित रहे तब तक उसकी सेवा करे और उसकी मृत्यु के बाद धर्म पर चले। सेवा की कुछ शर्तें तो अत्यंत कठिन हैं। मनुस्मृति कहती है कि जो स्त्री जुआ आदि खेल में आसक्त, मतवाले, रोगयुक्त पति की सेवा न करे, उसका निरादर करे, उसका पति तीन महीने के लिए उसको छोड़ दे और आभूषण छीन ले। कोई भी प्रेमपूर्ण स्त्री अपने ऐसे पति की भी सेवा करनी चाहेगी, लेकिन इसे अनिवार्य तथा ऐसा न करने को दंडनीय बना कर मनुस्मृतिकार ने स्त्री से सेवा की यह स्वैच्छिकता भी छीन ली है। कहने की जरूरत नहीं कि उसकी सेवा में सच्चा सुख मिलता है, जिसकी प्रेरणा भीतर से आती है। पुरुष को पुनर्विवाह के लिए कई अवसर दिये गये हैं : स्त्री बाँझ हो तो आठवें वर्ष में, उसकी संतानें मरी हुई ही पैदा हों तो दसवें वर्ष में, केवल लड़की ही पैदा होती हो तो ग्यारहवें वर्ष में और दुर्वचन कहनेवाली हो तो शीघ्र ही अपना दूसरा विवाह कर लेना उचित है। लेकिन स्त्री को ऐसा कोई अधिकार नहीं दिया गया है। उसे तो सौत का भी हँस कर स्वागत करने को कहा गया है। मनुस्मृति का स्पष्ट निर्देश है कि पति के द्वितीय विवाह करने पर जो स्त्री कुपित हो कर घर से बाहर चली जाये, उसे घर में बंद कर देना चाहिए अथवा पिता के घर भेज देना चाहिए। मनुस्मृति साफ-साफ मानती है कि स्त्री कभी स्वतंत्र होने योग्य नहीं है : बचपन में पिता, युवावस्था में पति और वृद्धावस्था में पुत्र उसकी रक्षा करे है।

क्या स्त्री का यह रक्षिता स्वरूप आज भी उतना ही प्रबल नहीं है ? सिर्फ नयी स्मृतियाँ (यानी आचरण के नये विधान) बन गयी हैं, लेकिन व्यवहार में तो पुरानी स्मृतियाँ ही वैध हैं।

महाभारत काल में आ कर नये स्त्री-पुरुष का संसार हर तरह से अराजक और प्रदूषित संसार हो जाता है। उस वक्त स्त्री जितनी स्वतंत्र तथा स्वच्छंद थी, पुरुष उससे कहीं ज्यादा स्वच्छंद तथा औरतबाज थे। लेकिन कुल मिला कर पुरुष की प्रभुता के दृश्य ही ज्यादा दिखाई पड़ते हैं। स्त्री की स्वच्छंदता के एक उदाहरण पर गौर फरमाइए। उर्वशी इंद्रलोक की अप्सरा थी और अर्जुन इंद्र का पुत्र था, इस नाते उर्वशी अर्जुन के लिए माँ के समान थी। उर्वशी को गौर वंश की जननी भी बताया गया है। अर्ज़ुन इसी वंश का था, लेकिन जब उर्वशी की अर्ज़ुन से मुलाकात हुई तो उसमें रसोद्रेक होने लगा। उसने विगलित स्वर में अर्जुन से संभोग की याचना की। हालाँकि हमारे शास्त्रों में स्त्री की प्रणय याचना को ठुकराना पाप माना गया है, पर अर्जुन के समय की नीति व्यवस्था मातृस्थानीय स्त्री से संभोग की अनुमति नहीं देती थी। अतः अर्जुन ने उर्वशी के अनुरोध को ठुकरा दिया। इस पर उर्वशी

ने उसे ज्ञान देने की कोशिश की, 'तुम मेरी याचना को इस तरह अस्वीकार न करो। पुरु के वंश के हमारे जो पुत्र या पौत्र यहाँ इंद्रलोक में आते हैं, वे हम अप्सराओं के साथ रमण करते हैं और उन्हें कोई दोष नहीं लगता। अतः यदि तुम मेरे साथ रमण करते हो, तो तुम्हें कोई दोष नहीं लगेगा।' लेकिन अर्जुन इस भुलावे में नहीं आया। इसके बाद उर्वशी को तैश आना ही था। उसने अर्जुन को शाप दिया कि तुमने मेरी इच्छा का आदर नहीं किया है, इसलिए तुम एक वर्ष के लिए नपुंसक हो जाओगे। इसी शाप के कारण अर्जुन को गुप्तवास के दौरान बृहन्नला बनना पड़ा।

यह तो स्त्री की कामुकता का किस्सा हुआ। 'भारतीय विवाह संस्था का इतिहास' में पुरुषों की अंध कामुकता के तो और भी हैरतअंगेज किस्से मिलते हैं। पुरुष इतने मनमौजी तथा लोलुप थे कि किशोरियों से भी यौन सुख हासिल करने की कोशिश करते थे। इसका सबसे भासमान उदाहरण कुंती के साथ का सूर्य का समागम है। उस समय तक कुंती को रजोदर्शन नहीं हुआ था यानी उसे मासिक नहीं होता था। दूसरे शब्दों में वह नाबालिग थी। इसलिए कुंती के साथ सोने के लिए सूर्य को उसे काफी पटाना पड़ा। (वन पर्व, 307) यहाँ सूर्य द्वारा कुंती को पटाने का वर्णन इस प्रकार किया गया है। सूर्य कुंती से कहता है, 'कन्या शब्द की व्युत्पत्ति कम् धातु से हुई है, जिसका अर्थ है चाहे जिस किसी भी पुरुष की इच्छा कर सकनेवाली कन्या स्वतंत्र है। उस पर किसी का भी अधिकार नहीं; उसके साथ संबंध अधर्म नहीं। स्त्रियों और पुरुष के बीच में कोई रुकावट न होना, यही लोगों की मूल और स्वाभाविक अवस्था है। विवाह आदि संस्कार कृत्रिम हैं। तुमने यदि मुझसे संभोग किया तो भी तुम कुमारी ही रहोगी।' महाभारतकार बतलाता है कि 'तुरंत उसे रजोदर्शन हो कर वह संभोग के योग्य हुई।' हमारे शास्त्र भी गजब हैं। जब चाहें, टोपी से—या धोती से ?—खरगोश निकाल सकते हैं।

महाभारत काल की यौन नैतिकता का कुछ अनुमान सच्ची मित्रता के छह गुणों की चर्चा (उद्योग पर्व) से लगाया जा सकता है। इनमें से एक गुण है : 'संकट काल में अपनी स्त्री भी अपने मित्र को निर्मल अंतःकरण से अर्पित की जाये।' कुछ आधुनिक मित्रों ने इसी प्रथा का विकास कर पत्नी-विनिमय का सिद्धांत आविष्कृत किया है, लेकिन वे भी इतने आधुनिक नहीं हुए हैं कि अतिथि सत्कार के एक आइटम के रूप में अपनी घरेलू नौकरानी या पत्नी को थाली में रख कर पेश कर सकें। 'अनुशासन पर्व' के दूसरे अध्याय में सुदर्शन अपनी पत्नी ओघवती से कहता है, 'गृहस्थाश्रम धर्म के अनुसार व्यवहार करने के लिए मैं प्रतिज्ञाबद्ध हूँ, अतः तुम अतिथि के विरोध में किसी भी प्रकार का बरताव न करो। यही नहीं, समय आने पर तुम अपना शरीर भी अतिथि को अर्पित करने में न हिचकिचाओ।' राजवाड़े आगे बताते हैं कि शीघ्र ही परीक्षा का समय आ गया। सुदर्शन की अनुपस्थिति में एक ब्राह्मण अतिथि आश्रम में आया। अर्घ्यपाद्यादि पूजा को विधिपूर्वक स्वीकार करने के उपरांत

अतिथि ने सुदर्शन की पत्नी के सम्मुख अपनी संभोगेच्छा प्रकट की। ओघवती ने कर्तव्य भाव से ब्राह्मण की इस इच्छा की पूर्ति की। इतने में सुदर्शन ऋषि लौट आये और उन्हें आतिथ्य के इस उत्कर्ष की सूचना मिली, तो उन्होंने तृप्तिपूर्वक यह फरमाया कि 'आज हम धन्य हुए' और अपनी पत्नी की पीठ थपथपायी। भीष्म ने धर्मराज को बताया कि इस सत्कृत्य के कारण सुदर्शन की कीर्ति त्रिभुवन में फैल गयी ओर उसे इंद्रलोक प्राप्त हुआ। उसकी वेश्या बना दी गयी पत्नी ओघवती को कौन-सा लोक मिला, इस बारे में महाभारतकार मौन है।

स्त्री की स्थिति निश्चय ही आज इतनी गयी-गुजरी नहीं है, फिर भी उसके अस्तित्व पर पुरानी स्मृतियों (यानी आचरण संहिताओं) की स्पष्ट छाया देखी जा सकती है। 26 जनवरी 1950 को भारतीय संविधान लागू हुआ, जिसमें एक स्वतंत्र, समानतावादी तथा न्यायपूर्ण समाज की कल्पना की गयी। कलम की एक नोक से स्त्री और पुरुष को सब प्रकार से बराबर घोषित कर दिया गया, लेकिन कानून भी अपने समय के सामाजिक-राजनीतिक यथार्थ से परिचालित होता है। अतः इस स्तर पर भी कई सुराख रह गये। मसलन स्त्रियों को पुरुष के बराबर पारिश्रमिक देने की तो व्यवस्था की गयी (हालाँकि इसका अर्थ यह भी निकाला जा सकता है कि हे स्त्रियो, अब तुम भी पुरुषों की तरह किसी की नौकर बन जाओ), लेकिन परिवार की संपत्ति में उनका कोई हिस्सा निर्धारित नहीं किया गया। वे सिर्फ गुजारे की हकदार मानी गयीं। बाद में जब स्त्री को संपत्ति के अधिकार से जोड़ा गया, तो इस शर्त के साथ कि वह हिस्सा पति की मृत्यु के बाद ही मिलेगा। जब तक पति जीवित है—वह चाहे सेठ हो या मंत्री, जब मन में आये, अपनी पत्नी को आर्थिक रूप से विकलांग बना सकता है। अपनी परित्यक्ता या तलाक दे दी गयी पत्नी के प्रति भी उसका दायित्व सिर्फ आत्मा को शरीर में रखने का खर्च देने तक सीमित है। हिंदू औरत को तो सौत से मुक्ति दे दी गयी—हालाँकि कानूनी स्तर पर ही : यथार्थ यह है कि बहुत-से पुरुष अब भी एक टिकट पर दो खेल का यह मजा लूट रहे हैं और इनमें हमारी संसद के सम्मानित सदस्य तथा संविधान विशेषज्ञ भी हैं, लेकिन मुसलमान औरत का सामना अपनी सौत (एक नहीं, तीन तक) से हो जाये, तो उसका अभिनंदन करने के लिए वह विवश है।

लेकिन सिर्फ कानून बनाने से दुनिया स्वर्ग बन जाती, तो क्या बात थी। हर दुख का निपटारा कानून की किताब में एक और वर्क़ जोड़ने से हो जाता। भारत में कानून की दयनीयता इसी से साबित हो जाती है कि पुलिस सबसे ज्यादा कानून जानती है और भारतीय दंड विधान की शायद ही कोई धारा हो, जिसे तोड़ने का पाप उसने न किया है। यही स्थिति शासकों की भी है। फलस्वरूप स्त्री-पुरुष संबंध का मूल गणित अब भी लगभग वही है जो हजारों साल पहले निर्धारित किया गया था।

आज भारतीय स्त्री नौकरी तथा रोजगार करने के बाद भी आर्थिक स्वतंत्रता हासिल नहीं कर पाती : उसकी कमाई पर उसके पति का ही अधिकार होता है। यह सच है कि दुनिया के जिन कुल छह अदद देशों में स्त्री सत्ता के शीर्ष पर पहुँच सकी, उनमें भारत भी एक है, लेकिन इससे भारतीय स्त्री की नियति में ठीक उसी तरह कोई फर्क नहीं आया, जैसे भारत में दो-दो बार मुसलमान राष्ट्रपति होने के बावजूद आम मुसलमान की जिंदगी में कोई बदलाव नहीं आया या एक हरिजन के केंद्रीय मंत्रिमंडल में बराबर रहने के बावजूद हरिजन हरि के ही जन (यानी जिनका भगवान ही मालिक है) बने रहे। अब हमारे पास दलित राष्ट्रपति भी हैं, लेकिन दलित संहार कहाँ रुका है ? यह जरूर है कि मध्यवर्गीय भारतीय स्त्रियाँ अब ज्यादा बाहर निकलने लगी हैं, पहनावे और मिलने-जुलने में भी वे कुछ उन्मुक्त हैं तथा उन्हें 'भाभी जी' कहनेवालों की संख्या काफी बढ़ गयी है (हालाँकि 'भाई साहब' जब मौजूद रहते हैं, तब लगभग सारा संलाप उन्हीं के साथ होता है)। लेकिन यह सीमित स्वतंत्रता उस विषाद को और गाढ़ा ही करती है, जो 70 से 80 प्रतिशत स्त्रियों की करुण जीवन स्थितियों को देख कर पैदा होता है।

यह मानने का कोई कारण नहीं है कि भारत में स्त्रियों की दुर्दशा का मूल कारण मनु महाराज या उनके उत्तराधिकारी भारतीय पुरुषों की निर्ममता रही है। यह मानना तभी उचित होगा जब दुनिया के दूसरे देशों में स्त्री की हालत बेहतर रही हो। जैसे भारत में स्त्रियों के सामाजिक गौरव के दौर गुजरे हैं (मसलन वैदिक युग में, जब वह अपेक्षाकृत स्वतंत्र थी), उसी तरह मिस्र, बेबिलोन तथा कुछ अन्य प्राचीन सभ्यताओं में भी स्त्रियों का कुछ समय अच्छा बीता है। बेबिलोन की स्त्री को न केवल संपत्ति रखने का हक था, बल्कि व्यभिचार या क्रूरता के आधार पर वह तलाक भी दे सकती थी। मिस्र में तो उसका सार्वजनिक जीवन काफी शानदार था। वह पुरुषों से बराबरी के स्तर पर मिल सकती थी—हालाँकि बहुत-सी रानियों और दासियों को अपने मृत पति तथा स्वामी के साथ ममी भी हो जाना पड़ता था। यह सती प्रथा का मिस्री संस्करण था। रोम में तो स्त्रियों और दासों में कोई फर्क ही नहीं किया जाता था : दोनों को हर मामले में स्वामी की मरजी के अनुसार चलना होता था और दोनों ही मताधिकार से वंचित थे। एंथेस नगर के दार्शनिक सुकरात ने अपनी पत्नी मांटिय अपने मित्र अल्कि बियाडिस को तथा रोम के विख्यात राजनीतिज्ञ कीटो ने अपनी पत्नी मार्शिया अपने मित्र होर्टेंशियस को संभोग सुख प्राप्त करने के लिए दी थी। ईसाइयत ने एक नयी यौन नैतिकता विकसित की, लेकिन उसमें भी स्त्री की हालत कुछ खास अच्छी नहीं थी। सेंट पाल का स्पष्ट निर्देश था कि 'स्त्रियों को चर्च में चुप रहना चाहिए। उन्हें बोलने की इजाजत नहीं है।' पश्चिम के मध्य युग में औरतों को डायन बता कर मार डालना सामाजिक कार्यों में उत्साह लेनेवाले पुरुषों का प्रिय शगल रहा है। एक लाख से ज्यादा औरतों को इस काल्पनिक

बहाने से मार डाला गया (यह प्रवृत्ति अब हमारे यहाँ भी, खासकर आदिवासी इलाकों में, शुरू हो गयी है।) औद्योगिक क्रांति ने न केवल लाखों औरतों को घर से निकाल कर गंदी बस्तियों में पटक दिया, बल्कि उन्हें रोज सोलह-सोलह घंटे तक काम करने पर मजबूर किया। साल-दर-साल की जचगी उनकी अतिरिक्त जिम्मेदारी थी। लेकिन औपनिवेशिक शोषण तथा तकनीकी उन्नति के बाद वहाँ स्त्री की हालत कई दृष्टियों से सुधरने लगी।

फिर भी स्त्रियों के लिए पहला महिला कॉलेज इंग्लैंड में 1848 में ही खुल सका। स्त्री को पहली बार वोट देने का अधिकार दिया न्यूजीलैंड ने 1893 में। लेकिन कुछ विकसित माने जानेवाले राष्ट्रों ने इसमें भी बहुत देर लगायी। संयुक्त राज्य अमेरिका ने स्त्रियों को मताधिकार दिया 1920 में और दुनिया भर की संसदों की माँ कही जानेवाली ब्रिटिश संसद ने 1928 में। स्विट्जरलैंड जैसे समृद्ध देश ने, जहाँ के आर्थिक जीवन में स्त्रियों की भागीदारी बहुत व्यापक तथा निर्णायक रही है और जहाँ का लोकतंत्र भी प्राचीनतम में एक है, स्त्रियों पर यह कृपा की 1971 में। कुछ देशों में, खासकर मुसलिम, अब भी स्त्रियों को वोट देने का अधिकार नहीं है। लेकिन जहाँ है, वहाँ भी मत देने का अधिकार मत पाने के अधिकार में परिणत नहीं हो सका। इंग्लैंड और अमेरिका जैसे देशों में भी जन प्रतिनिधियों में स्त्रियों का प्रतिशत 5-6 से ज्यादा कभी नहीं हो सका।

इसमें कोई संदेह नहीं कि निजी और सार्वजनिक स्तर पर पश्चिम की स्त्री आज काफी हद तक आजाद है। फिर भी अगर कोई यह सोचता हो कि पश्चिम में स्त्री का स्वर्ण युग शुरू हो गया है, तो कोई भी फेमिनिस्ट (नारीवादी) मेम उसे नवीनतम आँकड़े देकर यह बता देगी कि जहाँ स्त्री सबसे ज्यादा स्वाधीन है, वहाँ उसके साथ कितना बलात्कार होता है, काम करने की जगह पर उसके स्त्रीत्व को किस-किस तरह दुखी और अपमानित किया जाता है तथा घर में वह अपने ही पति द्वारा साल में कितनी बार पीटी जाती है। पश्चिम के अस्पतालों में जो औरतें अपना जख्मी बदन ले कर (वही बदन, जिससे लाड़ के समय शहद चूता है तथा जो प्रेग की भूमिका बनाते समय दुनिया का सबसे खूबसूरत बदन घोषित किया जाता है) ले कर हाजिर होती हैं, उनकी यह परिणति किसी और के द्वारा नहीं, बल्कि उनके अपने पति द्वारा ही की गयी होती है। यदि मजाक के रूप में न लिया जाये, तो कहा जा सकता है कि यह कुछ-कुछ वैसे ही है, जैसे कारीगर अपने औजार को चुस्त-दुरुस्त रखने के लिए समय-समय पर उसकी मरम्मत करता रहता है। भारत में भी ऐसी स्त्रियों की संख्या कम नहीं है, जिन्हें अपने जीवन का पहला चाँटा अपने पति द्वारा ही उपलब्ध होता है। तो क्या स्त्री-पुरुष का यह रिश्ता शाश्वत और सार्वदेशिक है ? क्या स्त्री बनी ही इसलिए है कि उसका अस्तित्व पुरुष की दया पर निर्भर रहे ? क्या तुलसीदास ने सच कहा था कि 'कत विधि सृजी नारि जग

माहीं–पराधीन सपनेहु सुख नाहीं' ?

लेकिन स्थिति को दूसरी तरह से भी तो देखा जा सकता है। कहा जा सकता है कि अभी तक जितनी भी क्रांतियाँ हुईं, वे सभी पुरुषों की, पुरुषों द्वारा और पुरुषों के लिए थीं। सामाजिक, आर्थिक तथा राजनीतिक सुधार के जितने भी प्रयत्न किये गए, उनसे पुरुष की ही हालत सुधरी और स्त्री हर नये बँटवारे के वक्त अपने हिस्से से बंचित कर दी गयी। जहाँ बहुत ज्यादा विकास हुआ, वहाँ कुछ सुविधाएँ रिस कर स्त्री तक भी पहुँचीं। लेकिन सच पूछा जाये तो आज भी स्त्री ही मार्क्स की असली सर्वहारा है। वह पति से बँधी है, घर से बँधी है, बच्चों से बँधी है और अंततः अपने शरीर से बँधी है।

जहाँ उसके बंधन कम हैं, वहाँ उसके मन में यह बात गहरे बैठा दी गयी है कि वह मूलतः यौन सुख का एक स्वतःस्फूर्त उपकरण है। उसके और भी रूप हैं, लेकिन असली रूप तो कामिनी का ही है। पश्चिम में यह विचार और भी स्वाभाविक है, क्योंकि वहाँ तो इसके लिए धार्मिक प्रमाण भी है। बाइबिल में बताया गया है कि ईश्वर ने पुरुष का अकेलापन दूर करने के लिए उसके शरीर से एक पसली निकाल कर स्त्री का सृजन किया। यानी स्त्री बनायी ही इसलिए गयी है कि वह पुरुष की सहायता करे और उसके जीवन को आनंद से भरे। पश्चिम में इस विश्वास का सबसे विस्फोटक रूप आज दिखाई दे रहा है। फिल्म में, विज्ञापन में, होर्डिंगों में बराबर ऐसे दृश्य दिखलाये जाते हैं जिससे स्त्री के अवचेतन में बैठी यह धारणा और मजबूत हो कि वह मनुष्य नहीं, स्त्री के रूप में ही सुग्राह्य है। इसकी प्रतिक्रिया में स्त्रियों के एक वर्ग में यह प्रतिद्वंद्वी माँग पैदा हुई है कि उसे भी उतना ही यौन सुख चाहिए, जितना वह देती है और जो पुरुष इससे कम दे, वह दो-चार मुठभेड़ों के बाद ही खारिज कर देने योग्य है। भारतीय स्त्री अभी अवमूल्यन की इस स्थिति को प्राप्त नहीं हुई है। वैसा आर्थिक विकास हम शायद ही कभी हासिल कर पायें। लेकिन उदारीकरण की नीति के बाद हमारी सांस्कृतिक दिशा असंदिग्ध रूप से वही है। स्त्री भोग्या तो हमारे यहाँ पहले भी थी। अब उसे माल बनाने की ऐतिहासिक घड़ी आ गयी है। उसके अंग-अंग को सौंदर्य के नये मूल्यों से आँका जा रहा है और नंबर दिये जा रहे हैं। उपभोक्तावाद के मूल्य शयन कक्ष तक आ गये हैं। पर जिनके पास शयन कक्ष नहीं है, उनके असंतोष कोई कम गहरे नहीं हैं। वहाँ दैहिक, दैविक और भौतिक तीनों तापों का विकट दबाव है और स्त्री पर सबसे ज्यादा, क्योंकि हर युद्ध में सबसे ज्यादा जख्मी वही होती है। उच्च मध्यवर्गीय स्त्री से मनोहर वस्तु बनने की आशा की जाती है; निम्नवर्गीय स्त्री से एक ऐसी मशीन, जिसे भूख नहीं लगती और साथ ही उसे चाहे जितना रगड़ा जाये, उसे न चोट लगती है न थकावट होती है।

इसका मतलब यह नहीं कि स्त्री का जीवन सतत दासता और अधीनता का

जीवन रहा है। ऐसा कहीं होता नहीं है। हो भी नहीं सकता, क्योंकि हर आदमी को यह एहसास रहता है कि 'जो है उससे बेहतर चाहिए।' फिर स्त्री ही इसका अपवाद कैसे हो सकती है ? वह अपने स्तर पर लगातार संघर्ष करती रही है। कभी उसने विद्रोह किया है तो कभी युद्ध। गृहस्थ जीवन से पलायन भी इसी का एक रूप रहा है। ज्ञान, कला, शौर्य आदि माध्यमों से भी उसने अपनी अस्मिता प्रमाणित करने की कोशिश की है। यह जरूर है कि इस संघर्ष या उत्कर्ष में कोई निरंतरता नहीं दिखाई पड़ती, क्योंकि परिस्थितियाँ अकसर उसके प्रतिकूल रही हैं। इस दृष्टि से बीसवीं शताब्दी उसके लिए एक महान शताब्दी है। यह शायद पहली बार है जब स्त्री भी बहस और विचार का एक प्रधान केंद्र है। 1771 में जब पहली बार एनसाइक्लोपीडिया ब्रिटानिका तैयार की गयी तो उसमें 'स्त्री' प्रविष्टि में सिर्फ चार शब्द थे : मनुष्य की मादा; फिर कहा गया था : देखिए मानव प्रजाति। पर एन्साइक्ललोपीडिया ब्रिटानिका के 1874 के संस्करण में स्त्री की हालत पर लगभग 15 हजार शब्द थे। नये संस्करण में यह संख्या इसकी दुगुनी हो गयी है।

लेकिन स्त्री-पुरुष संबंध को पूँजीपति-श्रमिक के फ्रेम में देखना अत्यंत मूर्खतापूर्ण सरलीकरण होगा। स्त्री-पुरुष संबंध दुनिया का जटिलतम संबंध है, इसलिए उसका अंतर्संघर्ष भी बहुआयामी है। उसमें प्रेम के साथ गुस्सा, भय के साथ आत्मविश्वास तथा संघर्ष के साथ लगाव भी लिपटा हुआ है। हमें यह भी समझना होगा कि स्त्री-पुरुष की कुछ समस्याएँ शाश्वत हैं और कुछ सांस्कृतिक यानी समय के साथ बदलनेवाली। शाश्वतता का स्तर वह है, जहाँ यह दो मनुष्यों के संबंध का मामला है। अन्य संबंधों की तुलना में स्त्री-पुरुष संबंध हमेशा ज्यादा आनंदपूर्ण तथा उतना ही जटिल रहेगा। इन जटिलताओं से हर युगल को अपने ढंग से जूझना होगा। स्त्री की एक कैद जैविक भी है, जिससे कोई भी आविष्कार उसको छुटकारा नहीं दिला सकता। पुरुष पुरुष रहेगा और स्त्री स्त्री। शायद 'क्लोनिंग' का विकास स्त्री को गर्भाशय की जिम्मेदारियों से मुक्त कर सके। क्या इसीलिए इसका विरोध हो रहा है ? लेकिन यह भी सच है कि स्त्री की ज्यादातर समस्याएँ सभ्यता की उपज हैं। इनका समाधान सभ्यता के पुनर्निर्माण से ही संभव है। यानी सभ्यता को सचमुच सभ्य बनाकर। जॉर्ज बर्नार्ड शॉ ने ठीक कहा है कि स्त्री की आत्मा को कुचल कर पुरुष ने अपनी आत्मा को भी कुचल लिया है।

5. पहला पाप

प्रकृति ने स्त्री-पुरुष की शारीरिक रचना में भिन्नता पैदा कर जितना उपकार किया है, शायद उससे कहीं ज्यादा नुकसान पहुँचाया है। लेकिन उसे इस बात का क्या एहसास होगा कि जिस भिन्नता का जन्म जीवन को जारी रखने तथा विकसित करने के लिए हुआ है, उसी का इस्तेमाल मनुष्य नामक प्राणी के द्वारा पारस्परिक विरोध स्थापित करने के लिए किया जायेगा। स्त्री-पुरुष का शारीरिक विधान इतना अलग-अलग है कि तीन-चार साल के शिशु भी इस अलगाव का अनुभव करने लगते हैं। निश्चय ही इसके सांस्कृतिक कारण भी हैं—बल्कि ये कारण ही ज्यादा असरदार हैं, क्योंकि जन्म से ही लड़के-लड़की को न केवल अलग-अलग ढंग से पाला जाता है, बल्कि उनमें लैंगिक विभेद की चेतना पैदा करने की भी योजनाबद्ध कोशिश की जाती है। यह सिलसिला मृत्यु के बाद तक जारी रहता है। पति की मृत्यु के बाद स्त्री को विधवा का जीवन जीना पड़ता है, जिसमें शुभ अवसरों पर उसकी उपस्थिति पर रोक भी शामिल है, लेकिन पुरुष का जीवन यथावत जारी रहता है, उतना उस विधुर को नहीं, जो जहाँ-तहाँ से अपनी 'प्यास' बुझाने की कोशिश करता है—बल्कि आधुनिक मनोविज्ञान के अधकचरे जानकार तो ऐसी कोशिश के शास्त्रीय समर्थन में तर्कों का ढेर लगा देंगे।

वैसे स्त्री-पुरुष में इतना भारी फर्क नहीं होता। तब भी जहाँ तक प्राकृतिक अंतर का सवाल है, उसकी चेतना तो रहती ही है। माता-पिता स्तनपायी शिशु के साथ चाहे जितने गहरे प्रेम का व्यवहार करें, वह खूब समझता है कि उसकी क्षुधा कौन शांत कर सकता है। इसके लिए वह पिता की ओर नहीं, माता की ओर ही लपकता है। लेकिन इस प्राकृतिक फर्क से जीवन उस तरह प्रभावित नहीं होता, जिस तरह सांस्कृतिक फर्क से हुआ है। अभी तो स्थिति यह है कि प्राकृतिक फर्क को एक वर्गीय फर्क का आधार बनाया जा रहा है। बालक-बालिकाएँ शुरू से ही इस वर्ग चेतना का शिकार होने लगते हैं। पाँचवें-छठे वर्ष में ही इस वर्गीय विभाजन

की नींव पड़ जाती है। इसमें घर, मुहल्ले और स्कूल का वातावरण अपनी-अपनी तरफ से पूरा सहयोग करता है। जल्द ही एक दिन ऐसा आता है, जब लड़के और लड़कियाँ न केवल अपने को दो विभिन्न वर्गों का सदस्य मानने लगते हैं, बल्कि अपने-अपने वर्ग की योग्यताएँ तथा विशेषताएँ भी अर्जित करने का व्यवस्थित प्रयास करने लगते हैं। लड़के कसरत वगैरह कर अपने शरीर को उभारने तथा विभिन्न बाह्य गतिविधियों द्वारा अपने को व्यक्त करने की कोशिश करते हैं, तो लड़कियाँ अपने खास-खास अवयवों को छिपाने तथा अपनी भावनाओं का दमन करने की कोशिश करती हैं। वे स्त्रीत्व को शर्म की चीज या बोझ मानती हैं, जबकि लड़के अपने पौरुष-प्रतीकों पर गर्व करते हैं तथा उनकी तुलना में उन्हें मजा आता है। बेटा पिता के साथ अपने को जोड़ कर देखता है तथा बेटी माँ के साथ अपना तादात्म्य स्थापित करने लगती है। स्वाभाविक तो यह था कि लड़कियाँ लड़कों की संगत में उष्णता अनुभव करतीं और लड़के लड़कियों की संगत में, लेकिन वर्गीय खेमेबंदी के कारण होता यह है कि लड़कियाँ लड़कियों को ही अपना दोस्त बनाती हैं और लड़के लड़कों के साथ घूमते-फिरते हैं। जैसे-जैसे उनकी शारीरिक विशिष्टताएँ आकार लेने लगती हैं, वैसे ही वैसे उनके व्यक्तित्व का भी रूपांतरण होने लगता है। इस तरह जो यात्रा लगभग समान ढंग से तथा लगभग समान परिस्थितियों में शुरू हुई थी, उसका पर्यवसान दो हर तरह से भिन्न और परस्पर-विद्वेषी व्यक्तियों में होता है।

स्पष्टतः इस बीच उनके बीच की दुनिया इतनी भ्रष्ट हो चुकी है कि वे एक-दूसरे को लगभग शत्रु की तरह देखना शुरू कर चुके होते हैं। ध्यान देने की बात है कि इस उम्र में परस्पर आकर्षण जितना तीव्र होता है, आपसी प्रतिरोध भी उतना ही उग्र होता है। किशोरियाँ किशोरों को संदिग्ध निगाहों से देखने लगती हैं और किशोर हाथ में न आ सकनेवाली किशोरियों को वचन, भंगिमा तथा कभी-कभी क्रिया से भी कुचल कर रख देना चाहते हैं। प्राप्त-यौवन होने के बाद उनके बीच प्रेम संबंध बनते हैं, तब भी पुरुष और स्त्री के बीच एक ऐसी दूरी होती है, जो एक ही जाति के दो सदस्यों की नहीं, बल्कि दो भिन्न जातियों के व्यक्तियों के बीच की दूरी से ज्यादा मिलती-जुलती है। जिन्हें स्त्री-पुरुष संबंध चूहे बिल्ली के खेल की तरह लगता है, उन्हें आप हरामी भले कह लें, लेकिन यथार्थ-विमुख नहीं कह सकते। यह खेल आम तौर से तभी खत्म होता है, जब स्त्री पूर्ण आत्मसमर्पण कर देती है। वश में आया हुआ शत्रु किसे मधुर नहीं लगता ! स्त्री के मामले में अंतर इतना ही है कि पुरुष अपने को इस भुलावे में रखना चाहता है कि वह आतंक, आर्थिक असुरक्षा, हिंसा तथा अकेलेपन के भय से उसकी गोद में नहीं दुबकी है, बल्कि सहज प्रेमवश तथा इसलिए उसके करीब आयी है कि वह इसके योग्य है। जो स्त्री अपने पुरुष में यह भ्रम जितने गहरे तक उकेर पाती है, उसका दांपत्य या प्रेम जीवन, प्रचलित अर्थ में, उतना ही सुखी और स्थायी होता है।

स्त्री-पुरुष के बीच इस झगड़ालू विभाजन की शुरुआत कैसे हुई होगी ? स्त्री ने निश्चय ही पुरुष को अपना शत्रु नहीं माना होगा और न ही आज वह मानती है, लेकिन विकास के प्रारंभिक चरण में जब जीने के साधन कुछ स्थिर हो गये होंगे, तब पुरुष ने अवश्य ही इस बारे में सोचना-विचारना शुरू किया होगा कि स्त्री को कैसे काबू में रखा जाये। विवाह की व्यवस्था इसी का नतीजा मानी जाती है। लेकिन पहले विवाह आया या निजी संपत्ति ? ऐसा प्रतीत होता है कि दोनों एक-दूसरे के साथ ही या फिर थोड़ा ही आगे-पीछे आये होंगे। अपने प्रसिद्ध ग्रंथ 'द ओरिजिन ऑफ द फैमिली, प्राइवेट प्रॉपर्टी एंड द स्टेट' में एंगेल्स ने यूरोप के इतिहास में एकविवाह प्रथा (विलोम : बहुविवाह प्रथा) की जड़ें खोजते हुए इसके चरित्र के बारे में यह टिप्पणी की है कि यह व्यक्ति के काम संबंध का परिपाक नहीं था—उससे तो इसका कुछ लेना-देना ही नहीं था, क्योंकि विवाह पहले की तरह ही सुविधा देख कर किये जाते रहे। यह परिवार का पहला ऐसा रूप था, जो प्राकृतिक स्थितियों पर नहीं, बल्कि आर्थिक स्थितियों पर आधारित था। यह मूल, प्राकृतिक रूप से विकसित, सामूहिक संपत्ति पर निजी संपत्ति की विजय का नगाड़ा था। यूनानियों की निगाह में एकविवाह प्रथा के घोषित उद्देश्य क्या थे ? एंगेल्स कहते हैं : परिवार में पुरुष का शासन और बच्चे उत्पन्न करना, जो न केवल पुरुष के कहलायें, बल्कि आगे चल कर उसकी संपत्ति के उत्तराधिकारी भी बनें, यह स्त्री की दासता की शुरुआत थी। लेकिन अपनी इस दासता में स्त्री अकेली नहीं थी। वह एक व्यापक दास प्रथा का शिकार थी। फर्क यह था कि अन्य दास-दासियाँ मामूली तथा खरीद-बिक्री किये जानेवाले स्त्री-पुरुष थे, जबकि स्त्री घर की मैनेजर थी, पुरुष के वैध उत्तराधिकारियों की जननी थी तथा अन्य दासियों की अधीक्षक थी, जिन्हें वह अपनी इच्छानुसार अपनी रखैल बना सकता था और बनाता भी था। एंगेल्स के शब्दों में, 'एकविवाह प्रथा के समानांतर दास प्रथा के अस्तित्व ने, खूबसूरत युवा दासियों के अस्तित्व ने, जो स्वयं पुरुष को समर्पित थीं और उनके पास जो कुछ था, वह भी पुरुष को समर्पित था, एकविवाह प्रथा पर इस खास चरित्र की मुहर लगा दी कि यह प्रथा स्त्रियों के लिए थी—पुरुषों के लिए नहीं।'

एंगेल्स ने इस प्रसंग का इतने मोहक तथा विश्वसनीय ढंग से चित्रण किया है कि उनका एक पूरा अनुच्छेद ही उद्धृत करने का लोभ होता है। एंगेल्स का मानना है कि विवाह इतिहास में स्त्री-पुरुष के आपसी संबंधों के पुनर्सामंजस्य के रूप में नहीं प्रकट होता है—इसका सर्वोत्कृत रूप तो यह है ही नहीं। इसके विपरीत यह नर द्वारा मादा को अपने अधीन करने का एक रूप है : दोनों के बीच एक ऐसे टकराव की घोषणा है, प्रागैतिहासिक काल में जिसका कोई चिह्न नहीं दिखाई पड़ता। मार्क्स ने शिशु के पालन-पोषण को पहला श्रम विभाजन कहा है। इसी की तर्ज पर एंगेल्स मानते हैं कि इतिहास में पहला वर्ग-विरोध एकविवाह प्रथा के माध्यम

से स्त्री-पुरुष के बीच विकसित हुआ वर्ग-विरोध है और पहला वर्ग अत्याचार स्त्री पर पुरुष का अत्याचार था। एकविवाह प्रथा एक महान ऐतिहासिक विकास थी, लेकिन इसके साथ ही इसने दास प्रथा और निजी संपत्ति के साथ-साथ एक ऐसे युग की शुरुआत की, जो आज तक चला आया है और जिसमें प्रत्येक विकास एक ऐसा सापेक्षिक प्रत्यावर्तन (यानी पीछे लौटना) भी है, जिसमें एक समूह का विकास दूसरे समूह के दमन के साथ जुड़ा हुआ है।

वैसे इस पर विचार करने की जरूरत है कि यदि एकविवाह प्रथा ने स्त्री-पुरुष के बीच स्थायी वर्ग-विभेद पैदा कर दिया और वर्ग अत्याचार को वैधता प्रदान की, तो फिर इसे किस तर्क से 'महान ऐतिहासिक विकास' कहा जाये ? न केवल यह सवाल उठता है कि स्त्रियाँ इस तथाकथित ऐतिहासिक विकास को किस दृष्टि से देखेंगी, बल्कि यह भी कि क्या विकास का एकमात्र यही रास्ता मनुष्य के पास सुलभ था, जिसमें आधी दुनिया को गुलाम बना कर रखा जाये ? निश्चय ही यह एक परिकल्पनात्मक सवाल है, लेकिन इतिहास पर विचार करते समय हमें यह भी सोचना चाहिए कि इतिहास ने जो रास्ता पकड़ा, क्या उसके सामने एकमात्र रास्ता वही था ? क्या हमेशा मनुष्य के सामने एक से ज्यादा विकल्प नहीं होते ? यदि हम ऐसा नहीं सोचेंगे, तो आज हम जो इतिहास बना रहे हैं, उसके बारे में भी मान लेंगे कि इसका भी एक ही रास्ता है और यह रास्ता वही है, जिस पर हम चल रहे हैं।

स्त्री-पुरुष के इस विरोध-मूलक विभाजन के समझने के लिए हमें प्रकृति और मनुष्य के रिश्ते को भी समझना होगा। मनुष्य के विकास का इतिहास प्रकृति से अनवरत संघर्ष का इतिहास रहा है। उस प्रकृति से भी, जिसे मानव स्वभाव कहते हैं। सभ्य होने के लिए मनुष्य ने अपनी बहुत-सी प्राकृतिक इच्छाओं का दमन किया है, लेकिन कुछ ऐसी इच्छाएँ भी पैदा की हैं जो सभ्यता की किसी भी कसौटी पर खरी नहीं उतरतीं। बाह्य प्रकृति, जिसमें पशु-पक्षी भी आते हैं, के साथ भी उसका यही रिश्ता रहा है। प्रकृति के साथ मुठभेड़ किये बगैर उसका जीवित रह पाना असंभव था। लेकिन अपनी विजय के जोश में वह जरूरत से थोड़ा आगे भी निकल गया। आज तो उसने प्रकृति पर धावा ही बोल दिया है। इसी विजयवादी दृष्टिकोण की अभिव्यक्ति स्त्री तथा दूसरे पुरुषों के साथ उसके संबंध में दिखाई पड़ती है। इस संबंध में सहयोगिता तथा सामाजिकता है, तो युद्ध और प्रतियोगिता भी। कहना चाहिए, सामाजिकता न्यूनतम है (यानी उतनी ही, जिसके बिना काम नहीं चल सके) और प्रतियोगिता अधिकतम (ताकि खुद के लिए ज्यादा से ज्यादा हासिल किया जा सके)। पुरुष अंततः स्त्री से प्रेम ही करता है और उसके प्रेम की कामना भी करता है (उससे ज्यादा अभागा आदमी कौन होगा, जिसके जीवन में कोई स्त्री आयी ही नहीं !), लेकिन प्रेम की उसकी मूल अवधारणा स्वामित्व की है। वह जिस स्त्री को चाहता है, उसे इस तरह चारों ओर से घेरने की कोशिश करता है कि उस पर दूसरे किसी

पुरुष की परछाईं भी न पड़ सके। यह अहंकार है, जो प्रेम को मोह में बदल देता है। आज भी जब कोई पुरुष किसी स्त्री के साथ यौन संबंध बनाने में सफल हो जाता है, तो उसके मन में पहला उद्रेक यही होता है कि मैंने उसे जीत लिया है—अब वह पूर्णतः मेरी है। हरिवंशराय बच्चन का एक प्रसिद्ध गीत है : 'प्राण, कह दो आज तुम मेरे लिए हो।' बच्चन आगे कहते हैं :

रात मेरी, रात का श्रृंगार मेरा
आज आधे विश्व से अभिसार मेरा
तुम मुझे अधिकार अधरों पर दिये हो
प्राण, कह दो आज तुम मेरे लिए हो

स्त्री ने अपने अधरों पर पुरुष को अधिकार दे दिया है, फिर भी पुरुष को चैन नहीं है। उसे सिर्फ अधिकार नहीं चाहिए, इस अधिकार की साफ-साफ घोषणा भी चाहिए। जाहिर है, यह अधिकार भाव बहुत कुछ वस्तुओं पर उसके अधिकार से मिलता-जुलता है। वस्तुएँ अधिकार का सबसे सुंदर पात्र हैं, क्योंकि वे कुछ बोल नहीं सकतीं : जो उन्हें अपने कब्जे में कर लें, वे पूर्णतः उसी की हो जाती हैं। स्त्री के साथ मुश्किल यह है कि उसमें चेतना है। चेतना है यानी उसकी अपनी एक स्वायत्तता है। पुरुष की एक प्रधान चिंता यह रही है कि इस स्वायत्तता को कैसे खत्म किया जाये। इसलिए वह हमेशा स्त्री की कल्पना किसी न किसी वस्तु से करता रहता है : कभी फूल से, कभी चंद्रमा से, कभी शहद से, कभी अमृत से, कभी वीणा से, कभी धूप से, कभी छाँह से, कभी नदी से, कभी झरने से और बहुत भोंडा हुआ तो रसगुल्ले, इमरती और चटनी से भी। कुल मिला कर उसका मंतव्य यही होता है कि पुरुष चेतन है और स्त्री जड़, पुरुष लक्ष्य है और स्त्री माध्यम, पुरुष भोक्ता है और स्त्री भोग्य। अतः भोग्य को पूर्णतः भोक्ता के अधीन रहना चाहिए। लोक गीतों में ये उपमाएँ कभी-कभी अत्यंत भदेस ढंग से व्यक्त हुई हैं, लेकिन वे यथार्थ को ज्यादा ठोस ढंग से व्यक्त करती है एक लोक गीत में स्त्री पुरुष से दरख्वास्त करती है :

मैं हूँ तोरी चरपाई
बलम, तनि लेट जाओ

चारपाई सुन कर चौंकने की जरूरत नहीं है, क्योंकि बच्चन ने इसी कविता की शुरुआत में स्त्री की उपमा छाते से दी है :

मैं जगत के ताप से डरता नहीं अब
मैं समय के शाप से डरता नहीं अब
आज कुंतल छाँह मुझ पर तुम किये हो
प्राण, कह दो आज तुम मेरे लिए हो

छाँह की ज्यादा जरूरत पुरुष को है या स्त्री को ? 'जगत का ताप' या 'समय

का शाप' किसे ज्यादा सताता है—पुरुष को या स्त्री को ? यह आकस्मिक नहीं है कि दिनकर की सबसे महत्वाकांक्षी कृति 'उर्वशी' में भी ठीक यही बिंब आता है। पुरुरवा उर्वशी के प्रति अपनी कृतज्ञता इन शब्दों में व्यक्त करता है :

एक ही आशा, मरुस्थल की तपन में
ओ सजल कादंबिनी ! सिर पर तुम्हारी छाँह है
एक ही सुख है, उरस्थल से लगा हूँ
ग्रीव के नीचे तुम्हारी बाँह है।

यह सच है कि स्त्री का अकुंठित प्रेम किसी भी पुरुष को उत्साह और कर्मठता से भर देता है, लेकिन क्या धरती पर स्त्री का आविर्भाव सिर्फ इसीलिए हुआ है कि वह दूसरे को छाँह देती फिरे ? भारत के प्रख्यात यौन विज्ञानी डॉ. प्रकाश कोठारी अरसे से कहते रहे हैं कि भारतीय पुरुष स्त्री को नींद की गोली की तरह व्यवहृत करते हैं। 'मरुस्थल की तपन' में क्या स्त्री को भी वैसी ही आत्मीय छाँह ही जरूरत नहीं है, जैसी पुरुष को ? फिर उसे सिवाय अपने अधरों पर किसी और को अधिकार देने तथा उस पर अपनी कुंतल छाँह करने के क्या और कोई काम नहीं है ?

स्त्री-पुरुष की अलग-अलग भूमिकाओं के इस कृत्रिम निर्धारण से ही इस तरह के भाव पैदा होते हैं कि 'कभी-कभी मेरे दिल में खयाल आता है, कि जैसे तुझको बनाया गया है मेरे लिए।' यानी स्त्री पुरुष के लिए बनायी गयी है, पर पुरुष स्त्री के लिए नहीं बनाया गया है : वह तो अपना उद्देश्य आप है। चूँकि प्रेम के उत्कट क्षण में भी पुरुष स्त्री को अपने एक साधन के रूप में ही देखता है, इसलिए उसकी कल्पना हमेशा जीत-हार तथा विजेता-विजित के युग्मों में ही भटकती है। इसका एक कारण उसके भौतिक जीवन की अहं-केंद्रितता भी है। चूँकि वस्तुओं के साथ उसने कोई पवित्रता का रिश्ता नहीं बनाया है, उनके संग्रह तथा उपभोग की कोई मर्यादा नहीं निश्चित की है, प्रकृति में उपलब्ध सभी प्रकार के पदार्थों को 'बाप का माल' समझता आया है, इसीलिए वह अपने सहचर पुरुषों-स्त्रियों के साथ भी किसी और तरह के रिश्ते की कल्पना नहीं कर पाता। सत्ता की भाषा ही बुनियादी भाषा है, जिसमें वह अन्य सभी प्रत्ययों को घटा कर देखना चाहता है।

जीवन पद्धति की इसी बुनियादी गड़बड़ी की वजह से मनुष्य ने अनेक ऐसे युग्मों की कल्पना की है, जिनका वास्तविक जीवन में कोई आधार नहीं है। जीवन में निश्चय ही द्वंद्वात्मकता है, लेकिन इसका अनिवार्य मतलब अंतर्विरोध नहीं होता। जैसे जीवन और मृत्यु को ही लीजिए। इन्हें सभी सभ्यताओं में परस्पर-विरोधी असलियतों के रूप में देखा गया है, लेकिन क्या मृत्यु की ओर पैर बढ़ाये बिना जीवन को जिया जा सकता है ? जितने क्षण हम जीते हैं, उतने ही क्षण मृत्यु की ओर भी बढ़ते हैं। आदर्श और यथार्थ भी ऐसा ही एक फालतू युग्म है। हर मानवीय यथार्थ पर आदर्श की छाया होती है तथा कोई भी ऐसा आदर्श मानवीय नहीं माना

जा सकता, जिसका आधार यथार्थ में न हो। वस्तुतः उच्चतर यथार्थ ही आदर्श कहलाता है। दोनों के बीच दूरी होती है—लेकिन यह दूरी एक चुनौती है, न कि कोई ऐसा अंतराल, जो दोनों को परस्पर विरोधी कोटियों में डाल दे। स्वप्न और जागरण तो ऐसा युग्म है, जिसकी पोल पूरी तरह खुल चुकी है। स्वप्न की दुनिया जागरण की दुनिया से न तो कटी हुई है और न उसके खिलाफ है। दोनों में एक ऐसी निरंतरता है, जिसे समझे बगैर दोनों में से किसी का भी मर्म नहीं समझा जा सकता। सबसे भ्रष्ट और बेहूदा विभाजन तो शरीर और मन का है : अगर ऐसा कोई बँटवारा वास्तव में होता, तो रति क्रिया और बलात्कार में फर्क ही नहीं किया जा सकता था। शरीर मन के बिना मृतक तुल्य होता है, किंतु मन तो शरीर के बिना हो ही नहीं सकता। दोनों के सुख-दुख एक-दूसरे को इस तरह प्रभावित करते हैं, जैसे दानों दायें-बायें हाथ हों। कहने की जरूरत नहीं कि स्त्री-पुरुष का कृत्रिम विभाजन भी इसी कोटि में आता है। स्त्री और पुरुष एक ही डाल के दो फूल हैं। दोनों के स्वतंत्र प्रस्फुटन से न केवल उनकी अपनी शोभा बढ़ती है, बल्कि डाल की भी।

सवाल उठ सकता है कि जब अस्तित्व में इतनी अंतनिर्भरता, सहकार तथा पूरकता है, तब मनुष्य में यह युग्म-बुद्धि कहाँ से आयी ? इसका एक कारण तो शासक-शासितवाला मनोभाव है, जिसका जिक्र ऊपर किया जा चुका है। दूसरा महत्वपूर्ण कारण शायद यह है कि चूँकि मनुष्य की मूल अनुभूति सुख-दुख यानी अनुकूल-प्रतिकूल की है और ये दोनों परस्पर विरोधी चीजें लगती हैं, इसलिए वह अकसर ऐसे तथ्यों या अनुभूतियों को भी इस तरह वर्गीकृत करने के चक्कर में फँसता है, जिसमें एक चीज दूसरे के खिलाफ खड़ी हो। वह यह भी सोचने लगता है कि जो मेरा नहीं है या मेरे अनुकूल नहीं है, उसका अस्तित्व निश्चय ही मेरे अस्तित्व का विरोधी होना चाहिए। अर्थात् या तो उस पर मेरा नियंत्रण होना चाहिए या फिर उसे बचे रहने का कोई अधिकार नहीं है। साहिर का एक गीत है : 'तुम अगर मुझको न चाहो तो कोई बात नहीं, पर किसी गैर को चाहोगी तो मुश्किल होगी।' इस मुश्किल का जन्म उसी रुग्ण भावना से होता है जो दूसरे के दुख से सुखी और सुख से दुखी होती है।

वस्तुतः गुणों या स्थितियों की विभिन्नता को तभी आदर मिलता है जब जीवन के प्रति एक अखंड तथा समग्र दृष्टि हो। यह समग्रता ऊँच-नीच या मित्रता-शत्रुता की प्रपंचात्मक भाषा में नहीं सोचती। वहाँ उषा काल से झुटपुटे का भी वैसा ही स्वागत है जैसा शाम के धुँधलके का। यह दृष्टि जब अत्यंत विकसित तथा प्रौढ़ हो जाती है तो सुख-दुख में भी एक प्रकार की समत्व भावना का उदय होता है। जब हम जीवन का वास्तविक सम्मान करना सीखते हैं, तो मृत्यु का स्वीकार करते हुए भी हमें तकलीफ नहीं होती। दार्शनिक स्तर पर इस तरह की समग्रता हासिल करने का प्रयत्न अनेक बार तथा अनेक विचार पद्धतियों में किया गया है, किंतु

व्यवहार के स्तर पर यह समग्रता किसी-किसी के ही जीवन में दिखाई देती है। इसका एक मुख्य कारण यह प्रतीत होता है कि हमारी जीवन व्यवस्था का आधार सहकार और पूरकता उतना नहीं है, जितना प्रतिद्वंद्विता और दूसरों को वंचित करने की इच्छा। इस विकृति के कारण भी स्त्री-पुरुष संबंध दूषित हुआ है। स्त्री-पुरुष के संदर्भ में इस विडंबना का एक विनोदपूर्ण उदाहरण विवाह के संबंध में जॉर्ज बर्नार्ड शॉ की यह प्रसिद्ध सलाह है कि जब तक संभव हो, पुरुषों को शादी से परहेज करना चाहिए, लेकिन स्त्रियों को जितनी जल्दी हो सके शादी कर लेनी चाहिए। यह स्त्री-पुरुष में झगड़ा लगाना नहीं, बल्कि उनके जीवन के केंद्र में फण काढ़े बैठे मूल्यों को उभार कर इस तरह सामने रख देना है कि आप उनके अंतर्विरोध से मुँह न फेर सकें। विडंबना यह है कि शॉ की मृत्यु के कई दशक बाद भी स्थिति बदली नहीं है।

6. छल की परछाइयाँ

स्त्री-पुरुष के कृत्रिम विभाजन ने मनुष्य को किस हद तक आक्रांत किया है, इसका एक दिलचस्प उदाहरण है ईश्वर के बारे में मनुष्य की कल्पना का स्वरूप। अधिकांश धर्मों तथा दार्शनिक पद्धतियों में ईश्वर की कल्पना पुरुष के रूप में की गयी है—और इस पर आज तक विश्वास किया जाता है। कुछ स्त्रीवादियों ने हाल ही में आपत्ति की है कि ईश्वर को पुरुष ही क्यों माना जाये—उसे स्त्री क्यों न कहा जाये। यह एक प्रतिक्रियावादी माँग तो है ही, स्त्री द्वारा अपनी लड़ाई पुरुष के मैदान में जा कर लड़ने का एक आक्रोशपूर्ण उदाहरण भी है। अगर ईश्वर की कल्पना पुरुष के बजाय स्त्री के रूप में की जाने लगती है, तो क्या संतुलन का पलड़ा पुरुष के खिलाफ चले जाने की संभावना नहीं पैदा हो जायेगी और क्या यह अन्याय का जवाब एक और अन्याय से देना नहीं होगा ? यह सच है कि प्रतीक युद्धों का भी महत्व होता है—खासकर जब प्रतीक यथार्थ को गहरे रूप से प्रभावित कर रहे हों, लेकिन कम से कम स्त्री को तो प्रतीकों की राजनीति से सावधान रहना चाहिए, क्योंकि उसके शोषण तथा दमन के लिए प्रतीकों का प्रचुरता से इस्तेमाल हुआ है। यह स्त्री के अपने हित में है कि वह प्रतीकों की लड़ाई में न उतर कर उनके पीछे छिपे यथार्थ का उद्घाटन करे और पुरुष को बताये कि उसने अपने संकीर्ण स्वार्थों की पूर्ति की खातिर किस तरह भाषा और कल्पना के साथ छल किया है। छल को नग्न करना उसके उन्मूलन की दिशा में पहला ठोस कदम है।

लेकिन धार्मिक विश्वासों को छल की संज्ञा देते समय हमें थोड़ा सावधान भी रहना चाहिए। ईश्वर की कल्पना ज्यादातर पुरुष के रूप में की गयी है और स्त्री देवताओं की यानी देवियों की कल्पना की भी गयी, तो उन्हें विशेष महत्व नहीं दिया गया—यह जितना स्त्री के साथ पुरुष का छल था, उतना ही अपने आपके साथ भी। अतः इसके साथ आक्रोशपूर्ण ढंग से पेश आने के बजाय इसकी मनोवैज्ञानिक समझ विकसित करना ज्यादा महत्वपूर्ण है। इसके माध्यम से हम यह पता लगा सकते

हैं कि स्त्री-पुरुष का कृत्रिम बँटवारा तथा पुरुष के प्रभुत्व का खयाल मनुष्य के चित्त में कितने गहरे तक पैठा हुआ है। लेकिन ऐसा शुरू से नहीं था। सभी प्राचीन सभ्यताओं में योनि पूजा या स्त्री पूजा के मिथक मिलते हैं। प्राचीन मिस्र में लिंग पूजा के पहले योनि पूजा ही प्रचलित थी। हड़प्पा में भी मातृ शक्ति की पूजा के शक्तिशाली प्रतीक मिलते हैं। लेकिन वैदिक सभ्यता में पुरुष देवताओं का वर्चस्व है। पृथ्वी, अदिति, उषा, रात्रि, अरण्याणी आदि की प्रशस्ति में ऋचाएँ जरूर मिलती हैं, लेकिन ये देवियाँ अंगूरों के बीच बेर की तरह हैं। असली वकत तो इंद्र, सूर्य, अग्नि, सोम, वरुण, रुद्र आदि की ही है। बाद में जब एकेश्वरवाद की अवधारणा विकसित हुई, तब तक समाज में पुरुष की सत्ता पूरी तरह स्थापित हो चुकी थी और इसीलिए ईश्वर की कल्पना पुरुष के रूप में की गयी। इसके साथ ही शक्ति की पूजा का एक समानांतर मत भी चलता रहा, जिसकी ओर तांत्रिक सबसे ज्यादा आकर्षित हुए। लोक में पार्वती के विभिन्न रूपों (दुर्गा, काली) की पूजा भी जारी रही, लेकिन पार्वती और शिव की जोड़ी को शरीर और आत्मा के रूप में देखा गया, अर्थात पार्वती शरीर है और शिव आत्मा। इस युग्म में शिव की प्रधानता स्वतः स्पष्ट है। पूजा भी शिव लिंग की ही होती है—उस योनि की नहीं, जिसमें वह स्थित दिखाया जाता है।

ऐसा प्रतीत होता है कि पुरुष ईश्वर की कल्पना के पीछे प्रजनन में पुरुष द्वारा अपनी भूमिका को निर्णायक और केंद्रीय मानने का भ्रम है। वीर्य की कल्पना अकसर बीज के रूप में की जाती है। चूँकि वृक्ष की उत्पत्ति में बीज ही प्रधान है—बाकी सब तो सहायक उपकरण मात्र हैं, इसलिए पुरुष के लिए यह मान लेना नितांत स्वाभाविक हुआ कि स्त्री भूमि है, जिसमें वह अपना बीज आरोपित करता है। रति क्रिया का सतही चरित्र भी कुछ ऐसा है, जिससे पुरुष के इस भ्रम को ठोस दिखाई पड़नेवाला साक्ष्य भी मिल सके। स्त्री खेत की तरह लगती है, जिसमें पुरुष हल चलाता है। रति के परिपाक के रूप में पुरुष उत्सर्जित करता है, स्त्री ग्रहण करती है। वीर्य को वीरता का पर्याय माना गया है यानी जिसमें जितना ज्यादा वीर्य हो, वह उतना ही बहादुर है। 'कामायनी' में मनु के शारीरिक सौष्ठव की तारीफ में यह भी बताया गया है कि 'ऊर्जस्वित था वीर्य अपार'। संस्कृत कोश में वीर्य का अर्थ बताया गया है : शुक्र, पराक्रम, बल, तेज, दीप्ति आदि-आदि, जबकि सच्चाई यह है कि पराक्रम या तेज का शुक्राणुओं से कोई संबंध नहीं है। बहुत-से पहलवान तथा तेजस्वी साधु भी नपुंसक पाये गये हैं। एक अन्यथा स्वस्थ व्यक्ति भी शुक्राणु-विहीन हो सकता है। इसके अलावा वीर्य में शुक्राणु न हों या बहुत कम हों, तब भी प्रचंड रूप से संभोग किया जा सकता है। इसके बावजूद वीर्य को पराक्रम का प्रतीक मान लिया गया, लेकिन स्त्री की महिमा उसके कौमार्य में देखी गयी। आज भी बहुत-से ऐसे तांत्रिक तथा धार्मिक अनुष्ठान हैं (उदाहरण के लिए वर्षा न होने पर स्त्रियों द्वारा निर्वस्त्र हो कर हल चलाना), जिनमें कुमारी कन्याओं का बहुत महत्व है। लेकिन चूँकि पुरुष यह पाता था कि संभोग के

परिपाकस्वरूप उसके शरीर से जो निकलता है, उसी से स्त्री गर्भवती होती है, इसलिए उसने वीर्य को सृष्टि अर्थात शक्ति का मूल मान लिया।

राजवाडे ने 'भारतीय विवाह संस्था का इतिहास' में तैत्तरीय संहिता के कुछ वाक्य उद्धृत किए हैं, जिनका भावार्थ इस प्रकार बताया गया है, 'अग्निहोत्री यजमान अग्नि में जो दूध, दही, घी आदि पदार्थ डालता है, वे निरर्थक नहीं होते। योनि में डाला हुआ रेत जिस प्रकार वहाँ जमा होता है, उसी प्रकार अग्नि में डाले हुए पदार्थ रेतरूप हो जाते हैं, क्योंकि अग्नि ही जननेन्द्रिय है। संध्या समय हवन करना रेतसंचन करना है और प्रातःकाल हवन करने का अर्थ है सायंसिक्त रेत से प्रजा संपादित करना।' यानी स्त्री की जननेंद्रिय में पुरुष अपना रेत जमा करता है। यह याद करना दिलचस्प है कि संस्कृत में रेत के दो अर्थ हैं : वीर्य और पारा। वीर्य को पारद की तरह चंचल माना गया है, क्योंकि वह स्खलित होने के लिए बेचैन रहता है। इसीलिए योगियों ने कठिन से कठिन स्थिति में भी अपने वीर्य को अचंचल रखना अपने लिए सबसे बड़ी चुनौती माना है। उत्तर भारत के तांत्रिकों में यह उक्ति बहुत प्रचलित है कि 'भग में लिंग, लिंग में पारा, जो राखे सो गुरू हमारा।' इस प्रकार लिंग वह उपकरण है, जिसके माध्यम से पुरुष स्वयं को स्त्री में स्थापित करता है। इसी परंपरा का पालन करते हुए अब भी कुछ कवि 'मैं अपने को तुममें रोपता हूँ' जैसे अवैज्ञानिक मुहावरों का इस्तेमाल करते हैं। यह भेद तो पिछले कुछ सौ वर्षों में खुला है कि गर्भाधान के लिए शुक्राणु ही नहीं, डिंब भी चाहिए और दोनों में से किसी का भी महत्व कम नहीं है। बल्कि शुक्राणु (लंबाई : .04 से .06 मिलीमीटर) तो डिंब (व्यास : .132 से .135 मिलीमीटर) की आकृति के सामने शिशु की तरह है और अरबों शुक्राणु 'राम नाम सत्य है' हो जाते हैं, तब कहीं एक को डिंब में प्रवेश का मौका मिलता है। एक डिंब की आयु लगभग 21 दिन है, जबकि एक शुक्राणु की लगभग 24 घंटे। शुक्राणुओं की इस दयनीय अवस्था के बावजूद बिंदु मात्र वीर्य के नाश को मृत्यु के तुल्य माना गया और पुरुष उसी तरह अपने को संतान का स्रष्टा मानता रहा जैसे वह ईश्वर को ब्रह्मांड का स्रष्टा होने का श्रेय देता रहा है। जाहिर है कि सभ्यता का इतिहास जितना भ्रममुक्त होने का इतिहास है, उतना ही भ्रमयुक्त होने का भी।

अपने द्वारा पैदा किये हुए भ्रम अत्यंत प्रिय होते हैं, इसीलिए ईश्वर, सृष्टि, आदि सवालों पर चिंतन-मनन करनेवाले पुरुषों का (स्त्रियों को इस विषय पर अपने विचार व्यक्त करने की न सुविधा थी और न अनुमति) इस सवाल ने परेशान नहीं किया कि अगर ईश्वर पुरुष है तो फिर वह किसी न किसी के गर्भ से ही पैदा हुआ होगा। वैसे 'पहले स्त्री या पहले पुरुष ?' यह सवाल भी उतना ही बेहूदा है जितना यह कि 'पहले मुर्गी हुई या अंडा ?', लेकिन ईश्वर के मामले में इस प्रश्न में निहित बेहूदगी को मान्यता मिलती दिखाई नहीं पड़ी। चूँकि तार्किक स्तर पर यह सवाल अपनी जगह पर अटल था, इसलिए यह मानना भी जरूरी हो गया कि ईश्वर सर्वशक्तिमान है,

वह जो चाहे वह कर सकता है (तुलसी की पंक्ति है : *जाकी कृपा पंगु गिरि लंघे, अंधे को सब कुछ दरसाई*)। यहाँ तक कि जैसे जादूगर खाली थैले से खरगोश निकाल देते हैं, वैसे ही वह शून्य से सृष्टि भी कर सकता है। पश्चिम में दो हजार वर्ष से यह माना जाता रहा है कि ईश्वर के पुत्र ईसा मसीह की माँ मेरी का गर्भाधान बिना किसी शारीरिक समागम के हुआ था। इसका मतलब यह नहीं कि मेरी प्रजनन में स्वतः सक्षम थीं : पुरुष-केंद्रित सोच में इसकी छूट नहीं दी जा सकती थी, क्योंकि ऐसा करना पुरुष या ईश्वर को उसके सिंहासन से अपदस्थ करना हो जाता, अतः जनक की भूमिका के लिए 'हॉली घोस्ट' (पवित्र आत्मा) की कल्पना कर ली गयी। दरअसल, ये पुरुष की अपनी महत्वाकांक्षाएँ थीं, जिन्हें उसने ईश्वर पर आरोपित कर दिया। बाइबिल गर्व से कहती है : 'पुरुष ईश्वर की प्रतिमूर्ति और गौरव है तथा स्त्री पुरुष का गौरव।'

भारत में स्थूलता के साथ-साथ सूंक्ष्मता की धारा भी चलती रही है, अतः यहाँ ईश्वर को सगुण माना गया तो निर्गुण भी। लेकिन निर्गुण ईश्वर के साथ दिक्कत यह पैदा हुई कि उसे स्रष्टा के पद पर कैसे बैठाया जाये। ब्रह्म यदि निर्गुण, निराकार और सतचित-आनंद है, तो फिर यह सगुण-साकार-विविध रूपमयी सृष्टि कहाँ से आयी ? इस कठिनाई को दूर करने के लिए अद्वैत वेदांत में माया की कल्पना करनी पड़ी। 'भारतीय दर्शन' में बलदेव उपाध्याय ने 'माया' का विवेचन करनें के बाद कहा है 'अतः ब्रह्म की जगतकर्तृता में माया को ही सर्वप्रधानतया कारण मानना उचित है।' यद्यपि मुंडक उपनिषद में ब्रह्म को 'योनि' शब्द से अभिहित किया गया है, किंतु मुख्य धारा योनि की भूमिका माया को ही देती रही है और हम जानते हैं कि संत साहित्य में स्त्री को भी माया ही माना गया है। आज भी बहुत-सी स्त्रियों का नाम 'माया' रखा जाता है। यह उनके यथार्थ के साथ कितना बड़ा दार्शनिक मजाक है। दूसरी तरफ पुरुष अपने पुत्र के नाम ब्रह्मदेव या ब्रह्मप्रकाश रख कर खुश होते रहे हैं।

दार्शनिक छल का एक और दिलचस्प उदाहरण सांख्य दर्शन है, जो वेदांत की तुलना में ज्यादा वैज्ञानिक प्रतीत होता है, लेकिन वहाँ भी स्त्री को 'नंबर टू' की स्थिति से मुक्ति नहीं है। सृष्टि क्रम के बारे में सांख्य दर्शन की मूल स्थापना स्पष्ट करते हुए बलदेव उपाध्याय कहते हैं, 'प्रकृति और पुरुष के संयोग से ही विश्व की सृष्टि उत्पन्न होती है। दोनों का संयोग ही सृष्टि का उत्पादक है। प्रकृति के जड़ होने से यह संसार केवल उससे उत्पन्न नहीं हो सकता, न स्वभावतः निष्क्रिय पुरुष से ही। इसलिए प्रकृति-पुरुष उभय का संयोग इस सृष्टि कार्य के लिए अपेक्षित है। चेतन की अध्यक्षता में ही जड़ प्रकृति सृष्टि कार्य का संपादन कर सकती है।' इस पर प्रो. बाशम की टिप्पणी है कि पुरुष का शाब्दिक अर्थ है व्यक्ति या मनुष्य और प्रकृति स्त्रीलिंग है, अतः इसमें अचरज की कोई बात नहीं कि प्रकृति को बाद में पुरुष की पत्नी मान लिया गया—खासकर तांत्रिक संप्रदायों में। इस तरह जिस पुरुष

को 'स्वभावतः निष्क्रिय' (यानी जो चेतन, विवेकी, त्रिगुणातीत आदि है और इसलिए जिसका मूल स्वभाव कर्म में प्रवृत्त होना नहीं है) बताया गया था, वही बाद में जनन शक्ति का प्रतीक मान लिया गया।

वस्तुतः पुरुष और प्रकृति, सृष्टा और सृष्टि तथा जड़ एवं चेतन का यह सारा द्वंद्व न केवल निराधार है, बल्कि सच्चाई की दुनिया में मनुष्य का पूर्वाग्रहपूर्ण हस्तक्षेप भी। मनुष्य ने अपने लिए जैसा समाज बनाया, उसे ही उसके अपने दार्शनिक और भौतिक ज्ञान में आरोपित कर दिया। प्रकृति न तो स्त्री है और न पुरुष और न उस अर्थ में जड़ या चेतन, जिस अर्थ में हम इन शब्दों का इस्तेमाल करते हैं। 'कामायनी' में जयशंकर प्रसाद ने इसे बहुत ही खूबसूरत ढंग से व्यक्त किया है :

ऊपर हिम था नीचे जल था
एक तरल था एक सघन
एक तत्व की ही प्रधानता
कहो उसे जड़ या चेतन

हिंदी के कुछ विद्वानों के सामने यह समस्या रही है कि 'कामायनी' को महाकाव्य कैसे मानें, क्योंकि इसमें महाकाव्य के कई लक्षण नदारद हैं। महाकाव्य का एक लक्षण यह है कि उसमें शुरू में मंगलाचरण होना चाहिए, जो 'कामायनी' में नहीं है। इस समस्या का समाधान उनकी उर्वर कल्पना ने यह निकाला कि चूँकि यह 'कामायनी' का दूसरा ही छंद है और इसमें 'एक तत्व की ही प्रधानता' की बात की गयी है, अतः यह एक तरह से ईश्वर की वंदना ही हुई। उन्हें इस विचार ने परेशान नहीं किया कि प्रसाद जब उस एक तत्व को 'जड़' भी मानने को राजी हैं, तो फिर इसमें सत-चित-आनंदस्वरूप ईश्वर का आरोपण कैसे किया जा सकता है ? 'द ह्यूमन एनिमल' में वेस्टन लाबारे कहते हैं—'प्रकृति प्रकृति है, वह न पुरुष है और न स्त्री—बल्कि एक आत्मइकाई है जिसे हम गति या ऊर्जा (पुरुष) और पदार्थ या द्रव्यमान (स्त्री) के रूप में द्विविभाजित करके देखते हैं...मनुष्य को अब मालूम हो चुका है कि ई (एनर्जी यानी ऊर्जा) को एमसी (पदार्थ गुणा प्रकाश का वेग) के वर्गफल के बराबर प्रायोगिक स्तर पर तथा असंदिग्ध रूप से प्रमाणित किया जा सकता है। अर्थात पदार्थ और ऊर्जा एक ही वस्तु के दो अलग-अलग रूप हैं या एक ही मूल वास्तविकता के अलग-अलग चरण या स्थितियाँ हैं।' पदार्थ का ताजातरीन विश्लेषण भी उसे एक तरंग के रूप में देखता है। अतः कोई कारण नहीं कि अस्तित्व के स्तर पर अब भी स्त्री और पुरुष के बीच एक कृत्रिम दीवार खड़ी रखी जाये। इसका मतलब यह नहीं है कि स्त्री और पुरुष में कोई फर्क ही नहीं है : फर्क है, लेकिन इसलिए है, ताकि मानवीय व्यवस्था, जो एक जटिल व्यवस्था है, सुचारु रूप से चल सके। पुरुष और स्त्री की भूमिकाएँ हर तरह से एक-दूसरे की पूरक हैं और उनमें जितना सहयोग तथा संतुलन होगा, मानव समाज उतना ही सुखी तथा समुन्नत हो सकेगा।

7. बोलना मना है

भारतीय अंग्रेजी की मशहूर लेखक और पत्रकार शोभा डे को किसी भी अर्थ में परंपरागत स्त्री नहीं कहा जा सकता। बल्कि वे इतनी परंपरामुक्त हैं कि बहुत-सी आधुनिकाओं के भी कान काटती हैं। लेकिन स्त्रीत्व की सीमाएँ उनका भी पीछा नहीं छोड़तीं। इसका एक प्रमाण है दैनिक स्टेट्समैन में उनके स्तंभ 'बिग बी' की पहली किस्त (17.4.1988)। इसकी शुरुआत उन्होंने इस बयान से की है कि प्रत्येक स्तंभकार को अपने असंख्य तुनकमिजाज पाठकों को उसी तरह राजी करना होता है जिस तरह नयी बहू अपने सास-ससुर, जेठ, देवर, ननद आदि को खुश करने की कोशिश करती है। श्रीमती डे ने यहाँ सिर्फ 'इन-लाज' की बात की है—पति का नाम तक नहीं लिया है। शायद इसलिए कि पति तो पहले से ही राजी होता है। नयी-नवेली बहू का आकर्षण साधारण नहीं होता। क्या शोभा जी को भी अपनी स्थिति वैसी ही लगती है ? यानी उन्हें अपना स्तंभ बचाये रखने के लिए पाठक-पाठिकाओं को मोहित करना है—पति तो पहले से ही पटा हुआ है। यह पति कौन हो सकता है ? उपमा का संकेत तो एक ही तरफ है : संपादक। जिस तरह संपादक किसी पत्र या पत्रिका का केंद्रीय व्यक्तित्व होता है, उसी तरह पति भी परिवार का केंद्रीय चरित्र होता है। यानी, सत्ता का एक ही जाल है जो घर से बाहर तक फैला हुआ है। जिसके हाथ में सत्ता नहीं होती, उसे सत्ताधारी को बराबर राजी रखना पड़ता है। इस राजी करने के कई रूप हैं, जिनमें से एक है अपनी अभिव्यक्ति पर अंकुश। कभी यह अंकुश ऊपर से लगाया जाता है, कभी स्वतः अंगीकार कर लिया जाता है। स्त्री-पुरुष के संदर्भ में ये दोनों ही प्रवृत्तियाँ काम करती दिखाई पड़ती हैं।

लेकिन शोभा डे जैसी स्मार्ट और प्रखर पत्रकार को, जो स्वयं भी कई पत्रिकाओं का संपादन कर चुकी हैं, इस भाषा में क्यों सोचना पड़ा ? वे एक खास ढंग का लेखन करती हैं और उसमें उनका भारत में कोई मुकाबला नहीं है। फिर भी उनके सामने 'खुश' करने की समस्या आयी, तो क्या यह मौजूदा सत्ता-केंद्रित संस्कृति की ही प्रतिध्वनि है, या परिवार में स्त्री की भूमिका के बारे में फैली हुई धारणा का प्रतिफलन, या फिर

दोनों ? अपनी उस किस्त में उन्होंने यह भी बताया है कि जब उनकी शादी हुई, तो उन्हें भी पति से संबंधित लोगों को राजी करने का उद्यम करना पड़ा था। यह संयुक्त परिवार की हर स्त्री की नियति है। ध्यान देने की बात शब्दावली और उपमा का चरित्र है, जो एक स्त्री-पुरुष संबंध की एक विशिष्ट और बुरी स्थिति को एक शाश्वत सच्चाई के रूप में पेश करता है। शोभा डे जैसी स्वतंत्र स्त्री के मन में भी अगर इसी किस्म का बिंब आता है (और वह भी बिना किसी व्यंग्य या उपहास के), तो इससे पता चलता है कि स्त्री-पुरुष के औपनिवेशिक संबंध हमारी भाषा की जड़ों तक चले गये हैं और उन्होंने हमारी उपमाओं, प्रतीकों तथा व्यंजनाओं तक को प्रदूषित कर दिया है। भाषा विचार का शरीर है, अतः एक अस्वस्थ शरीर में स्वस्थ आत्मा कैसे रह सकती है ?

लेकिन यह स्त्रियों की ट्रेजेडी का सिर्फ एक पहलू है। दूसरा पहलू इससे भी ज्यादा खतरनाक है। यह पहलू है उनके वैचारिक नियंत्रण का। हमारे यहाँ लज्जा को स्त्रियों का आभूषण बताया गया है। लेकिन लज्जा से पुरुषों के शारीरिक सुख में कमी भी आती थी, अतः एक प्रसिद्ध श्लोक में स्त्रियों को यह शिक्षा दी गयी है कि उन्हें बिस्तर पर वेश्याओं की तरह उन्मुक्त होना चाहिए। दूसरी तरफ पश्चिम में कवियों ने स्थापित किया कि स्त्रियाँ मौन के जरिये ही अपने को सर्वश्रेष्ठ ढंग से व्यक्त करती हैं। कहना न होगा कि लज्जा और मौन एक ही चीज की दो अलग-अलग अभिव्यक्तियाँ हैं। यह चीज है स्त्रियों की वैचारिक नसबंदी। जब उनके पास भाषा ही नहीं होगी, तो फिर विचार कहाँ से आयेंगे ? जाहिर है, मौन स्त्रियों की सर्वश्रेष्ठ अभिव्यक्ति इसीलिए है कि उनके पास शब्द ही नहीं होते। मौन (लज्जा) का एक अतिरिक्त लाभ यह है कि आप अपनी सुविधा के अनुसार उसका जो चाहें सो अर्थ निकाल सकते हैं। हमारे विद्वानों ने मौन को स्वीकृति का लक्षण बताया है (मौनं स्वीकृति लक्षणं), लेकिन क्या प्रत्येक मौन ऐसा ही होता है ? सिनेमा के परदे पर जब स्त्रियों का अपमान होता है ('हम तो तंबू में बंबू लगाय बैठे') और स्त्रियाँ कुछ नहीं बोलतीं, तो क्या यह भी उनकी स्वीकृति का ही लक्षण है ? मौन सर्वश्रेष्ठ अभिव्यक्ति हो सकता है—स्त्री की ही नहीं, पुरुष की भी—लेकिन वह स्वतंत्र, सक्षम और भरा-पूरा मौन होगा : शब्दों में अपने को पूरी तरह व्यक्त करने की असमर्थता का प्रतीक—वह असमर्थ, दयनीय तथा लाचार मौन नहीं, जिसके टूटने पर संबंधों के दरक जाने का खतरा होता है। जिन्हें मूक और मौन में फर्क करने की तमीज नहीं है, वे स्त्रियों के ही नहीं, किसी के भी मौन का अर्थ महसूस नहीं कर सकते।

एक तरफ तो स्त्रियों से भाषा छीन ली गयी, दूसरी तरफ यह भ्रम भी फैलाया गया कि वे बेहद बातूनी होती हैं—दिन भर चपर-चपर करती रहती हैं। कहने की जरूरत नहीं कि यह बातूनीपन उन्हीं लोगों में संभव है जिन्हें अपने को सम्यक रूप से व्यक्त करने का अवसर नहीं मिलता। जो कम कहते हैं, वही ज्यादा बोलते हैं। लेकिन स्त्रियों के बातूनी होने का एक और कारण है। जिस तरह काफी दिनों का ब्रह्मचर्य तोड़ने के

बाद पुरुष अति कामुकता का शिकार हो जाता है, उसी तरह जिन स्त्रियों को सामान्यतः बोलने का पर्याप्त अवसर नहीं मिलता, वे उस वक्त अतिशय मुखर हो उठती हैं, जब उनके मौन का ताला टूटता है। वस्तुतः एक ही दुनिया में संवाद की दो अलग-अलग दुनियाएँ बन गयी हैं : संवाद या तो पुरुष-पुरुष में होता है या फिर स्त्री-स्त्री में। चूँकि स्त्रियों को ज्ञान-विज्ञान और तकनीक से वंचित रखा गया (हम प्राचीन भारत में स्त्री सम्मान की बहुत चर्चा करते हैं, लेकिन उन दिनों स्त्री शिक्षा की क्या व्यवस्था थी—यह कोई नहीं बतलाता), अतः स्वाभाविक है कि स्त्रियों से बात करने में पुरुषों को मजा न आये। इसके बावजूद स्त्रियाँ पुरुषों के बीच जब बोलती हैं यानी सच्चे अर्थों में बोलती हैं, तब पुरुषों द्वारा बनाया गया सारा कृत्रिम संतुलन टूट जाता है। कारण, स्त्रियाँ जानती भले हीं बहुत कुछ न हों, पर समझती सब कुछ हैं। (क्या इसीलिए वे पुरुषों की बीच चुप रहती हैं ? आततायियों के सामने कौन मुँह खोले !) डी.एच. लारेंस के उपन्यास 'लेडी चैटर्लीज लवर' में एक प्रसंग आता है। नायिका का पति अपने दोस्तों के साथ शाम बिता रहा था :

'मौन छा गया। चारों व्यक्ति धूम्रपान करने लगे। और कोनी वहाँ बैठी सिलाई करती रही...हाँ, वह वहाँ बैठी हुई थी—उससे यह अपेक्षा की जाती थी कि वह चुपचाप बैठी रहे—चुहिया की तरह खामोश—इन उच्च मानसिकता वाले भद्रपुरुषों के अत्यंत महत्वपूर्ण संलाप में दखल न दे। साथ ही वहाँ मौजूद भी रहे। उसकी मौजूदगी के बिना वे कुछ कमी महसूस करते थे, उनके विचारों के प्रवाह में रुकावट पड़ती थी।'

इन भद्रपुरुषों की बातचीत कई पृष्ठों तक चलती रहती है और उसके बाद अचानक कोनी की आवाज सुनाई पड़ती है : 'हैं, दुनिया में अच्छी औरतें हैं'—कोनी ने अपना सिर उठाते हुए कहा। वह अंततः चुप नहीं रह सकी।

'पुरुषों को इससे रोष हुआ...उसे यह जताना चाहिए था कि उसने इनकी कोई बात ही नहीं सुनी। कोनी का बोलना यह मंजूर करना था कि वह उनकी इस बातचीत को इतने ध्यान से सुन रही थी, और यह बात उन्हें बहुत नागवार गुजरी।'

यह नागवार गुजरना उचित ही था : जिसे बोलने की मनाही है, उसे सुनने की मनाही भी होनी ही चाहिए।

दिनकर की 'उर्वशी' में निपुणिका जब पुरुरवा की पत्नी औशीनरी को बताती है कि वे एक वर्ष तक गंध मादन पर विचरेंगे (वास्तव में उर्वशी के साथ, लेकिन पत्नी के लिए पुत्र-प्राप्ति हेतु ईश्वर की आराधना में), तो औशीनरी के मुँह से दिनकर कहलवाते हैं :

कितना विलक्षण न्याय है
कोई न पास उपाय है
अवलंब है सबको, मगर नारी बहुत असहाय है
दुख-दर्द जतलाओ नहीं

मन की व्यथा गाओ नहीं
नारी ! उठे जो हूक मन में, जीभ पर लाओ नहीं

स्त्रियों को भाषा से बाहर कर देने के बाद इस निष्कर्ष पर पहुँचना आसान था कि स्त्रियाँ और बच्चे देखने के लिए हैं—सुनने के लिए नहीं। दरअसल, किसी को भाषा से वंचित रखने का मतलब है उसे संसार से बेदखल कर देना, क्योंकि भाषा के माध्यम से हम अपने को न केवल व्यक्त करते हैं, बल्कि अपने को और दुनिया को जानते भी हैं तथा दोनों के बीच एक रिश्ता भी कायम करते हैं। भाषा से वंचित होना अपने स्वत्व और संसार से भी वंचित होना है। इस सिलसिले में सम्राट अकबर द्वारा किया गया एक प्रयोग उल्लेखनीय है, जो पता नहीं सच है या कथा। उन्होंने यह पता लगाने की कोशिश की कि मनुष्य की मूल भाषा क्या है। इसके लिए उन्होंने कुछ बच्चों को जन्म से ही मानवीय संपर्क से दूर रखा, ताकि यह जाना जा सके कि वे बड़े हो कर अपने को किस भाषा में व्यक्त करते हैं। नतीजा ? वे सभी गूँगे निकले। स्त्रियों की स्थिति इससे बेहतर जरूर है, क्योंकि स्त्रियों की पूरी जबानबंदी कर दी जाये, तो पुरुषों का बहुत-सा काम अटक जायेगा। इसलिए उन्हें भाषा की दुनिया में उतनी ही दूर तक पैर रखने की इजाजत दी गयी और आज भी है, जितने से पुरुष का काम चल जाये। उनकी शब्दावली की गरीबी उनकी भौतिक और सांस्कृतिक गरीबी की ही अभिव्यक्ति है।

यही वजह है कि आधुनिक युग के पूर्व स्त्रियों की अभिव्यक्ति के ज्यादा प्रमाण नहीं मिलते। पुरुष पढ़ते-लिखते बोलते रहे है—स्त्रियाँ उनका विषय रही हैं। जो जीवन में विषय रहेगा, वह साहित्य में भी विषय रहेगा। शुरू में—वैदिक युग में—स्त्रियों की मुखरता के पर्याप्त साहित्यिक साक्ष्य उपलब्ध होते हैं। आधुनिक युग में फिर उन्हें वाणी मिली है। लेकिन इनके बीच का दौर स्त्री की चुप्पी का दौर है। हिंदी में एक मीरा बाई के अलावा स्त्री अभिव्यक्ति का कोई बड़ा प्रतीक दिखाई नहीं पड़ता। और, हम जानते हैं कि उन्हें भी इसके लिए परिवार और समाज में कितना संघर्ष करना पड़ा था। लेकिन स्त्री सवाक प्राणी है, तो वह चुप कैसे रह सकती थी ? उसने अपने को लोक गीतों में व्यक्त किया। रामनरेश त्रिपाठी ने 'कविता कौमुदी' (भाग 3) में बहू की वेदना व्यक्त करनेवाले एक अत्यंत मार्मिक गीत का उल्लेख किया है। उसका भाई उससे मिलने आया है। बहू के पूछने पर कि उसके भाई के लिए कैसा खाना, पीना और रहने का स्थान दिया जाये, सास कहती है :

भोजना देउ बहू अकड़ी कोदैया
और मुनमुनिया क दालि रे
घुटने क देउ बहुआ फुटही मेटियवा
औरो गड़हिया कै पानि रे
कुंचने क देउ बहुआ पिपरे क पतिया

औरा चिरैया क लेंडू रे
सेवने के देउ बहुआ टुटला झिलिंगवा
और चुवनी चौपारि रे

फिर बहू भाई को अपने कुटुंबियों के बारे में बताती है यानी सास, ननद, जेठानी और देवरानी कैसी हैं :

सासु तो एक भैया बुढ़िया डोकरिया
आज मरे को काल्हि रे
ननदी तो ए भैया बन की कोइलिया
आज उड़ै की तो काल्हि रे
जेठानी तो ये भैया कारी बदरिया
छिन बरसै छिन घाम रे
देवरानी तो ये भैया कोने कै बिलरिया
छिन निकरै छिन पैठे रे

फिर अपने अन्य दुखों का हाल :

पीठ दैखो भैया तो पीठ दैखो
जैसे है धोबिया क पाट रे
कपड़ा दैखौ भैया कपड़ा दैखौ
जैसे सवनवा कै बादर रे

यानी मार खाते-खाते बहू की पीठ धोबी के पाट जैसी हो गयी है और कपड़े ऐसे मैले हैं जैसे सावन की घटा। यह सब सुन कर भाई की आँखों में आँसू आ जाते हैं, तो बहन भाई को रोने से रोकती है :

ई दुख बाँधों भइया अपनी गठरिया
जहवाँ खोलउ तहवाँ रोयउ रे

यानी यह दुख अपनी गठरी में बाँध लो और इसे जहाँ खोलना वहीं रो लेना। इसी तरह एक प्रसिद्ध लोक गीत है जो भारत में पूँजीवादी विस्थापन के दौर में भारतीय स्त्री की नयी व्यथाओं का अद्भुत दस्तावेज है—सीधा, सटीक और जबरदस्त :

रेलिया न बैरी जहजिया न बैरी
पइसवा बैरी हो
सइयाँ के ले गै बिदेसवा
ई पइसवा बैरी हो

हजारों लोक गीत हैं, जिनमें स्त्री अपने को स्त्री रूप में पैदा करने के लिए ईश्वर को कोसती है, अच्छी ससुराल की कामना करती है और पुरुषों की नृशंसता को भावपूर्ण ढंग से व्यक्त करती है। स्त्री की वेदना का सच्चा इतिहास इन प्रामाणिक अभिव्यक्तियों में ही मिलता है, जिनके लिए साहित्य की क्लासिक दुनिया में हमेशा 'नो एंट्री' (प्रवेश

निषेध) का बोर्ड लगा रहा।

स्त्रियों ने साहित्यिक माध्यमों से अपने को क्यों नहीं व्यक्त किया ? उन्हें किस तरह भाषा से वंचित रखा गया, इसकी चर्चा हो चुकी है। लेकिन अगर कोई स्त्री अपने श्रम और अध्यवसाय से अक्षरों की दुनिया में प्रवेश करना चाहती, तो क्या यह उसके लिए आसान था ? वर्जीनिया वूल्फ ने 'ए रूम ऑफ वन्स ओन' में इसका बहुत ही मार्मिक वर्णन किया है। किताबों के शेल्फ पर स्त्रियों द्वारा लिखा हुआ साहित्य क्यों नहीं दिखाई पड़ता, इस पर विचार करते हुए वे कहती हैं कि पहली बात तो यह है कि स्त्री का अपना एक कमरा होना चाहिए था, जो उन्नीसवीं शताब्दी की शुरुआत के पहले तक सिर्फ अमीर परिवारों में ही संभव था। दूसरे, उसे इतना जेब खर्च भी नहीं मिलता था कि वह अपनी एक अलग दुनिया बना सके। ये तो स्थूल कठिनाइयाँ थीं। लेकिन दूसरी कठिनाइयाँ भी कम नहीं थीं। अगर वह लिखने भी लगती, तो उसके परिवार के लोगों को यह बेहद नागवार गुजरता। कोई न कोई उसे टोक ही देता : लिख रही हो ? लिख कर क्या होगा ? हमारे यहाँ भारतेन्दु युग के बाद जब स्त्रियों ने लिखना शुरू किया, तब उसे प्रकाशित करना कितना मुश्किल होता था। हिंदी की पहली कहानियों में एक 'दुलाईवाला' है, जिसकी लेखिका थी 'एक बंग महिला'। कहते हैं कि लेखक को अपने नाम से बड़ा प्रेम होता है। लेकिन उस बंग महिला को अपना नाम तक छिपा कर रखना पड़ा।

वर्जीनिया वूल्फ ने एक बिशप का यह मत उद्धृत किया है कि दुनिया में कोई भी ऐसी स्त्री न थी, न है और न होगी, जिसमें शेक्सपियर जैसी प्रतिभा हो। वूल्फ कहती हैं कि स्त्रियों को जिस स्थिति में रखा गया है, उसमें सचमुच ऐसा संभव नहीं है। मेहनतकश, निरक्षर और दासनुमा लोगों में शेक्सपियर पैदा हो भी कैसे सकता है ? यह साबित करने के लिए वूल्फ ने कल्पना की है कि अगर शेक्सपीयर की एक बहन होती और उसके जितनी ही प्रतिभाशील होती, तो उसका हश्र क्या हुआ होता। शेक्सपियर ने स्कूल शिक्षा प्राप्त की, पर उसकी बहन को स्कूल नहीं भेजा जाता। वह कभी कोई किताब उठा लेती—शायद अपने भाई की ही, तो उसके माँ-बाप उसको डाँट देते कि किताब छोड़ो, जुराबों की मरम्मत करो। अगर वह कुछ लिखती भी तो उसे छिपा कर रखना पड़ता। शेक्सपियर ने शादी की, फटाफट एक बच्चा पैदा किया और फिर अपनी किस्मत आजमाने लंदन चला गया। उसकी बहन ने अगर कहा होता कि नहीं, मैं शादी नहीं करूँगी—थियेटर में अपनी किस्मत आजमाऊँगी, तो उसकी जबरदस्त पिटाई हुई होती। फिर अंततः समझौता हो गया होता और वह अपने निजी सामान का बंडल बना कर लंदन रवाना हुई होती। थियेटर के मैनेजर से उसने अभिनय का मौका माँगा होता, तो वह उसे तुरंत घुड़क देता—नहीं, औरतों के लिए यहाँ जगह नहीं है। लेकिन चूँकि वह जवान थी, अतः मैनेजर को उस पर दया आ जाती और उसने उसे अपने घर में रख लिया होता। फिर जल्द ही वह पाती कि उसके पेट में मैनेजर

का बच्चा पल रहा है। अतः उस बिशप का यह कहना बिल्कुल सही है कि शेक्सपियर जैसी प्रतिभा किसी औरत में नहीं हो सकती।

जिनकी भाषा और अपने को व्यक्त करने की निडरता छीन ली गयी है, वे प्रेम के उत्कट क्षणों में भी कैसे बोल सकती हैं ? यही वजह है कि मध्ययुगीन साहित्य में स्त्री के केश, नयन, कपोल, होठ, वक्ष, नितंब, त्रिबली, जंघाएँ—सभी कुछ का विशद वर्णन प्राप्त होता है, किंतु उसकी बोली कम ही सुनाई पड़ती है। उसके अधर बोलने के लिए नहीं, चूमे या चूसे जाने के लिए हैं। वह नैनों के तीर चलाती है, भौंह की कमान खींच लेती है, हलके से मुस्कराती है, नजर झुका लेती है, सिर नीचा कर लेती है, 'धत' कहती है, अचानक चल देती है—बस बोलने से परहेज करती है। पुरुष छेड़ता है, तो वह अपने में और ज्यादा सिमट जाती है। बोलती भी है, तो 'मधुर वचन', जिसका कोई अर्थ नहीं होता, क्योंकि उसे सिर्फ इसी की आज्ञा है। भर्तृहरि की गवाही है, 'भौंह टेढ़ी कर कटाक्ष करना, मधुर बोलना, लज्जित हो कर मुस्कराना, लीलापूर्वक मंद-मंद चलना और पुनः ठहर जाना' इत्यादि भाव स्त्रियों के भूषण और शस्त्र हैं अर्थात स्त्री इन्हीं भावों से पुरुष को वश में कर लेती है। लेकिन जब वह असीम दुख या गुस्से में होती है, तब भी वह भाषा का सहारा नहीं ले पाती। विल्हण ने प्रिया की याद में जो छंद लिखे हैं, उनका एक नमूना है :

आज भी मुझ ढीठ अपराधी के प्रति क्षण भर
वचन रोकनेवाली
भीतर रुँधे भारी कोप के कारण अश्रु सहित कंठवाली
साँस से सूखते अधरों के साथ रोती
उसे मैं याद करता हूँ

हिंदी की रीतिकालीन कविता में तो नेत्र व्यापार की अद्‌भुत छटा है। नयन क्या हैं, अमृत, हलाहल और मादकता से भरे हुए हैं (अमी हलाहल मद भरे); जो उन्हें एक बार देख लेता है, वह जीता है, मरता है, झुक-झुक पड़ता है (जियत मरत झुकि-झुकि पड़त)। कटाक्ष का तो कहना ही क्या। उसके कुछ उपमानों पर गौर कीजिए : तलवार, नेगा, बर्छी, छुरी, कटारी, बंदूक, कुही (छोटा बाज), तुरंग आदि। इसका मतलब यह नहीं कि नयनों या भंगिमाओं की भाषा ही नहीं होती। सच तो यह है कि शब्दों की तुलना में शारीरिक भंगिमाएँ और प्रतिक्रियाएँ ज्यादा प्रामाणिक होती हैं। शब्द झूठ बोल सकते हैं—चेहरे नहीं, (हालाँकि आजकल चेहरे भी उतने ही फरेबी हो गये हैं : इसी को शिष्ट भाषा में राजनय या व्यावहारिकता कहते हैं)। लेकिन यदि किसी की अभिव्यक्ति का आधार सिर्फ शारीरिक चेष्टाएँ ही रह जायें—उसकी हाँ और उसकी ना सिर्फ उसकी (प्रफुल्ल या कातर) आँखों से ही व्यक्त हो, तो मानना पड़ेगा कि वह एक सप्राण गुड़िया है, जो सिर्फ प्रतिक्रिया करना जानती है—क्रिया नहीं।

आधुनिक युग की शुरुआत में स्त्री खुलती हुई दिखाई देती है। लेकिन यह खुलना

भी क्या खुलना है ! 60 के दशक में विद्यावती कोकिल कहती हैं :

मैं केवल चरणों की दासी
पद रज है मेरा अंगराग
नित नयी सुगंधित रज पाती
अनुकंपा है मेरा सुहाग
जिसकी लाली मन हर जाती
मैं बार-बार वे पद छूने
बस जनम-जनम से हूँ आती
निर्वाण यहीं है मुक्ति यहीं
मेरा काबा, मेरी काशी

सुमित्रा कुमारी सिन्हा बतलाती हैं :

देख तुम्हारे गतिमय रथ को
दौडूँगी मैं व्याकुल हो कर
पर न कंठ-स्वर फूट सकेंगे
रह जाऊँगी तुममें खो कर

इसीलिए 'नदी के द्वीप' में जब पाठक उस बिंदु पर पहुँचता है, तब रेखा के शब्दहीन-स्वरहीन होठ भुवन को कह रहे होते हैं कि 'मैं तुम्हारी हूँ, भुवन, मुझे लो', तब उसे एक अद्‌भुत किस्म का आह्लाद होता है, हालाँकि रेखा से यह वाक्य एक पुरुष लेखक ने ही कहलवाया है। अब स्त्री कितना खुल गयी है, यह मृदुला गर्ग के उपन्यास 'चितकोबरा' के पाठक भली भाँति जानते होंगे। एक स्त्री लेखक द्वारा उरोजों को कई पन्ने तक फैला देने का साहस हिंदी पाठक के लिए एक आघातकारी घटना थी, इसीलिए उस पर इतना गैरसाहित्यिक बावेला मचा। कृष्णा सोबती ने भी स्त्री को काफी खोला है : पंजाबियत से हिंदी साहित्य को कोई लाभ हुआ है तो शायद यही है।

लेकिन स्त्रियों के लेखन के साथ आज भी एक कठिनाई है। उसका बहुत बड़ा हिस्सा पुरुषवादी दृष्टि से लिखा जाता है, ताकि वह समाज में स्वीकृत हो सके। जिस तरह स्त्रियाँ जीवन के अन्य क्षेत्रों में पुरुषों के मूल्य अपना कर सफलता अर्जित कर रही हैं, उसी तरह साहित्य में भी। जो लीक से हट कर लिखा जाता है, उसमें काफी गुस्सा है। अभी यह गुस्सा स्वाभाविक है। प्रतीक्षा उस दौर की है, जब स्त्री अपने साथ-साथ पुरुष की दासता को भी समझेगी और तब वह एक ऐसी दुनिया के बारे में सोचेगी, जिसमें संबंधों का आधार शोषण या प्रतिशोध नहीं, बल्कि समता और संवेदना है। ममता कालिया और मैत्रेयी पुष्पा के कथा साहित्य में इसके कुछ अच्छे साक्ष्य उपलब्ध होते हैं।

८. 'ध्रुवस्वामिनी' का साक्ष्य

जयशंकर प्रसाद की नाट्य-कृति 'ध्रुवस्वामिनी' की शुरुआत ही स्त्री-पुरुष की असंतुलित स्थिति के प्रतीकात्मक चित्रण से होती है। नाटक का प्रारंभ ध्रुवस्वामिनी की इन मार्मिक पंक्तियों से होता है : 'सीधा तना हुआ, अपने प्रभुत्व की साकार कठोरता, अभ्रभेदी उन्मुक्त शिखर। और इन क्षुद्र, कोमल निरीह लताओं और पौधों को इनके चरण में लोटना ही चाहिए न।' अभ्रभेदी उन्मुक्त शिखर यानी पुरुष और कोमल निरीह लताएँ यानी स्त्री। यह प्रकटतः पुरुष और स्त्री के भौतिक व्यक्तित्व की एक वस्तुपरक तुलना है। अपने समय के अन्य लोगों की तरह प्रसाद भी शायद मानते थे कि प्रकृति ने पुरुष को महाबली बनाया है तथा स्त्री को दुर्बल और रक्षणीय। यह मिथक अब टूट चुका है। ओलिंपिक खेलों के आँकड़े इस बात के प्रमाण हैं कि शारीरिक कौशलों में स्त्री पुरुष से पीछे नहीं है। उसकी शरीर रचना पुरुष से भिन्न है, किंतु हीन नहीं। लेकिन 'चरण में लोटना' सिर्फ भौतिक श्रेष्ठता की स्वीकृति नहीं है। यह अपनी दीनता की घोषणा भी है। यह दीनता सामाजिक है। ध्यान दीजिए कि पर्वत के चरण में लोटनेवाली लताएँ और पौधे सिर्फ 'क्षुद्र' नहीं हैं, वे 'निरीह' भी हैं। निरीह यानी जिसे किसी वस्तु की इच्छा न हो, जो हर चीज से उदासीन और विरक्त, उद्यमहीन हो। अर्थात, स्त्री का अपना कोई अस्तित्व नहीं है; वह ठीक-ठीक वस्तु तो नहीं है, क्योंकि उसमें जान होती है, लेकिन उसके लिए आदर्श यही है कि वह वस्तुवत हो जाये। 'ध्रुवस्वामिनी' की नायिका की स्थिति लगभग ऐसी ही है। उसे वस्तु मान लिया गया है। पिता ने उसे उपहार में दे कर अपनी जान बचायी, विजेता ने उसे अपने क्लीव पुत्र को सौंप दिया और क्लीव पति ने अपनी जान बचाने के लिए उसे शकराज के पास भेज दिया। ध्रुवस्वामिनी जब तक सब ओर से जकड़ी हुई थी, इन तमाम प्रतिकूल स्थितियों को सहती रही—कभी सिर झुका कर, कभी प्रतिवाद के साथ, लेकिन अनुकूल स्थिति आते ही उसमें साहस का संचार होता है और वह अपने को पुनर्परिभाषित करने की माँग करती है। 'ध्रुवस्वामिनी' की लगभग

अंतिम पंक्तियाँ हैं : 'आज यह निर्णय हो जाना चाहिए कि मैं कौन हूँ।' यथास्थिति से पुनर्परिभाषा तक की यह यात्रा ही 'ध्रुवस्वामिनी' की विषयवस्तु है।

'कामायनी' भी स्त्री की ट्रेजेडी की गाथा है : वहाँ एक स्त्री प्रवंचित होती है और दूसरी के साथ बलात्कार की कोशिश की जाती है। लेकिन रामगुप्त के विपरीत मनु प्रसाद के चरित नायक है, अतः वे मनु का अपराध ढकने की कोशिश करते हैं। हालाँकि मनु को अपने इस दूसरे अपराध की सजा मिलती है—उन पर प्रजा टूट पड़ती है, लेकिन मनु के साथ कवि की सहानुभूति है, क्योंकि यह समाजशास्त्र का मामला नहीं, मनोविकारों की दुनिया है। प्रसाद सभ्यता के मानचित्र पर मानव मन की विभिन्न क्रीड़ाओं का खेल दिखाना चाहते हैं। इसलिए वे पुरुष की ज्यादतियों को सहन तो नहीं करते, पर उन्हें कुछ-कुछ स्वाभाविक मानते दीख पड़ते हैं। लेकिन 'ध्रुवस्वामिनी' सिर्फ भावों के धरातल पर घटित नहीं होती। उसका रंगमंच इतिहास का एक समृद्ध दौर है। शास्त्र हैं, प्रथाएँ हैं, समाज है, राज्यसत्ता है—सब कुछ है जो जीवन को व्यवस्था देता है। इस व्यवस्था में स्त्री का स्थान क्या है ? उसके बंधन किस प्रकार के हैं ? उसकी हैसियत क्या है ? इन सवालों का जवाब ख़ोजने के लिए प्रसाद एक ऐसे कथानक की सृष्टि करते हैं, जो काफी दिलचस्प है। लेकिन यहाँ प्रसाद इतिहास की सीमा में रहते हुए भी इतिहास से बँधे हुए नहीं हैं। दरअसल, प्रसाद को अपने निष्कर्षों तक पहुँचने के लिए तथ्यसम्मत इतिहास नहीं चाहिए : कुछ ऐसा घटनाक्रम चाहिए, जहाँ कल्पना खुल कर खेल सके। यह आकस्मिक नहीं है कि 'ध्रुवस्वामिनी' प्रसाद का एकमात्र नाटक है, जिसमें वे इतिहास की जितनी छान-बीन करते हैं, उससे कहीं ज्यादा पुनर्विवाह के शास्त्रसम्मत होने की छानबीन करते हैं। स्पष्टतः यह ऐतिहासिक नहीं, सामाजिक नाटक है, जो इतिहास के परिपार्श्व में घटित होता है। लेकिन यहाँ इतिहास सिर्फ आड़ नहीं है : वह एक तरह की प्रामाणिकता का आधार भी है। वर्तमान काल में स्त्री की मुक्ति घटा देना प्रसाद के लिए आसान था। फिर भी वे कठिन रास्ता चुनते हैं, क्योंकि उन्हें यह भी सिद्ध करना है कि स्त्री मुक्ति सिर्फ एक आधुनिक अवधारणा नहीं है। इसे भारतीय संस्कृति के रास्ते से भी सिद्ध किया जा सकता है। वह संभावना मात्र नहीं है, घटना भी है। इस तरह प्रसाद अपनी परंपरा से वस्तुस्थिति और उससे संघर्ष दोनों का रोमांचक साक्ष्य उपलब्ध करते हैं और समकालीन माने जानेवाले प्रश्नों को ऐतिहासिक परिप्रेक्ष्य देते हैं।

'ध्रुवस्वामिनी' इस दृष्टि से भी काफी दिलचस्प है कि इसमें कई-कई प्रेमी हैं और कई-कई तरह का प्रेम है। वस्तुतः प्रेम का कोई एक स्वरूप नहीं है। व्यक्ति जितने प्रकार के होते हैं, प्रेम भी उतनी तरह का होता है। ध्रुवस्वामिनी और चंद्रगुप्त का प्रेम गोपन था, जिसकी परतें धीरे-धीरे खुलती हैं। युद्ध और तख्ता-पलट के बाद यह प्रेम विधिवत विवाह में बदल जाता है। प्रेमी-प्रेमिका का एक जोड़ा शकराज और

कोमा का है, जिसका अवसान विफलता और मृत्यु में होत ाहै। लेकिन शकराज सिर्फ कोमा को प्यार नहीं करता, बल्कि उसे ध्रुवस्वामिनी भी चाहिए : जब उसे पता चलता है कि ध्रुवस्वामिनी एक नहीं, दो हैं, तो वह दोनों को अपनाने के लिए तैयार हो जाता है। वह उन्हें आपस में लड़ने से रोकते हुए कहता है : 'ठहरो, क्या चिंता यदि मैं दोनों को ही रानी समझ लूँ।' इस तरह प्रेम, विवाह, कामुकता यानी स्त्री-पुरुष संबंध के अनेक स्तर 'ध्रुवस्वामिनी में बारीकी के साथ उद्‌घाटित होते हैं। जाहिर है, सिर्फ विवाह ही स्त्री-पुरुष संबंध का एक मात्र रूप नहीं है, यद्यपि विवाह उसका सर्वोत्तम परिपाक माना गया है। सांस्कृतिक स्तर पर उसकी अपनी खास महिमा है। यही कारण है कि चंद्रगुप्त तब तक अपना हृदय नहीं खोलता, जब तक ध्रुवस्वामिनी स्वतंत्र नहीं हो जाती। ध्रुवस्वामिनी भी विवाह की मर्यादा का कठोरतम पालन करती है। घुटते दोनों हैं, लेकिन सुख का षडयंत्रपूर्वक संधान नहीं करते। यह विवाह की विडंबना भी है। प्रेम की विडंबना देखनी हो, तो कोमा की ट्रेजेडी पर गौर करना होगा। ध्रुवस्वामिनी अपने पति की लाश पर मुक्त होती है। कोमा को उस व्यक्ति के साथ अपना जीवन विसर्जित करना पड़ता है, जो उसके हृदय से उतर चुका था।

प्रेम क्या है ? कोमा इसे परिभाषित करने का साहस करती है। वह ध्रुवस्वामिनी से कहती है, 'आज तुम्हारी विजय का अंधकार तुम्हारे शाश्वत स्त्रीत्व को ढक ले, किंतु सबके जीवन में एक बार प्रेम की दीपावली जलती है। जली होगी अवश्य। तुम्हारे भी जीवन में वह आलोक का महोत्सव आया होगा, जिसमें हृदय हृदय को पहचानने का प्रयत्न करता है, उदार बनता है और सर्वस्व दान करने का उत्साह रखता है।' ध्रुवस्वामिनी से ज्यादा इसे और कौन जानता होगा ! लेकिन प्रसाद निरे रोमांटिक लेखक नहीं हैं। श्रेष्ठ रोमांटिक कवि कहीं न कहीं क्लासिकल भी होता है और क्लासिकल कवि अपने उत्कर्ष में रोमांटिकता की तरफ झुक जाता है। कालिदास के बाद प्रसाद इसके एक और महत्वपूर्ण उदाहरण हैं। उनकी ध्रुवस्वामिनी प्रेम के अंतर्संघर्ष और विवाह की मर्यादा, इन दो पाटों के बीच पिसती रहती है। उसकी वेदना ही उसे महान बनाती है। चंद्रगुप्त भी ऐसा ही उदात्त नायक है। वह वीर है, साथ ही उमसें असीम शील है—इतना कि वह कायरता में परिणत हो जाता है। इनके प्रेम को परिस्थितियाँ कुचल देती हैं। लेकिन वह भीतर ही भीतर प्रज्वलित रहता है और अवसर आने पर ज्वालामुखी की तरह भभक उठता है। इस तरह 'ध्रुवस्वामिनी' प्रेम और विवाह, दोनों को उसकी मर्यादा बख्शती है और नाटक का रचनात्मक तनाव बनाये रखती है।

इसके विपरीत कोमा का प्रेम उसकी आँखों के सामने ही कुम्हलाने लगता है। उसने अपने प्रेमी को पहचानने में भूल की है। क्या हम व्यक्ति को प्रेम करते हैं या उसकी एक खास छवि को, जो हमारी आँखों में बसी होती है ? लेकिन दूसरे के लिए व्यक्ति अपनी छवि के अलावा और है क्या ? यह छवि टूट जाने पर भी

कुछ लोग अपने प्रेम-पात्र के साथ बँधे रहना चाहते हैं। लेकिन कोमा उनमें नहीं है। प्रेम ने उसके व्यक्ति को संपन्न किया है, उसे गुलाम नहीं बनाया है। इसी लिए वह शकराज से कह पाती है, 'प्रेम का नाम न लो। वह एक पीड़ा थी, जो छूट गयी। उसकी कसक भी धीरे-धीरे दूर हो जायेगी। राजा, मैं तुम्हें प्यार नहीं करती। मैं तो दर्प में दीप्त तुम्हारी महत्वमयी पुरुष मूर्ति की पुजारिन थी, जिसमें पृथ्वी पर अपने पैरों से खड़े रहने के दृढ़ता थी। इस स्वार्थ-मलिन कलुष से भरी मूर्ति से मेरा परिचय नहीं।' लेकिन प्रेम की विडंबना ही यही है कि अजनबियत उग आने के बावजूद उसकी एक धूमिल आभा बनी रहती है। यह राग नहीं, अनुराग है। इसीलिए शकराज के पराभव के बाद कोमा उसका शव माँगने ध्रुवस्वामिनी के पास पहुँच जाती है। जाहिर है, 'तू नहीं, और सही' का उपभोक्तावादी दौर अभी शुरू नहीं हुआ है, जब व्यक्ति व्यक्ति नहीं रह जाता—पुरजा हो जाता है।

प्रेम तो रामगुप्त भी करता है, लेकिन यह प्रेम नहीं, स्वामित्व की भावना है। विवाह के बाद एक बार भी उसने महादेवी के साथ संभाषण नहीं किया—शरीर संबंध भी स्थापित नहीं किया (इसके योग्य वह था या नहीं, यह स्पष्ट नहीं होता; लेकिन संकेत यही है कि वह नपुंसक था)। फिर भी वह चाहता है कि ध्रुवस्वामिनी सिर्फ उसकी बन कर रहे। ध्रुवस्वामिनी उसके बारे में बताती है, 'विलासिनियों के साथ मदिरा में उन्मत उन्हें अपने आनंद से अवकाश कहाँ है ?' रामगुप्त मदिरा को जानता है, विलास को जानता है, लेकिन प्रेम से उसका परिचय नहीं है। उसे पता था कि ध्रुवस्वामिनी का प्रेम से परिचय है, इसलिए वह प्रेम से कुंठित रहता है। जिस व्यक्ति ने प्रेम का स्वाद चख लिया हो, वह एक मायने में खतरनाक हो जाता है। ध्रुवस्वामिनी से रामगुप्त को शायद ऐसा ही खतरा था। इसलिए भी उसने ध्रुवस्वामिनी को स्त्री के रूप में अपनाने का प्रयत्न न किया होगा। हाँ, उसने ध्रुवस्वामिनी को अपने विलास में जरूर शामिल करना चाहा। ('मैं स्वीकार करती हूँ कि आज तक मैं तुम्हारे विलास की सहचरी नहीं हुई; किंतु वह मेरा अहंकार चूर्ण हो गया है। मैं तुम्हारी हो कर रहूँगी।'—ध्रुवस्वामिनी)। लेकिन इसमें वह सफल नहीं हुआ। फिर भी, चूँकि ध्रुवस्वामिनी उसकी विवाहिता है, इसलिए वह उस पर अपना पूरा अधिकार समझता है। वह ध्रुवस्वामिनी से कहता है, 'तुम उपहार की वस्तु हो। आज मैं तुम्हें किसी दूसरे को देना चाहता हूँ, इसमें तुम्हें क्यों आपत्ति हो ?' यह चरम स्थिति है। इसके पहले वह एक और चरम माँग कर चुका है। वह खड्गधारिणी से कहता है, 'सुना न, ध्रुवदेवी से कह देना चाहिए कि वह मुझे प्यार करे, केवल महादेवी बन जाना ठीक नहीं।' गोया प्यार भी आज्ञा का अनुवर्ती होता हो ! लेकिन अपनी निर्बाध सत्ता से मत्त पुरुष यही मानना चाहता है।

रामगुप्त का प्रतिद्वंद्वी शकराज भी इसी धातु का जीव है। उसके लिए स्त्री सिर्फ मनोविनोद की वस्तु है। कोमा पूछती है, 'तो क्या आपकी दुश्चिंताओं में मेरा

भाग नहीं ? मुझे उससे अलग रखने से क्या वह परिस्थिति कुछ सरल हो रही है ?' तो शकराज के पास इसका कोई संतोषजनक उत्तर नहीं होता। वह उसे बातों में भुलाने की कोशिश करता है। स्त्री उसके लिए फुरसत में खेलने की चीज है या फिर प्रतिहिंसा का माध्यम। यदि यह सच है कि ध्रुवस्वामिनी रामदत्त से विवाह के पूर्व शकराज की वाग्दत्ता थी, तो भी इसके प्रमाण नहीं मिलते कि उसने ध्रुवस्वामिनी को प्राप्त करने के लिए कोई कोशिश की थी। इसलिए वाग्दत्ता होने की बात राजनीतिक प्रतिघात का बहाना भर हैं। मुख्य बात यह है कि स्त्री का हरण या अपहरण सामाजिक मान-अपमान का पैमाना बन चुका है। यह भी स्त्री का पदार्थीकरण है। स्त्री 'ध्रुवस्वामिनी' के पन्नों पर विभिन्न खिलाड़ियों के बीच फुटबाल की तरह नाचती नजर आती है। पुरुष झगड़ते हैं और स्त्री शतरंज पर बिछी हुई है। शकराज केवल अपने लिए स्त्री की माँग नहीं करता, बल्कि अपने शूर-सामतों के लिए भी स्त्रियाँ चाहता है। वह इतना दुस्साहसी है कि ध्रुवस्वामिनी के उसके दुर्ग में आ जाने की सूचना के बावजूद वह कोमा से कहता है कि 'मैं सचमुच तुम्हें प्यार करता हूँ', लेकिन 'भावी पत्नी' के रूप में कोमा के उल्लेख से वह क्षोभ से भर उठता है। जाहिर है, स्त्री का अस्तित्व उसके लिए शय्या-संगिनी से ज्यादा महत्व नहीं रखता। कोमा इस स्थिति को स्वीकार नहीं करती। वह अपने को शकराज से मुक्त कर लेती है, यद्यपि अपने गहरे अनुराग की वजह से पूरी तरह मुक्त नहीं हो पाती।

किंतु ध्रुवस्वामिनी की मुक्ति कैसे हो ? 'ध्रुवस्वामिनी' की केंद्रीय समस्या यही है। प्रसाद इस आधुनिक अवधारणा में यकीन नहीं रखते कि स्त्री-पुरुष के बीच कोई टिकाऊ संबंध नहीं होना चाहिए। प्रेमचंद के 'गोदान' में प्रोफेसर मेहता ने कुछ ऐसा ही दर्शन पेश किया है। बाद में यशपाल ने 'क्यों फँसें' में मुक्त प्रेम यानी निर्बंध सेक्स का समाजशास्त्र तैयार करने की कोशिश की। लेकिन प्रसाद के यहाँ यह अराजकता नहीं है। वे प्रेम को मान्यता देते हैं, उसके आनंद और उसकी वेदना (ज्यादातर वेदना) का गहरा आख्यान करते हैं, लेकिन सह-जीवन की परंपरागत व्यवस्था को भंग नहीं करना चाहते। एक संस्था के रूप में विवाह में उनकी अटूट आस्था है। लेकिन यदि विवाह यंत्रणापूर्ण हो जाये, तो ? उससे मुक्ति का कुछ उपाय होना चाहिए। प्रसाद ने स्त्री-पुरुष संबंध के इस पहलू के बारे में तब सोचा, जब तलाक को हिंदू समाज में मान्यता नहीं मिली थी। हिंदू स्त्री को कानूनी रूप में यह सुविधा मिली 1956 में, जब हिंदू कोड बिल स्वीकार किया गया। उस वक्त इसका प्रचंड विरोध हुआ था, किंतु प्रतिक्रियावादी शक्तियों को अंततः झुकना पड़ा। लेकिन प्रसाद बहुत पहले ही स्त्री मुक्ति का सामाजिक संघर्ष छेड़ चुके थे। 'ध्रुवस्वामिनी' का महत्व इसी में है।

ध्रुवस्वामिनी को परिस्थितियों ने एक ऐसे वैवाहिक संबंध में फेंक दिया है, जिसे किसी भी प्रकार से वैध नहीं कहा जा सकता। यह राक्षस विवाह है, जो सिर्फ

एक बंधन हो कर रह जाता है—उसमें सहभागिता का कोई प्रस्फुटन दिखाई नहीं पड़ता। पति को अपने विलास से फुरसत नहीं है। वह उसकी ओर आँख उठा कर भी नहीं देखना चाहता। फलतः ध्रुवस्वामिनी के लिए राजा का शिविर 'नीड़' नहीं, 'स्वर्ण पिंजर' हो जाता है। तिस पर सिफत यह है कि उस पर पर-पुरुष पर अनुरक्त होने का संदेह भी किया जाता है। ऐसा नहीं है कि ध्रुवस्वामिनी को चंद्रगुप्त से अनुराग नहीं है, लेकिन वह इसे अपने सबसे गंभीर रहस्य की तरह छिपाये रखना चाहती है। वह विकट से विकट स्थिति में भी अपने विवाह को सफल बनाने के लिए प्रयत्न करती है। उसकी यह तपस्या भी कम महत्वपूर्ण नहीं। मुक्ति के नशे में अक्सर हम उन जरूरी प्रतिबद्धताओं को भी भूल जाते हैं, जो किसी भी टिकाऊ संबंध के निर्वाह के लिए आवश्यक हैं। विद्रोह एक महत्वपूर्ण मूल्य है, लेकिन रक्षण भी कोई मामूली मूल्य नहीं। अतः हमें सिर्फ ध्रुवस्वामिनी के पुनर्लग्न के पराक्रम के बारे में नहीं सोचना चाहिए, बल्कि उस तपस्या को भी रेखांकित करना चाहिए जो ध्रुवस्वामिनी के चरित्र की एक ठोस विशेषता है तथा उसे एक अनोखी दीप्ति देती है। यहाँ तक कि जब शकराज द्वंद्व युद्ध में मारा जाता है और ऐसी स्थिति उत्पन्न होती है कि वह चंद्रगुप्त का वरण कर सकती है, तब भी अपने इस झुकाव के औचित्य के प्रति उसके मन में गहरा संदेह होता है। वह मंदाकिनी से कहती है, 'दुर्ग की विजय मेरी सफलता है या मेरा दुर्भाग्य, इसे मैं नहीं समझ सकी हूँ। राजा से मैं सामना करना नहीं चाहती। पृथ्वीतल से जैसे एक साकार घृणा निकल कर मुझे अपने पीछे लौटने का संकेत कर रही है, क्यों, क्या यह मेरे मन का कलुष है ? क्या मैं मानसिक पाप कर रही हूँ ?' यह 'मानसिक पाप' कुछ और नहीं, विवाहेतर संबंध या विवाह मुक्ति का द्वंद्व है। निश्चय ही उसके लिए यह एक बड़े फैसले की घड़ी है। वह रामगुप्त को खारिज कर चुकी है (मंदाकिनी से : 'मैं न तो महादेवी हूँ और न ही तुम्हारी भाभी।')। धर्म का यह विधान निर्धारित करनेवाले पुरोहित को फटकार चुकी है ('संसार मिथ्या है या नहीं, यह तो मैं नहीं जानती; परंतु आप, आपका कर्मकांड और आपके शास्त्र क्या सत्य हैं, जो सदैव रक्षणीया स्त्री की यह दुर्दशा हो रही है ?')। फिर भी, उसके मन में संदेह है कि क्या 'पीछे लौटना' उचित होगा ? जाहिर है, लड़ाइयाँ पहले विचार के धरातल पर जीती हैं, फिर बाहर।

यह पुरुष-शासित समाज है, इस बात का ध्रुवस्वामिनी को खूब एहसास है। उसके शब्द हैं : 'पुरुषों की प्रभुता का जाल मुझे अपने निर्दिष्ट पथ पर ले ही आया।' यानी सिर्फ पुरुष की प्रभुता नहीं है, बल्कि उसका जाल भी है। यह जाल स्त्री को पराधीन बनाता है। मंदाकिनी कहती है, 'भगवान ने स्त्रियों को उत्पन्न करके ही अधिकारों से वंचित नहीं किया है, किंतु तुम लोगों की दस्यु-वृत्ति ने उसे लूटा है।' यह तो वस्तुगत स्थिति है, लेकिन इसके मनस्तात्विक कारण भी हैं। बाहर की व्यवस्था आभ्यंतरीकृत हो कर और मजबूत तथा बाध्यकारी हो जाती है। ध्रुवस्वामिनी बताती

है, 'पराधीनता की एक परंपरा-सी उनकी (स्त्रियों की) नस-नस में—उनकी चेतना में न जाने कब किस युग से घुस गयी है।' लेकिन जब कोई स्त्री पराधीनता की चेतना से मुक्त होती है, तब भी क्या भौतिक स्थितियाँ ऐसी हैं कि वह सचमुच मुक्त हो सके ? ध्रुवस्वामिनी कहती है, 'उन्हें (स्त्रियों को) समझ कर भी भूल करना पड़ता है। क्या वह मेरी भूल न थी—जब मुझे निर्वासित किया गया; तब मैं अपनी आत्म-मर्यादा के लिए कितनी तड़प रही थी। और राजाधिराज रामगुप्त के चरणों में रक्षा के लिए गिरी; पर कोई उपाय चला ? नहीं।' उपाय क्यों नहीं चला ? कारण वही है—'पुरुषों की प्रभुता का जाल'। इस जाल से निकलने का कोई उपाय नहीं है—जाल को तोड़ने का उपाय जरूर है। यह जाल अंत में टूटता भी है। ध्रुवस्वामिनी का क्लीव पति रामगुप्त मारा जाता है और चंद्रगुप्त उसका वरण करने को तैयार है। इसलिए ध्रुवस्वामिनी की मुक्ति हो जाती है। किंतु चंद्रगुप्त यदि उसके प्रति अनुरक्त न होता, तो ? तब उसकी मुक्ति का रास्ता क्या होता ? 'ध्रुवस्वामिनी' यह स्पष्ट नहीं करती, तो यह उसके समय की सीमा है।

फिर भी ध्रुवस्वामिनी इसकी ओर संकेत जरूर करती है। स्त्री की पूरी मुक्ति तभी संभव है, जब व्यवस्था बदले। ध्रुवस्वामिनी को पुनर्जीवन तभी मिलता है, जब पुराना निजाम बदलता है और नया निजाम स्थापित हुआ चाहता है। नयी व्यवस्था आती है, तो अपने साथ नयी नैतिकता, नया विधिशास्त्र भी ले आती है। चंद्रगुप्त जब यह घोषित कर चुका होता है कि 'यहाँ अब मैं ही शकराज के समस्त अधिकारों का स्वामी हूँ' तब कहीं जा कर पुरोहित की नयी धर्म व्यवस्था सामने आती है और वह अपना फैसला सुनाता है—'ऐसी अवस्था में रामगुप्त का ध्रुवस्वामिनी पर कोई अधिकार नहीं।' ध्यान देने की बात यह है कि यह सिर्फ सम्राट-बदल नहीं है, रामगुप्त के प्रति एक तरह का जन विद्रोह है। सामंत, पुरोहित, परिषद सब रामगुप्त के खिलाफ उठ खड़े हुए हैं। इस विद्रोह का तात्कालिक कारण यह है कि 'आपकी आज्ञा के विरुद्ध राजाधिराज ने निरीह शकों का संहार करवा दिया है' (ध्रुवस्वामिनी से सामंत कुमार)। फिर बात आगे बढ़ती है और सामंत कुमार साफ-साफ कहते हैं कि 'मैं सच कहता हूँ कि रामगुप्त जैसे राज-पद को कलुषित करनेवाले के लिए मेरे हृदय में तनिक भी श्रद्धा नहीं। विजय का उत्साह दिखाने वे किस मुँह से आयें, जो हिंसक, पाखंडी, क्षीव और क्लीव हैं।' अंतिम फैसला शस्त्र से ही होता है, लेकिन उसके पहले परिषद लोकतांत्रिक ढंग से निर्णय कर चुकी होती है। इस तरह स्त्री मुक्ति का यह अवसर लोक मुक्ति का अवसर भी है। एक आततायी पति ही नहीं, आततायी राजा भी अपनी स्वाभाविक मौत मरता है।

धर्म की जिस व्यवस्था से ध्रुवस्वामिनी रामगुप्त से मुक्त होती है, वह भी कम दिलचस्प नहीं। पुरोहित घोषित करता है कि वह विवाह 'एक भ्रांतिपूर्ण बंधन' है, जिसमें 'धर्म का उद्देश्य' पद-दलित होता है। यानी विवाह सिर्फ एक तकनीकी बंधन

नहीं है—जैसा कि पश्चिम के प्रभाव से अब प्रायः सभी जगह माना जाने लगा है। यह एक जीवन व्यवस्था है, जिसे धर्म के अनुसार चलना चाहिए। धर्म यानी कर्मकांड नहीं, बल्कि वह जो जीवन का सहज स्वभाव है। यही कारण है कि वैवाहिक बंधन को बहुत दृढ़ माना गया है। पुरोहित कहता है, 'माता और पिता के प्रमाण के कारण से धर्म विवाह केवल परस्पर द्वेष से टूट नहीं सकते।' यहाँ 'परस्पर द्वेष' शब्द बहुत महत्वपूर्ण हैं। आजकल विवाह जिस तरह टूट रहे हैं, वह एक आत्मप्रवंचना ही है। जरा-सी टकराहट हुई नहीं, जरा-सा तनाव आया नहीं कि वैवाहिक संबंध छिन्न-भिन्न हो जाता है। पुरुष एक और स्त्री की तलाश में निकल पड़ता है, स्त्री एक और पुरुष की तलाश में। 'ध्रुवस्वामिनी' का संदेश यह नहीं है। परस्पर द्वेष के कारण विवाह को टूटने नहीं दिया जाना चाहिए—इसके स्थान पर द्वेष का ही निराकरण किया जाना चाहिए। विवाह से मुक्ति पाने का आधार वस्तुपरक होना चाहिए। ये वस्तुपरक आधार क्या हैं ? पुरोहित व्याख्या करता है, 'यह रामगुप्त मृत और प्रव्रजित तो नहीं, पर 'गौरव से नष्ट, आचरण से पतित और कर्मों से राज-किल्विषी क्लीव है। ऐसी अवस्था में रामगुप्त का ध्रुवस्वामिनी पर कोई अधिकार नहीं।' 'क्लीव' पर तो खैर आगे भी जोर दिया गया है, लेकिन 'गौरव से नष्ट' और 'आचरण से पतित' विशेषण उसके पहले आते हैं और ये बहुत तात्पर्यपूर्ण हैं। स्मृतियों में भी तलाक का एक आधार यह माना गया है कि पति नीच हो, तो स्त्री उससे मुक्त हो सकती है। इसकी कुछ प्रतिध्वनि तलाक के आधुनिक कानून में सुनाई पड़ती है, जहाँ पत्नी के प्रति क्रूरता, व्यभिचार आदि को विच्छेद का आधार माना गया है। किंतु पति के नीच होने की व्याप्ति कहीं ज्यादा है और यह विवाह को एक गौरवपूर्ण मानवीय संबंध बनाता है। आधुनिक कानून में किसी हत्यारे या डकैत या बलात्कारी की पत्नी को इस आधार पर तलाक नहीं मिल सकता कि उसका पति हत्यारा, डकैत या बलात्कारी है, किंतु 'ध्रुवस्वामिनी' इसके आगे जाती है और यह प्रतिपादित करती है कि पुरुष यदि 'गौरव से नष्ट' और 'आचरण से पतित' हो, तो स्त्री के लिए उसका साथ करने योग्य नहीं है। यह केवल वैवाहिक संबंध के बारे में ही नहीं, संपूर्ण जीवन के बारे में भी एक महत्वपूर्ण अंतदृष्टि है और नारी मुक्ति के सवाल को मनुष्य मात्र की मुक्ति से जोड़ती है।

नारी मुक्ति से जुड़ा हुआ एक पहलू यह भी है कि क्या विवाह ही स्त्री के जीवन का लक्ष्य है ? क्या स्त्री की नियति एक पुरुष से दूसरे पुरुष तक भटकने की है ? रामगुप्त से मुक्त हो कर क्या ध्रुवस्वामिनी के लिए आवश्यक था कि वह तुरंत चंद्रगुप्त की महादेवी हो जाती ? क्या स्त्री का अपना स्वतंत्र जीवन नहीं हो सकता ? 'ध्रुवस्वामिनी' की नाटकीय घटनाएँ इतिहास के जिस काल-खंड में घटती हैं, वहाँ शायद ऐसे प्रश्नों के लिए कोई गुंजाइश नहीं है। आधुनिक-पूर्व युग में स्त्री का कोई स्वतंत्र अस्तित्व दिखाई नहीं पड़ता। इसकी सबसे अच्छी व्याख्या मनुस्मृति

के उस श्लोक में की गयी है, जिसमें बताया गया कि स्त्री कौमार्य तक पिता के अधीन रहे, विवाह के बाद पति के अधीन और विधवा होने पर पुत्र के अधीन। स्वतंत्र स्त्री या तो संन्यासिनी के रूप में दिखाई पड़ती है या फिर गणिका के रूप में। लेकिन यदि कोई स्त्री इन दोनों में से कोई भी रास्ता अख्तियार न करना चाहे, तो वह क्या करे ? जाहिर है, चुनने की आजादी न चुनने की आजादी से रहित हो कर ज्यादा दूर तक नहीं जाती। 'ध्रुवस्वामिनी' में इस सवाल का कोई जवाब नहीं है। यह उसकी प्रासंगिकता की सीमा है। वस्तुतः इतिहास के पास वर्तमान के सभी सवालों के जवाब होते भी नहीं हैं।

9. बौने, कुबड़े और स्त्रियाँ

क्या आपने कभी गौर किया है कि इस ब्रह्मांड में जितने भी ग्रह-नक्षत्र हैं, उनमें सिर्फ पृथ्वी ही स्त्रीलिंग है—बाकी सब पुल्लिग हैं ? सूर्य पुल्लिग है, चंद्र पुल्लिग है, मंगल, बुध, शुक्र, बृहस्पति, शनि आदि ग्रह पुल्लिग हैं। यहाँ तक कि ब्रह्मांड स्वयं भी पुल्लिग है। इन सबके बीच सिर्फ हमारी पृथ्वी ही स्त्रीलिंग है। आखिर क्यों ? शायद इसीलिए कि इस पर हमारा अधिकार है, इसे हमने जीत लिया है, यह पूर्णतः हमारे वश में है। जो चीज वश में हो जाती है, वह छोटी हो जाती है, तुच्छ हो जाती है, स्त्री-तुल्य हो जाती है, स्त्रीलिंग। पृथ्वी यानी वसुंधरा के बारे में क्या यह नहीं कहा गया है कि वह वीर भोग्या है ? अशोक वाजपेयी की एक कविता है :

मैं बिछाता हूँ धरती का हरा बिछौना
मैं खींचता हूँ आकाश की नीली चादर
मैं सूर्य और चंद्रमा के दो तकिए सँभालता हूँ
मैं घास के कपड़े हटाता हूँ
मैं तुमसे केलि करता हूँ

पृथ्वी बनी ही इसीलिए है कि उसके घास के कपड़े हटाये जायें और उसके गर्भ में सहेज कर रखे हुए रत्न निकाल लिए जायें। वह हमारी माँ, हमारी भोग्या है और वही हमारी अंतिम शरणस्थली भी है। लेकिन पहली और अंतिम सच्चाइयाँ हम अपने अधिकांश कर्म जीवन में भूले रहते हैं और सिर्फ बीचवाली सच्चाई को याद रखते हैं, क्योंकि यही 'बालिग' आदमी का यथार्थ है।

आप कह सकते हैं कि शक्तिशाली और बड़े आकार की चीजें पुल्लिग तथा कमजोर और छोटे आकार की चीजें स्त्रीलिंग—इस सामान्य व्याकरणीय नियम के अपवाद भी तो हैं। अपवाद जरूर हैं, बल्कि कई ऐसी चीजें भी हैं जिन्हें व्यक्त करनेवाला एक शब्द पुल्लिग है तो दूसरा स्त्रीलिंग। इसका सबसे जबरदस्त उदाहरण स्त्री की जननेंद्रिय ही है : भग पुल्लिग और योनि स्त्रीलिंग। फिर संभोग पुल्लिग और रति

स्त्रीलिंग, स्तन पुल्लिंग और छाती स्त्रीलिंग। लेकिन इसका कारण दूसरा है। वस्तुतः भाषा का विकास ही कुछ इस तरह हुआ है कि किसी भी मामले में कोई नियम बनाया ही नहीं जा सकता। आप व्याकरण के जो भी नियम बनायेंगे, उनके कुछ न कुछ अपवाद रह ही जायेंगे (जीवन की ही तरह, हालाँकि व्याकरण में अपवादों का औसत जीवन से कहीं ज्यादा है)। उपर्युक्त उदाहरण इसी नियम की पुष्टि करते हैं। भग पुल्लिग, क्योंकि अकारांत शब्द आम तौर से पुल्लिग ही होते हैं और योनि स्त्रीलिंग, क्योंकि इकारांत शब्द आम तौर से स्त्रीलिंग ही होते हैं। यही नियम संभोग और रति पर भी लागू होता है। इसी नियम से स्तन पुल्लिंग है, लेकिन छाती स्त्रीलिंग है, क्योंकि ईकारांत शब्द अधिकतर स्त्रीलिंग होते हैं (जरा इसके अपवादों पर गौर कीजिए : हाथी, मोती, घी, दही आदि)। मूल बात यह है कि मानव जगत की लिंग चेतना को पूरी सृष्टि पर इस तरह आरोपित करने की क्या जरूरत थी तथा पुल्लिग और स्त्रीलिंग के भेद के पीछे श्रेष्ठता तथा हीनता का भाव क्यों लिपटा हुआ है। यह दोष उस आँख का है, जिससे हम अपने से इतर जग को देखते हैं। चूँकि उसी में लैंगिक चेतना श्रेष्ठता-हीनता की परिभाषा से जुड़ी हुई है, अतः हमारी पूरी अभिव्यक्ति ही पुरुष सत्ता के विस्तार से ओतप्रोत है। इसीलिए ब्रह्मपुत्र को नदी नहीं, नद कहते हैं। उसका पाट जो इतना चौड़ा है। जब वह फैल गयी, विस्तृत हो गयी, भयावह हो गयी, तो फिर नदी कैसे कहला सकती है ? उसे किसी न किसी तरह पुल्लिग का रूप देना ही होगा।

लेकिन लिंग भेद तो भाषा में सेक्स की राजनीति का सिर्फ एक पहलू है। वस्तुतः भाषा के साथ हमारा सारा सलूक ही ऐसा है, जिससे स्त्री की हीनता बार-बार साबित की जाती है। मेरी रित्वी की ने स्त्री-पुरुष भाषा पर उल्लेखनीय काम किया है, जिससे पता चलता है कि इतिहास में स्त्री को किस प्रकार एक अजूबा चीज माना जाता रहा है तथा आज भी किस तरह उसे एक हीन प्राणी माना जाता है। की ने बताया है कि सैपिर ने 1815 में नूटका भाषा के असामान्य प्रकारों का अपना अध्ययन प्रकाशित किया, तो इस वर्ग में उसने इन लोगों की भाषा रखा था : मोटे, बौने, कुबड़े, लंगड़े, बौंहत्थे, खतनाशुदा पुरुष, कायर, बच्चे और स्त्रियाँ। एक और दिलचस्प उदाहरण एनसाइक्लोपीडिया ब्रिटानिका का है। इस विश्‍व-विश्रुत ग्रंथ में अरागॉन की कैथेरिन के बारे में बताते हुए 'सिंहासन का पुरुष उत्तराधिकारी पैदा करने की उसकी विफलता' का जिक्र किया गया है और यह बड़ी आसानी से भुला दिया गया है कि इस 'विफलता' का कारण कैथेरिन की शारीरिक अक्षमता नहीं, बल्कि उसके पति हेनरी का सिफलिस था।

की बताती हैं कि पिछले (उनकी किताब 1975 की है) राष्ट्रीय चुनाव में विभिन्न समितियों में किसे-किसे लिया जायेगा, इस पर चर्चा हो रही थी, तो एक अमेरिकी सिनेटर ने अपना यह फैसला बताने के लिए कि अमुक समिति में किसी भी स्त्री

को नहीं रखा जायेगा, सिर्फ यह कहा कि 'नो ब्रॉड्स' (चौड़ी चीजें नहीं चलेंगी) और चर्चा वहीं रोक दी। यानी चौड़ी चीजें बेकार हैं, सिर्फ लंबी चीजें काम की हैं। स्त्री के अंग जितना पुरुष की चाहत के अंग रहे हैं, उतना ही उनका मजाक भी उड़ाया गया है ('मादरचोद' भारतीय पुरुष की शब्दावली में सर्वोच्च गाली मानी जाती है)। बल्कि सच तो यह है कि भाषा में (यानी, हमारी वैचारिक व्यवस्था में) स्त्री को ज्यादातर उसके शरीर से ही पहचाना जाता है और सामान्य से सामान्य अवसर पर भी यह पहचान विस्मृत नहीं की जाती।

इस संदर्भ में महाभारत का वह प्रसंग द्रष्टव्य है, जब पांडवों की संयुक्त पत्नी (संयुक्त पति का उदाहरण शायद ही मिले : जो विजित है, उसे कई लोग आपस में बाँट कर बरत सकते हैं, लेकिन जो विजेता है, उस पर कई का हक कैसे हो सकता है ! द्रौपदी भी तो जीत कर लायी गयी थी और फिर जुए में गँवा दी गयी थी) द्रौपदी को दुर्योधन भरी सभा में अपमानित कर रहा था। उस वक्त वह रजस्वला थी, एकवस्त्रा थी। फिर भी, चूँकि वह स्त्री थी, इसलिए उसे अपमानित करने का एक ही तरीका था कि उसे विवस्त्र कर दिया जाये। द्रौपदी अगर पुरुष होती, तो शायद उसका सिर मूँड़ दिया जाता, उसे थूक कर चाटने को कहा गया होता या उसके हाथ-पाँव बाँध दिये जाते। लेकिन वह स्त्री थी, इसलिए उसे अपमानित करने का फार्मूला बिल्कुल सीधा-सादा था। यानी उसे नंगा कर दो। आजकल लज्जा-हरण से काम नहीं चलता, बलात्कार से कम पर मामला नहीं जमता। इस बीच काफी प्रगति जो हो चुकी है ! दुःशासन पुराने जमाने का आदमी था, अतः पुराने फार्मूले पर अमल कर रहा था। द्रौपदी दुःशासन को संबोधित करते हुए कहती है : 'यहाँ (सभा में) कोई निंदा नहीं कर रहा है। निश्चय ही वे सब तेरी राय को मानते हैं। धिक्कार है, भारतों के धर्म और क्षत्रियों के धर्म को बनानेवालों का आचार भी नष्ट हो गया।' इसके बाद ही व्यास बतलाते हैं : 'उस तरह करुण बोलती सुंदर कटिवाली द्रौपदी ने अपने कुपित पतियों को कटाक्षों से देखा।'

ध्यान दीजिए, इस पूरे करुण प्रसंग में 'सुंदर कटिवाली द्रौपदी' (व्यास का शब्द है : सुमध्यमा) किस तरह युद्ध क्षेत्र में प्रेम गीत गा रहा है। ठीक इसी अवसर पर व्यास को क्यों आद आया कि द्रौपदी 'सुंदर कटिवाली' है ? क्या इसलिए कि उनकी कल्पना में नग्न होती हुई द्रौपदी के बिंब तैर रहे थे और वे यहाँ इशारे से बता रहे हैं कि द्रौपदी को अब कमर तक नंगा कर दिया गया था, या इसलिए कि स्त्री के लगभग सारे विशेषण उसके शारीरिक गुणों (और ऐसे मानसिक गुणों, जिनका आधार उसके स्त्रीत्व की जेल है, जैसे लज्जावती, शीलवती, सुभाषिणी इत्यादि) के आधार पर बनाये गये हैं और छंद में एक शब्द की कमी आ रही थी, तो व्यास ने उसे 'सुमध्यमा' से भर दिया ? फैसला करना निश्चय ही कठिन है, लेकिन इतना तो साफ दिखाई पड़ता है कि द्रौपदी की कमर में दुर्योधन की जितनी दिलचस्पी है,

उससे जरा भी कम व्यास की नहीं।

शरीर के अलावा स्त्री का अस्तित्व ही क्या है ? यहाँ तक कि उसका अपना नाम भी उसका नही है। पिछले अध्याय में मैंने शोभा डे का जिक्र किया है। बहुत-से लोगों को अभी तक यह पता नहीं है कि यह वही महिला हैं, जो पहले शोभा किलाचंद थीं। लेकिन ठहरिए, यह भी उनका मूल नाम नहीं है। किन्हीं किलाचंद से शादी करने के पहले वह शोभा राज्याध्यक्ष थीं। फिर प्रत्येक विवाह के बाद उनके नाम का उत्तरार्ध बदलता गया। इंदिरा नेहरू को फीरोज गांधी से विवाह कर इंदिरा गांधी कहलाना पड़ा और सोनल मानसिंह अब भी अपने तलाकशुदा पति की टाइटिल अपने नाम के साथ लगाये हुए हैं, क्योंकि 'उसी नाम से मैंने ख्याति अर्जित की है।' लेकिन बहुत-सी स्त्रियों को तो उनके नाम से भी याद नहीं किया जाता। वे या तो डब्बू की माँ होती हैं या फिर सुरेश की बहू। मध्यवर्गीय निमंत्रण पत्रों में यह लिखना अब आम हो गया है : श्रीमती और श्री चंद्रेश्वर सिंह। विवाहित स्त्री का कोई अपना नाम भी है, उसकी कोई अपनी पहचान भी है, यह जानने की कोई जरूरत नहीं है। वह तो बस श्रीमती है—किताब पर चढ़ी हुई जिल्द की तरह, अँगूठी में जड़े हुए नग की तरह, शरीर के साथ चलनेवाली छाया की तरह या बहुत कड़वे ढंग से कहा जाये तो कुत्ते के साथ उसकी हिलती हुई दुम की तरह।

जो सामाजिक स्थितियाँ रही हैं, उन्हें देखते हुए स्त्री का नाम महत्वपूर्ण था भी नहीं। नाम की जरूरत उसे पड़ती है, जिसके पास कुछ भौतिक संपदा हो। स्त्री इस मामले में सच्ची सर्वहारा है। पति का नाम जगह-जगह दर्ज होता है, क्योंकि घर उसके नाम से होता है, जमीन उसके नाम से होती है, वंश वृक्ष उसके नाम पर चलता है। स्त्री का तो उस धन पर भी वश नहीं रहता, जो वह अपने शरीर के साथ अपने मायके से ले आती है। फिर वह उठाऊ चीज भी है। पुरुष अपनी जगह पर स्थिर होता है—स्त्री को विवाह के बाद उसके पास आना पड़ता है। एक चलती-फिरती चीज को नाम की जरूरत ही क्या है ! ऐसी असंख्य स्त्रियाँ इस धरती पर आ-जा चुकी हैं, जिनका नाम विवाह के बाद कभी उच्चरित ही नहीं किया गया। इसके पीछे कुछ तो संस्कार था और कुछ कानूनी रूप से स्त्री की कोई स्थिति न होना। हाँ, पूंजीवादी व्यवस्था स्थापित हो जाने के बाद स्त्री के नाम को जरूरत महत्व मिलने लगता है—लेकिन सार्थक ढंग से तभी, जब वह खुद कमाती हो, अन्यथा उसका नाम बीमा कंपनी, पी. एफ. वगैरह के गर्दखोर रजिस्टरों में कहीं दबा रहता है और पति के पहले ही वह गुजर गयी तो इसका भी कोई इस्तेमाल नहीं हो पाता। हाँ, जहाँ बालिग मताधिकार है, वहाँ उसका नाम मतदाता सूची में जरूर होता है। लेकिन तीसरी दुनिया में वह अपना वोट ज्यादातर उसी को देती है जिसे उसका पति पसंद करता हो।

स्त्री की बोली की हैसियत क्या है—यह पश्चिमी दुनिया के इस व्यवहार से

पता चलता है कि फोन करनेवाली कोई महिला है, यह जानते ही उसे बता दिया जाता है कि बॉस बिजी हैं। इस संदर्भ में मेरी रित्ची की ने वाल स्ट्रीट की एक युवा महिला का एक दिलचस्प संस्मरण उद्धृत किया है। वह महिला जब किसी कंपनी के बड़े अधिकारी से फोन पर बात करना चाहती थी, तो उसके सेक्रेटरी को अपना नाम ही नहीं बतलाती थी (अब कोई भी महत्वपूर्ण व्यक्ति अपना फोन नहीं उठाता और भारत में तो यह देखने के लिए दरवाजे तक भी नहीं आता कि कौन उससे मिलने आया है)। सेक्रेटरी पूछता था (या पूछती थी, अब तो ज्यादातर पूछती ही है, क्योंकि इस काम का चरित्र ऐसा है कि इसके लिए युवा स्त्रियों को ही उपयुक्त समझा जाता है, बॉस चाहे कितना ही बूढ़ा हो) कि आप कौन हैं, तो वह जवाब देती थी, 'उनसे कहिए मिनी का फोन है।' और लाइन तुरंत मिल जाती थी, क्योंकि सेक्रेटरी को यह धोखा हो जाता था कि यह बॉस की कोई नजदीकी महिला है—'अगर मैं मिनी के बजाय मिस ग्रीन कह देती, तो लाइन कभी नहीं मिल सकती थी।'

इस संदर्भ में भारत की स्थिति क्या है ? अभी हमने इतनी प्रगति नहीं की है, बल्कि हमारे यहाँ स्थिति शायद उलटी ही है। पुरुष फोन करे तो उसे लाइन नहीं भी मिल सकती है, लेकिन स्त्री करे तो शायद ही कभी उसे निराश होना पड़ता हो। पुरुष महिलाओं से (औरतों से नहीं, क्योंकि वे अपना सेक्स अपील गरीबी के देवता को भेंट चढ़ा चुकी होती है) बातचीत करने के लिए हमेशा लालायित रहते हैं। साहित्य तथा बौद्धिक जगत में तो यह तनाव और भी रुग्ण रूप में दिखाई पड़ता है। बौद्धिक स्त्री को अपनी आधुनिकता साबित करने के लिए किसी बौद्धिक पुरुष के साथ कम-से-कम एक बार तो सोना ही पड़ेगा। जहाँ मिलने-जुलने की सुविधा नहीं है, वहाँ भी स्त्री के लिए कम हाय-हाय नहीं। अभी हाल तक बहुत-से पुरुष लेखक अपनी अप्रकाश्य रचनाएँ भी किसी स्त्री के नाम से छपवा लिया करते थे। यह स्त्री के प्रति स्वस्थ आकर्षण नहीं, बल्कि दबी हुई कामुकता है, जो स्त्री कंठ सुनते ही या स्त्री मूर्ति के प्रकट होते ही भड़भड़ा कर सामने आ जाती है।

मरदानी भाषा और जनानी भाषा भी एक ऐसा विभेद है, जिसके पीछे स्त्री को हेय मानने की प्रवृत्ति है। चूँकि सामाजिक स्तर पर यह विभेद काफी गहरा है, अतः इसने स्त्री के पूरे व्यक्तित्व को प्रभावित किया है, अभिव्यक्ति जिसका सिर्फ एक अंग है। हाय, उफ, धत, चलो हटो' मैं तो मर गयी आदि जनानी भाषा के नमूने माने जाते हैं। पुरुष इन शब्दों का प्रयोग नहीं करते, हालाँकि इन्हें सुनने में उन्हें बहुत मजा आता है। मरदानी भाषा का रंग अलग है। अपनी बातचीत में वे जिन शब्दों का प्रयोग करते हैं, उनमें से कुछ को स्त्रियाँ सुन लें, तो पुरुषों को और ठीक से पहचान जायें। कृष्णा सोबती ने इनमें से कुछ शब्दों (जैसे चूतिया वगैरह) का ही प्रयोग अपनी कहानी 'यारों के यार' में किया था, तो हिंदी लेखकों की दुनिया में खलबली फैल गयी थी। शायद यह पुरुष लेखकों को चुनौती देने का कृष्णा सोबती

का अपना अंदाज था कि देखो, तुम जो नहीं कर पा रहे हो, वह मैं किये दे रही हूँ। किसी भी लेखिका के लिए विवादास्पद होने का सबसे आसान तरीका यह है कि वह सेक्स पर कुछ लिख दे, जो पुरुषों के दरबारे-खास का अनन्य विषय है। बल्कि आजकल तो उन्हीं स्त्रियों को 'लिबरेटेड' सानी वर्जनामुक्त माना जाता है, जो जरूरत पड़ने पर पुरुषोचित शब्दावली का इस्तेमाल करने में हिचकिचाहट न दिखायें। ध्यान देने की बात है कि ये वही शब्द हैं, जिनसे पुरुष बच्चों को दूर रखना चाहते हैं। इस तरह स्त्री और बच्चे हमेशा एक ही वर्ग में डाल दिये जाते हैं। यह भी कम मजेदार नहीं कि हर बाप अपने बेटे को स्त्री अपमान की इस भ्रष्ट भाषा से मुक्त रखने की आप्राण कोशिश करता है और उसके मुँह से इसके नमूने सुन लेता है, तो उसे डाँटता ही नहीं, पीटता भी है, लेकिन बेटा जवान होते ही अपने आप इस शब्दावली से परिचित हो जाता है। इसके लिए उसे किसी शिक्षक की जरूरत नहीं पड़ती। क्या यह सीखना वैसे ही है जैसे शिकारी जानवर बड़े होने पर शिकार करना सीख जाते हैं या स्त्री-पुरुष युवा होने पर रति क्रिया का ज्ञान प्राप्त कर लेते हैं ? नहीं, यह जैविक नहीं, सांस्कृतिक प्रक्रिया है। हर पुरुष चाहता है कि उसके घर में पवित्रता की गंगा बहती रहे, पर बाहर जहाँ-तहाँ गंदगी के तालाब बजबजाते रहें। लेकिन अंततः इस निहित स्वार्थ की परछाईं उसकी अपनी गंगा पर ही पड़ती है और तब तक बाप इतना बूढ़ा और बेकार हो चुका होता है कि अपने बेटे को न रोक सकता है और न टोक सकता है। बस कुड़बुड़ा सकता है। वैसे अब तो अन्य बहुत-सी चीजों की तरह यह कुड़बुड़ाना भी पीछे छूटता जा रहा है।

आधुनिकता की एक प्रमुख समस्या यह है कि इसकी बहुत-सी चीजें परंपरा की प्रतिक्रिया में पैदा हुई हैं। यह कुछ हद तक परंपरा का विकास है, तो कुछ हद तक उसके साथ बलात्कार भी। इसकी प्रतिध्वनियाँ भाषा में भी दिखाई पड़ने लगी हैं। मसलन अब एक ऐसी भाषा का विकास किया जा रहा है, जिसमें लैंगिक विभेद के लिए कोई स्थान नहीं है। यह कुछ हद तक ठीक है यानी उस हद तक जिस हद तक स्त्री-पुरुष के बीच अन्यायमूलक विभेद को निरुत्साहित किया जाता है, जैसे अध्यक्ष और अध्यक्षा दोनों के लिए अध्यक्ष शब्द का या संपादक और संपादिका दोनों के लिए संपादक शब्द का प्रयोग। विभिन्न पेशों में भी (जैसे डॉक्टर, प्रोफेसर, इंजीनियर) नामों की एकरूपता चल रही है, जो अच्छी बात है। ऐसा न हो पाने के कारण कभी-कभी इस तरह की हास्यास्पद स्थिति पैदा हो जाती है कि 29 अप्रैल 1988 को अंगरेजी कोर्ट ऑफ अपील में, जिसका स्थान सर्वोच्च न्यायालय के बाद दूसरा है, बैरिस्टरों को सद्यःनियुक्त न्यायाधीश श्रीमती बटलर स्लॉस को 'माइ लॉर्ड' कह कर ही संबोधित करना पड़ा। चूँकि यह इस तरह की पहली नियुक्ति थी, अतः स्त्री न्यायाधीश को संबोधित करने की शैली ही तैयार नहीं थी।

लेकिन उत्साह के अतिरेक में कुछ ऐसी चीजें भी घटित हो रही हैं, जो स्त्री-पुरुष

समानेता नहीं, बल्कि स्त्री-पुरुष एकरूपता को प्रोत्साहित करते हैं। मसलन अंग्रेजी में अब स्त्रियाँ अपने को मिस (कुमारी) या मिसेज (श्रीमती) न लिख कर एक ऐसे शब्द (मिज) का प्रयोग करती हैं जो उनकी वैवाहिक स्थिति के बारे में न बताये। यह कुछ लोगों को क्रांतिकारी लग सकता है, लेकिन ऐसा है नहीं। क्यों नहीं है, इस पर मैं विवाह या यौन आकर्षणवाले अध्याय में विचार करना चाहूँगा। फिलहाल तो इतना ही कहना चाहता हूँ कि इससे बेहतर यह होता कि स्त्रियाँ पुरुषों से माँग करतीं कि उनके नाम के साथ उनकी वैवाहिक स्थिति भी स्पष्ट हो। पुरुष ऐसा क्यों नहीं होने देगा, यह भी उसी संदर्भ में विवेच्य है। यही मनोविज्ञान खुद सिंदूर न लगाने, शादी की अँगूठी या मंगल सूत्र न पहनने यानी अपने विवाहित होने के प्रतीकों से मुक्ति पाने के मामले में भी काम कर रहा है। भाषा के साथ पहनावे में भी स्त्री-पुरुष विभेद मिटाया जा रहा है। लेकिन इसके लिए पुरुष जनानी पोशाक नहीं पहनते, जनानियाँ ही पुरुषों की पोशाक अपना रही हैं। इससे भारत में एक मजेदार चीज हो रही है। साड़ी और सलवार-कुर्ते-ओढ़नी के बजाय पैंट-शर्ट पहनने से स्त्री अवयवों का व्यक्तित्व जरा और उभर कर सामने आ जाता है। इस तरह वे पुरुषों के ज्यादा काम आने लगी हैं। वे तो चाहते ही हैं कि स्तनों और नितंबों का उभार उन्हें हमेशा गुदगुदाता और कसमसाता रहे। यह क्रांति है या प्रतिक्रांति ? स्त्रियों को आकर्षक लगना ही चाहिए (और स्त्रियों को ही क्यों, पुरुषों को भी), लेकिन इस आकर्षण का इस्तेमाल अगर पैकेजिंग के रूप में किया जाये ताकि अंदर माल जैसा भी हो, पैकेट देखने से ही तबीयत मचल जाये, अपनी सेक्स अपील को उभारने के लिए किया जाये, तो मानना पड़ेगा कि यह उसी गड्ढे में फिसलने की कोशिश है, जिसमें पुरुष पहले ही पड़ा हुआ है। स्त्रियों को किसी भी आकर्षक घेरे में पैर रखने के पहले यह भली भाँति परख लेना चाहिए कि कहीं यह कोई नया फंदा तो नहीं है। बल का जमाना चला गया, यह छल का जमाना है।

10. मिथक की मार

मिथक की मार सबसे जबरदस्त होती है, क्योंकि वह हमारे खून में बहता है। मानव जीवन में वास्तविकता की जितनी निर्णायक भूमिका होती है, उससे तनिक भी कम मिथक की नहीं। वास्तविकता यह है कि औसत स्त्री पुरुष से शारीरिक स्तर पर किसी भी दृष्टि से कमजोर नहीं होती, लेकिन मिथक यह है कि वह है। चूँकि स्त्री को बार-बार बताया जाता है कि शारीरिक शक्ति में वह पुरुष से क्षीण है, इसलिए वह अपने को ऐसा ही मानती आयी है। मिथक न केवल एक स्थापना है, बल्कि एक अपेक्षा भी। माना जाता है कि स्त्री को कमजोर और नाजुक होना चाहिए—इसी में उसका सौंदर्य है। सो वह शक्तिशाली होते हुए भी कमजोर होने का भ्रम पैदा करती है, ताकि पुरुष के अहं की तृप्ति हो सके।

स्त्री के आगे-पीछे जितने मिथक खड़े किये गये हैं, उनका उद्देश्य स्त्री को एक खास तरह का प्राणी बना देना है, ताकि कोई स्त्री इस घेरेबंदी से बाहर निकलना चाहे तो अपनी ही निगाह में अजूबा हो जाये। उदाहरण के लिए मान लिया गया है कि प्रेम में पहल करना पुरुष का कर्तव्य है : स्त्री का काम उसे स्वीकृत या खारिज करना है। अब यदि कोई स्त्री स्वयं पहल करे तो इस बात की पूरी संभावना है कि वह मनचली या बेशर्म मान ली जाये। स्त्री का मिशक समर्पण का मिथक है। लेकिन यह ऐसा समर्पण है, जिसकी प्रक्रिया दूसरी ओर से शुरू होनी चाहिए। बिना माँग के, बिना अपेक्षा के स्त्री को समर्पण का भी अधिकार नहीं है। इस तरह मिथक न केवल स्त्री के पूरे व्यक्तित्व का सतत घेराव किये रहता है, बल्कि इस प्रक्रिया को इतना स्वाभाविक, इतना मूलभूत और इतना सर्वव्यापी बना देता है कि वह अपनी पराधीनता का अनुभव भी नहीं कर पाती। मिथक निजी नहीं होते—सामाजिक होते हैं। पीढ़ी-दर-पीढ़ी संक्रमित होते जाने के कारण वे पेड़-पौधों और पशु-पक्षियों की तरह परिचित और अपने प्रतीत होने लगते हैं। अतः वे किसी व्यक्ति की निजी ग्लानि का कारण नहीं बन पाते। जब सभी ऐसा मानते हैं, तो फिर मैं भी ऐसा ही क्यों

न मानूँ ? मिथकों की सततता और सार्वभौमिकता ही उनका तार्किक औचित्य है और इसी में उनकी सफलता।

दूसरी ओर पुरुष के मिथक स्त्री के मिथक के पूरक हैं। यह इसलिए जरूरी हो गया, क्योंकि इसके बिना स्त्री-पुरुष के द्वंद्व को सुलझाया ही नहीं जा सकता था। प्रत्येक अप्राकृतिक मिथक को कारगर होने के लिए एक और अप्राकृतिक मिथक की जरूरत होती है। स्त्री को छाँह साबित करने के लिए पुरुष को पथिक बनना पड़ा। यानी स्त्री स्वभाव से समर्पणशील है, तो पुरुष स्वभाव से ही गतिशील और आक्रामक। जाहिर है, समर्पणशीलता और आक्रामकता परस्पर पूरक हैं : एक के बिना दूसरे की समाई नहीं है। इस तरह पुरुष के मिथक अंततः स्त्री के मिथकों को पुष्ट करने का ही काम करते रहे हैं। दोनों ही अस्वाभाविक हैं—एक खास तरह की संस्कृति की देन और दोनों का बुनियादी काम स्त्री के व्यक्तित्व को अपदार्थ साबित करना है। यह एक ही प्रजाति के दो सदस्यों के बीच नस्लीय फर्क पैदा करने की तरह है। यदि किसी शेर के बच्चे को जन्म से ही समझा दिया जाये कि वह मेमना है, तो वह आजीवन अपने को मेमना ही समझता रहेगा। शुक्र है कि जंगल में स्कूल नहीं हैं। अगर होते, तो वहाँ शेष सभी वन्य पशुओं को यही पढ़ाया जाता कि भगवान ने उन्हें बनाया ही इसलिए है कि वे शेर की भूख मिटा सकें, अतः उन्हें शेर को देख कर भागने की कोशिश नहीं करनी चाहिए : खुशी-खुशी अपने को समर्पित कर देना चाहिए।

मिथक की शक्ति का अनुमान इसी से किया जा सकता है कि वैज्ञानिक भी उसके शिकार हो जाते हैं। विकासवाद इसका प्रमाण है। वस्तुतः विकासवाद ने स्त्री संबंधी परंपरागत मिथकों को पुष्ट करने का ही काम किया है। विकासवादी बतलाते हैं कि स्त्री सभ्यता की दौड़ में पीछे रह गयी, क्योंकि आवयविक दृष्टि से वह अस्तित्व के संघर्ष के अनुकूल नहीं थी। आखेट युग, जो मनुष्यता के इतिहास में संभवतः कई लाख वर्ष तक फैला हुआ है, पुरुष के ज्यादा अनुकूल था, क्योंकि वह तेजी से दौड़ सकता था और दक्षता के साथ शिकार कर सकता था, लेकिन स्त्री ऐसा नहीं कर सकती थी। गर्भावस्था के दिनों में वह और भी लाचार हो जाती थी। विकासवादी वैज्ञानिक हर्बर्ट स्पेंसर की मान्यता है कि चूँकि शिशु को जन्म देने और उसके पालन-पोषण में स्त्री की प्रत्यक्ष हिस्सेदारी बहुत ज्यादा है, इसलिए वह सभ्यता की दौड़ में पुरुष से पिछड़ जाती है। कहना न होगा कि यहाँ सभ्यता का अर्थ ताकत है। सभ्यता के दूसरा अर्थ यानी भौतिक विकास को भी लिया जाये, तो भी स्त्रियों के पिछड़ने का यह तर्क अपर्याप्त लगता है। जाहिर है, स्त्रियाँ तेजी से दौड़ नहीं सकतीं—यह धारणा 'सुसंस्कृत' गृहिणियों' को देख कर पैदा होती है। लेकिन तथ्य गवाह है कि यदि स्त्री को समान अवसर मिले तो वह पुरुषों से ज्यादा पीछे नहीं रह सकतीं। ओलिंपिक के रेकार्ड इसके गवाह हैं। ओलिंपिक प्रतियोगिताओं में

100 मीटर की दौड़ में पुरुषों का रेकार्ड 9.83 सेकंड (1984) का है और स्त्रियों का रेकार्ड 10.76 सेकेंड (1984) का। यानी स्त्री की अधिकतम रफ्तार पुरुष की अधिकतम रफ्तार से सिर्फ 17.94 प्रतिशत कम है। लेकिन 10 हजार मीटर की दौड़ में यह फर्क लगभग आधा हो जाता है। 10 हजार मीटर की दौड़ में पुरुषों का अब तक का रेकॉर्ड है 27 मिनट 13.81 सेकंड और स्त्रियों का 30 मिनट 13.74 सेकंड। यानी स्त्री की अधिकतम रफ्तार पुरुष से सिर्फ 9.95 प्रतिशत कम है। क्या 9.95 प्रतिशत की कमी स्त्री और पुरुष की दौड़ने की क्षमता में किसी बड़े, मूलभूत फर्क की ओर इशारा करती है ? फिर यह सर्वोच्च अंतर्राष्ट्रीय रेकॉर्ड का मामला है। औसत के स्तर पर यह फर्क और भी कम हो सकता है। बल्कि कम हो जाता है। इससे भी महत्वपूर्ण बात यह है कि स्त्रियों की रफ्तार स्थिर नहीं है। वह पिछले पाँच दशकों में लगातार बढ़ती गयी है। उदाहरण के लिए 100 मीटर की दूरी स्त्री द्वारा तय करने का रेकॉर्ड 1928 में 12.2 सेकंड था, जो 1984 में घट कर 10.97 सेकंड रह गया। 800 मीटर की दूरी में यह फर्क इस प्रकार रहा : 1928 में 4 मिनट 16.8 सेकंड और 1984 में 1 मिनट 57:60 सेकंड। इससे क्या हम यह अनुमान नहीं लगा सकते कि आदिम युग में, जब विषमता नहीं थी या न्यूनतम थी तथा स्त्री को बलपूर्वक सुकुमार नहीं किया जाता था, तब वह भी पुरुष की तरह ही हृष्ट-पुष्ट होती होगी—उतनी ही सक्षम, उतनी ही चुस्त और शायद उतनी ही हिंसक भी ?

यह सच है कि मांसपेशियों की शक्ति के लिहाज से स्त्री पुरुष से कुछ कम शक्तिशाली है और शिकार करने के लिए सिर्फ दौड़ना नहीं पड़ता, बल्कि शारीरिक स्तर पर निपटना भी पड़ता है, लेकिन यह फर्क भी प्राकृतिक रूप से इतना ज्यादा नहीं है (चक्का फेंकने—डिस्कस—में तो स्त्रियों का ही विश्व रेकॉर्ड पुरुषों से बेहतर है) कि स्त्री को विकलांग मान लिया जाये। फिर, हमें यह भी नहीं भूलना चाहिए कि निश्चय ही शिकार का काम सामूहिक होता होगा, इसलिए शिकार टोली के विभिन्न सदस्यों की क्षमताओं में 10-20 प्रतिशत का फर्क निर्णायक महत्व का नहीं होता होगा। फिर मनुष्य शुद्ध रूप से मांसाहारी प्राणी नहीं रहा है। वह उतना ही शाकाहारी भी था, जितना मांसाहारी। बल्कि पहले तो वह शाकाहारी ही था। मांसाहारी बाद में बना। और, फल-कंद संग्रह करने में स्त्री शारीरिक रूप से उतनी ही सक्षम रही होगी, जितना कि पुरुष—बल्कि कुछ मामलों में तो उससे ज्यादा ही, क्योंकि स्त्री की मांसपेशियाँ ज्यादा लचीली होती हैं। अतः शारीरिक दुर्बलता का मिथक स्त्री की कमजोर सामाजिक हैसियत का कोई स्पष्टीकरण नहीं देता। सच्चाई शायद उलटी ही है : पहले स्त्री की हैसियत कमजोर हुई, फिर वह शारीरिक रूप से दुर्बल होने लगी। आज भी अधिकांश परिवारों में पुरुष स्त्री की अपेक्षा ज्यादा और बेहतर खाते-पीते हैं और कुल मिला कर स्त्रियाँ पुरुषों से ज्यादा शारीरिक श्रम करती हैं।

यदि यह स्वीकार भी कर लिया जाये कि स्त्री पुरुष की तुलना में शारीरिक

रूप से हीन है, तब भी स्त्री की हीन सामाजिक स्थिति—न केवल सामाजिक स्थिति, बल्कि पारिवारिक स्थिति भी—के अब भी जारी रहने का कोई तार्किक औचित्य नहीं दिखाई देता। शारीरिक बल के वर्चस्व का जमाना कभी का बीत चुका है। टेक्नोलॉजी के विकास ने मांसपेशियों की शक्ति को लगभग अप्रासंगिक बना दिया है। अब तो युद्ध में भी निजी बल या शौर्य का कोई महत्व नहीं रहा। राजनीतिक-आर्थिक जीवन में तो यह बिल्कुल ही व्यर्थ है : एक मरियल-सा व्यक्ति भी प्रधान मंत्री हो कर (कृपया नरसिंह राव का व्यक्तित्व याद करें) पूरे राष्ट्र का जीवन अनुशासित कर सकता है। वस्तुतः सभ्यता के विकास की रेखा ही यही है : वह शरीर से शुरू होता है, लेकिन शरीर पर ही समाप्त नहीं हो जाता। यदि शारीरिक बल ही निर्णायक होता, तो फिर पहलवान ही पूँजीपति होते, पहलवान ही प्रधान मंत्री और पहलवान ही फिल्म स्टार। अतः शरीर को नाप कर इतिहास लिखने की कोशिश करना शरीर को उससे ज्यादा महत्व देना है, जिसके वह लायक है।

स्त्री की वास्तविक बाधा वही है, जिसके लिए दुनिया भर में उसकी पूजा होती है। यानी उसका मातृत्व। संभोग करने के बाद पुरुष फारिग हो जाता है। लेकिन यदि वह गर्भाधान की ओर ले गया, तो स्त्री की एक नयी यात्रा का प्रारंभ बिंदु हो जाता है। यानी, संभोग स्त्री के लिए सिर्फ आनंद का उत्स नहीं है : कर्तव्य की शुरुआत भी है। फिर अपने आकार के प्राणियों में मनुष्य का गर्भाधान ही नहीं, उसका बचपन भी सबसे लंबा होता है। अभी हाल तक बच्चे पाँच-छह साल की उम्र हो जाने तक माँ का दूध पीते थे, हालाँकि अब जो व्यवस्था बन रही है, उसमें (कष्टहीन) जन्म देने के बाद (और वह भी अकसर बिना किसी कष्ट के : एनीस्थीसिया बीमारों के लिए बनी थी, लेकिन अब प्रसव को भी बीमारी की ही कोटि की चीज माना जाता है) माँ-बाप से बच्चे का संबंध क्षीणतर होता जाता है। कह सकते हैं कि जिस हद तक स्त्री मातृत्व के कर्तव्यों से मुक्त हुई है, उस हद तक वह उस प्राकृतिक श्रम विभाजन का अतिक्रमण कर सकी है, जिसे मार्क्स ने सृष्टि का पहला श्रम विभाजन कहा है। लेकिन क्या इसे हम ठीक-ठीक श्रम विभाजन कह सकते हैं ? सच्चा श्रम विभाजन वह है, जिसमें चुनाव की छूट हो, वरण की आजादी हो, भूमिकाएँ अदली-बदली जा सकती हों। मातृत्व के साथ ऐसा नहीं है। अतः मानव-निर्मित कोटियों को देखते हुए यह एक दमनकारी विभाजन या प्राकृतिक अन्याय लग सकता है। समानता का प्रचलित विचार भी यही सिखाता है : जब पुरुष गर्भ धारण नहीं करते, तो स्त्रियाँ ही क्यों करें ? गर्भाशय स्त्रियों का सबसे बड़ा शत्रु है।

लेकिन गर्भाशय के प्रति यह दृष्टिकोण एक आधुनिक दृष्टिकोण है। कभी वह समय भी था, जब इसी के कारण स्त्री समाज में शक्तिशाली थी। तब गर्भवती स्त्री सम्मान, श्रद्धा, आश्चर्य, कौतूहल और शायद भय की भी सृष्टि करती होगी।

वह मनुष्य को जन्म देनेवाली रहस्यमय शक्तियों का प्रत्यक्ष प्रतिनिधि थी। प्रजनन क्षमता के कारण परिवार उसी के नाम से जाना जाता था। संभवतः विवाह संस्था ने स्त्री के मातृत्व को उसका वास्तविक बंधन बनाने में मदद की। स्त्री की स्थिति एक बाधाग्रस्त (हैंडिकैप्ड) प्राणी की तरह हो गयी। हमें भूलना नहीं चाहिए कि आधुनिक युग के पूर्व एक स्त्री को अपने पूरे जीवन में दस-दस, बारह-बारह बच्चे पैदा करने पड़ते थे। जाहिर है, इसके कारण भी स्त्री का मानसिक विकास अवरुद्ध हुआ होगा। लेकिन क्या यह जरूरी था ? गर्भावस्था या प्रसूतावस्था क्या सचमुच ऐसी असुविधाएँ हैं, जिनके कारण मनुष्य का जीवन गंभीर रूप से बाधाग्रस्त हो जाये ? क्या वह उस अवस्था में भी बहुत-से ऐसे काम नहीं कर सकती थी, जिनसे उसका जीवन उपयोगी और समाज का जीवन सार्थक ? अतः यह कहना कि प्रजनन के कारण स्त्री का जीवन सीमित करना संभव हुआ, एक अर्धसत्य है। ज्यादा से ज्यादा यह कह सकते हैं कि इसके कारण पुरुष को अपनी दमनकारी व्यवस्था बनाने में सुविधा हुई। शिक्षा, संपत्ति आदि से वंचित स्त्री का गर्भाशय उसके खिलाफ उससे ज्यादा चला गया, जितना प्राकृतिक रूप से तर्कसम्मत प्रतीत होता है। यह शरीर की हार नहीं, बल्कि शोषण की जीत थी।

विकास किसे कहते हैं ? क्या यह भी कुछ हद तक एक मिथक नहीं है ? आदिवासी समाजों को हम पिछड़ा हुआ और अविकसित मानते हैं। निश्चय ही वहाँ जीवन एक कठिन संघर्ष है। बीमारियों से कोई सुरक्षा नहीं है, न टेक्नोलॉजी के कारण मिलनेवाली सुविधाएँ हैं। फिर भी आदिवासी स्त्री की हालत अधिकांश सभ्य समाजों की स्त्री की तुलना में कई दरजा बेहतर है। इस दृष्टि से क्या हम आदिवासी समाज को सभ्य समाज की तुलना में समुन्नत नहीं कह सकते ? विकास का अर्थ यदि सिर्फ भौतिक सुख-सुविधाओं की वृद्धि नहीं है—उसके सामाजिक, सांस्कृतिक पहलू भी हैं, तो हमें ऐसी अनेक चीजों के बारे में पुनर्विचार करना होगा, जो तत्वतः बुरी हैं, लेकिन जिनके कारण मानव समाज भौतिक दृष्टि से समृद्ध हुआ है। उदाहरण के लिए दास प्रथा। मार्क्सवादी मानते हैं कि दास प्रथा ने 'सरप्लस' (अतिरिक्त उत्पादन) मुहैया कराया, इसलिए विकास में उसकी एक प्रगतिशील भूमिका है। 'मानव सभ्यता का विकास' में रामविलास शर्मा लिखते हैं : '...जिस बर्बर अवस्था से निकल कर प्राचीन समाज सभ्यता की ओर बढ़े हैं, उसमें युद्ध के बंदियों को गुलाम बना कर अपने समाज की श्रम शक्ति बढ़ाना उनके लिए स्वाभाविक क्रिया था।' (पृष्ठ 73) इसके पूर्व वे बता चुके हैं कि 'इसका कारण यह है कि दास प्रथा सामूहिक उत्पादन और सामूहिक स्वामित्ववाले प्राचीन कबीलों में पैदा हुई थी। नर मांस-भक्षण और नरमेध के मुकाबले में वह एक प्रगतिशील प्रथा थी।' (पृष्ठ 12) यानी दास प्रथा भी प्रगतिशील थी, क्योंकि वह नरमेध का विकल्प थी। इसी प्रगतिशील दृष्टि के कारण सामंतवाद और पूँजीवाद में भी प्रगतिशील तत्व ढूँढ़ लिये जाते हैं। उस समय

का दास हमारी इस प्रगतिशील व्याख्या को पढ़े, तो उसकी क्या प्रतिक्रिया होगी ? लेकिन गुलाम बनाने को हम प्रगतिशील के साथ-साथ स्वाभाविक भी मानते हैं, तो स्पष्ट है कि मानव स्वभाव की किस व्याख्या को हम प्रतिष्ठित कर रहे हैं। फिर तो अंग्रेजों का भारत आना और इसे अपना उपनिवेश बनाना भी प्रगतिशील, स्वाभाविक और इसलिए समर्थन-योग्य था। दिलचस्प यह है कि बहुत-से लोंग ऐसा मानते भी हैं। वस्तुतः जीवन में हमारे सामने हमेशा दो प्रकार के विकल्प होते हैं : एक सत्ता का; और दो, नैतिक संघर्ष का। शायद बर्बर मनुष्य से नैतिक चुनाव की माँग नहीं की जा सकती, लेकिन आज तो हम बर्बर नहीं हैं, अतः उन फैसलों की नैतिक समीक्षा तो कर ही सकते हैं जो हमारे पूर्वजों ने किये थे। यदि दास प्रथा अस्तित्व में नहीं लायी गयी होती, तो क्या विकास की दिशा कुछ और नहीं हुई होती ? जाहिर है, दास प्रथा से ही आदिम मनुष्य को यह प्रेरणा मिली होगी कि जो दास नहीं हैं, उनमें भी एक तरह की दास प्रथा विकसित की जा सकती है। वस्तुतः ऐतिहासिक अनिवार्यता का सिद्धांत मानना यह स्वीकार करना है कि मनुष्य आज जैसा है, उसे वैसा ही होना था। लेकिन पीड़ित वर्गों के लोग ऐसे किसी सिद्धांत को वैध क्यों मानें ?

दास प्रथा जैसे तर्कों के ही आधार पर विकासवादी विद्वान और चिंतक स्त्री की परंपरागत भूमिका का औचित्य खोजते हैं और स्थापित करते रहे हैं। स्त्री चूँकि शरीर से दुर्बल है और गर्भाधान तथा प्रसवोत्तर दायित्वों के कारण अपना बौद्धिक एवं सांस्कृतिक विकास करने में असमर्थ है, अतः उसे पुरुष की तुलना में हीनतर प्राणी होना ही था। यद्यपि प्रकृति में इस बात के उदाहरण नहीं मिलते कि संतान संबंधी जैविक श्रम विभाजन के कारण मादा नर से किसी भी प्रकार से हीन हो जाती है, फिर भी यह मिथक बरकरार रखा गया, क्योंकि इसी से स्त्री की सामाजिक यथास्थिति को कायम रखा जा सकता था। जीवविज्ञानियों ने बताया है कि स्त्री मानव प्रजाति को बनाये रखने के लिए अपने को होम कर देती है, लेकिन यह सच्चाई नहीं है। उसे बच्चा पैदा करने की मशीन बना दिया गया है। आत्मत्याग उसे कहते हैं, जो नहीं भी किया जा सकता है। क्या स्त्री को यह स्वतंत्रता रही है ? फिर, स्त्री के त्याग का क्या अर्थ है ? निस्संदेह पुरुष के तथाकथित विकास का रहस्य यही है। जिस तरह दास प्रथा ने हजारों वर्षों तक न्यूनतम मूल्य पर अतिरिक्त मानव श्रम उपलब्ध कराया, उसी तरह स्त्रियाँ भी बिना किसी माँग या प्रतिदान के सभ्यता के रथ का पहिया घसीटती रही हैं। इसी के कारण पुरुष को इतना अतिरिक्त समय मिला है कि वह अपनी भौतिक और सांस्कृतिक स्थिति को सुधार सके। कहा गया है कि प्रत्येक सफल व्यक्ति के पीछे एक स्त्री होती है। इसे यों कहना चाहिए कि प्रत्येक सफल व्यक्ति के पीछे एक विफल स्त्री होती है। यह जितना व्यक्ति के स्तर पर सही है, उतना ही समूह के स्तर पर भी।

वैज्ञानिक प्रगति के कारण कम-से-कम एक मिथक अपनी चमक खो चुका

है। टेक्नोलॉजी के कारण अब शारीरिक बल का कोई महत्व नहीं रहा। सभी भारी काम अब मशीनों द्वारा किये जाते हैं या किये जा सकते हैं। अतः अब शारीरिक दुर्बलता का तर्क स्त्री को पिछड़ा हुआ रखने के लिए काफी नहीं है। स्त्री-पुरुष बराबरी अब ज्यादा संभव होनी चाहिए। इसके बावजूद स्त्री और पुरुष के बीच सत्ता के संबंध बदले नहीं हैं, तो इसके कारण जैविक नहीं, सामाजिक ही होने चाहिए। स्त्री की जैविक विवशता यानी यौन क्रिया और गर्भाधान के लगभग अनिवार्य संबंध पर भी काफी हद तक काबू पाया जा चुका है। लेकिन इसके कारण स्त्री की दासतां बढ़ी भी है। जब तक जन्म नियंत्रण के कृत्रिम साधन सुलभ नहीं थे, जब तक पुरुष की कामुकता पर एक तरह का नियंत्रण था। अब यह नियंत्रण लगभग समाप्त हो चुका है। इससे समाज में एक नये मिथक का जन्म हुआ है। जितना ज्यादा बार या जितने अधिक ढंग से संभोग, जीवन उतना ही सुखी। आधुनिक स्त्री पर इस मिथक की मार इतनी जबरदरत है कि वह इतिहास में पहली बार पूर्णतः यौन उपकरण बन गयी है। विचार और प्रचार, दोनों ओर से यौन क्रिया के पक्ष में इतना धुआँधार अभियान चल रहा है कि जो स्त्री यौन अनुशासन की माँग करती है, उसे झट पिछड़ा हुआ, वर्जनाग्रस्त या काम-शीतल (फ्रिजिड) मान लिया जाता है। प्रकृति पर विजय ने जिस तरह जीवन के अन्य क्षेत्रों में उच्छृंखल उपभोगवाद को जन्म दिया है, उसी तरह जन्म नियंत्रण के सुलभ साधनों ने स्त्री-पुरुष संबंध में भोगवाद को दार्शनिक प्रतिष्ठा दी है। सेक्स का जितना विमथकीकरण हुआ है, उसके इर्द-गिर्द उतने ही नये मिथक खड़े हो गये हैं। स्त्री फिर मिथक है : एक नये ढंग का यौन मिथक, जो उसकी स्वतंत्रता को नये ढंग से सीमित करता है। व्यावसायिक संस्कृति इसमें एक मुख्य और निर्णायक भूमिक निभा रही है। यह संस्कृति यौन अपील को केंद्र में रख कर हर चीज का बाजारीकरण कर रही है। युवा स्त्री की सुंदर देह आज की सभ्यता का सबसे बड़ा पोस्टर है।

11. सुंदरता का शास्त्र

एक

दुनिया भर में औरतों की चापलूसी में जितना साहित्य लिखा गया है, शायद राजाओं, साधकों और क्रांतिकारियों की प्रशंसा में भी उतना नहीं लिखा गया होगा। इसी के साथ ही यह भी सच है कि दुनिया भर में औरतों का जितना शोषण हुआ है, उतना शायद ही किसी और वर्ग का हुआ होगा। इससे अगर हम यह निष्कर्ष निकालें कि औरतों की चापलूसी और उन्हें गुलाम बनाने की इच्छा, दोनों एक ही सिक्के के दो पहलू हैं, तो कुछ गलत नहीं होगा। जब तक औरत हमारे वश में नहीं आती, तब तक उसकी असीमित चापलूसी और जब वह हमें स्वीकार कर लेती है, तब उस पर हुक्म चलाना–यह प्रक्रिया उतनी ही पुरानी है, जितना वन्य अवस्था को त्याग कर सुव्यवस्थित और सभ्य ढंग से जीने का हमारा इतिहास। विवाहित औरतों की तारीफ में कितनी कविताएँ लिखी गयी हैं ? क्या किसी पुरुष को जीवन साथी के रूप में स्वीकार कर लेने के बाद औरत का चेहरा चाँद जैसा नहीं रह जाता ? या, उसकी केश-राशि देख कर घटाओं को लज्जित होने की जरूरत नहीं रह जाती ? सच्चाई यह है कि वही चेहरा चन्द्रमा का टुकड़ा दिखाई पड़ता है, जिसकी मुस्कान हमारे आदेश की मोहताज नहीं होती। चापलूसी का इस्तेमाल तभी किया जाता है, जब दूसरे हथियार बेकार हो जाते हैं।

एक हैं सर जेम्स मैथ्यू बारी। या शायद बेरी। मैं नहीं जानता कि वे कौन हैं। लेकिन जब सूक्तियों के एक अंतरर्राष्ट्रीय संकलन में उनका नाम है, तो वे जरूर कोई उल्लेखनीय हस्ती होंगे। सुंदरता के बारे में उन्होंने एक बड़ी मजेदार बात कही है, जिसे पढ़ते ही लगता है कि कितना सच कहा है ! वे फरमाते हैं कि सुंदरता किसी औरत पर वसंत की तरह है। अगर आपके पास यह है, तो आपको और किसी चीज की जरूरत नहीं और अगर यह नहीं है, तो आपके पास और क्या-क्या

है, इससे कोई फर्क नहीं पड़ता। ध्यान दीजिए कि सुंदरता की तुलना किससे की जा रही है। बहार से ! बहार पेड़ों पर आती है और हम जानते हैं कि किसी पेड़ पर बहार आयी हुई है, तो इसमें उसका कोई निजी श्रेय नहीं होता। यह मूलतः एक नैसर्गिक प्रक्रिया है—कोई सांस्कृतिक घटना नहीं। कोई पेड़ फूलों से सुसज्जित है या फलों से लदा है, तो यह पेड़ का अपने चरमोत्कर्ष पर होना है और एक पेड़ के रूप में यही उसकी सार्थकता है। यही उसकी शोभा है, यही उसका मूल्य है। एक सूखा हुआ पेड़ या ठूँठ भी प्रकृति का उतना ही बड़ा सच है, लेकिन हमारे लिए उसकी कोई उपयोगिता नहीं। हम तो उसी पेड़ पर फिदा होंगे, जिस पर बहार आयी हुई है। कहना न होगा कि औरत की भी लगभग यही सामाजिक स्थिति है। सुंदरता ही उसका सामाजिक पासपोर्ट है। अगर वह खूबसूरत है, तो उसे किसी और चीज़ की चिंता करने की जरूरत नहीं। वह अपनी सुंदरता को बनाये रखे, दुनिया की सारी नियामतें उसका चरण-चुम्बन करने के लिए प्रतिद्वंद्विता करती नजर आयेंगी। अगर वह अपनी सुंदरता को ही खो देती है, तो दुनियावी अर्थशास्त्र में उसकी माँग का ग्राफ आधार-रेखा को छूता दिखाई पड़ेगा। निष्कर्ष यह कि औरत को चाहिए कि वह अपनी सांस्कृतिक हैसियत बढ़ाने के बजाय अपनी चमड़ी पर ज्यादा ध्यान दे। उसका अंग-सौष्ठव ही उसका युद्ध क्षेत्र है।

सर जेम्स मैथ्यू बारी (या बेरी) ने अगर उपर्युक्त बात औरतों की वास्तविक स्थिति पर व्यंग्य करने के लिए कही है, तो यह एक बहुत ही सटीक टिप्पणी है। और अगर यह व्यंग्य नहीं, स्त्रियों के संबंध में एक सुचिंतित स्थापना है, तो जाहिर है, यह उस व्यापक और लोकप्रिय दृष्टि का ही एक उदाहरण है, जिसके अनुसार औरत की पहली और अंतिम पहचान उसका शरीर ही है। लेकिन क्या यह कोई स्वीकार्य स्थिति है ? शायद ही कोई स्वाभिमानी औरत यह चाहेगी कि उसका सम्मान उसके गालों की ललाई, उसकी कटि की तीक्ष्णता और उसके वक्ष प्रदेश की सुदृढ़ता के आधार पर किया जाये। अगर ऐसा होता है, तो वह इसे अपने व्यक्तित्व का अपमान समझेगी। सुंदरता अपनी जगह एक सच्चाई है, लेकिन उसकी ओर तारीफ भरी निगाहों से देखना एक बात है और उसे ही स्त्री के मूल्यांकन की एकमात्र कसौटी बना लेना बिलकुल दूसरी बात। लेकिन चूँकि आम तौर पर औरत की स्थिति परजीवी और पराश्रित की रही है, इसलिए वह अपने अवचेतन में हमेशा उन्हीं मूल्यों से परिचालित होती रही है जो पुरुष ने उसके लिए निर्धारित किये हैं। इसी का नतीजा है कि वह सुंदरता को ही अपनी पहचान के रूप में देखने की अभ्यस्त हो चुकी है। यह उसे व्यक्ति से वस्तु बना देता है। और चूँकि वस्तुएँ एक सीमा तक ही आदमी को आकर्षित कर सकती हैं, उसके बाद ऊब पैदा करने लगती हैं, इसलिए औरतें अपने मर्दों की जिंदगी में एक बहुत ही तुच्छ स्थान की अधिकारिणी रही हैं। ज्यादातर खिलौने की तरह, जिसकी फुरसत के समय तो बहुत उपयोगिता होती है, किन्तु काम

के वक्त या संकट की घड़ी में जिसकी ओर आँख उठा कर देखने की भी इच्छा नहीं करती। इससे औरत और मर्द, दोनों की जिन्दगी में एक परस्परानुपाती खोखलापन आया है।

इतिहास के जानकारों में अकसर एक बहस चलती है कि क्लियोपेट्रा की नाक अगर जरा छोटी होती, तो क्या उसके दौर में इतिहास का प्रवाह कुछ और होता ? इस तरह की बहस सिर्फ क्लियोपेट्रा के संदर्भ में ही उठती है—किसी दूसरी औरत को ले कर नहीं, शायद यही अपने आपमें औरत की खूबसूरती को केन्द्र में रख कर गढ़े गये तमाम मिथकों और सिद्धान्तों को खण्डित करने के लिए काफी है। आखिर क्या कारण है कि मानव इतिहास के काफी लम्बे दौर में ऐसी औरतों की संख्या बहुत नगण्य है, जिनके सौंदर्य ने अपने समकालीन जीवन में गहरी हलचल मचायी है ? क्लियोपेट्रा भी सिर्फ सुंदर होती—रानी न होती, तब भी क्या उसकी नाक का यही महत्व होता ? सुंदरता के साथ सबसे बड़ी विडंबना यह है कि अपने आपमें इसके पास आकर्षण तो प्रचण्ड है, किन्तु इस आकर्षण को बरकरार रखने के मामले में यह अकेले अक्षम है। इसके लिए उसे व्यक्तित्व के दूसरे गुणों का मुखापेक्षी होना पड़ता है। यही वह बिन्दु है, जहाँ उस विभाजन का मतलब समझ में आता है, जिसे बाह्य और आभ्यंतर सौंदर्य कहते हैं। कोई औरत, जो सिर्फ सुंदर है, उस कलम की तरह है, जिसकी शोभा निस्सीम है, लेकिन जो लिखने के लिहाज से बेकार है। यह सच है कि किसी औरत की तुलना लिखने या न लिखनेवाली कलम से करना भी एक बेहूदगी ही है, क्योंकि यह भी कहीं न कहीं व्यक्ति को औजार के रूप में देखने की प्रवृत्ति का ही अंग है। लेकिन यहाँ आशय व्यक्ति की अंतर्निहित स्वायत्तता से नहीं, बल्कि उसके सामाजिक, या कह सकते हैं, अंरवैयक्तिक संदर्भों से है, जिनके द्वारा उसका व्यक्तित्व पूर्ण होता है। क्लियोपेट्रा भी अगर सिर्फ सुंदर होती, तो वह कवियों और कलाकारों के ज्यादा काम की होती—अपने समय की राजनीति को उस तरह प्रभावित नहीं कर पाती, जैसे उसने किया।

अभी हाल ही में पश्चिम की औरतों का एक वर्ग उस दौर से गुजरा है, जिसे हम सुंदरता-विरोधी दौर कह सकते हैं। जिन वस्तुओं को औरतें अब तक अपनी सम्पत्ति मानती आयी थीं, वे ही अचानक बोझ की तरह दिखाई पड़ने लगीं। सौंदर्य प्रसाधनों को लात मार दी गयी, चोलियाँ कूड़ेदानी में फेंक दी गयीं, बाल रूखे-सूखे रहने लगे और कपड़ों का यह हाल बना कि फटा-चीथड़ा जो उठा लिया, वही पहन लिया। लेकिन यह सुंदरता विरोधी अभियान बहुत जल्द उतर गया। अब उसके अवशेष ही रह गये हैं। दरअसल, यह भोगवादी संस्कृति की एकरूपता से उपजी जबरदस्त ऊब की स्वाभाविक प्रतिक्रिया थी। पुरुषों को एक नये प्रकार के सौंदर्य की आवश्यकता महसूस हो रही थी—बनजारा सौंदर्य की, जो अपनी असाधारणता के कारण सुंदर लगे। शोभा और अलंकार से घबराया हुआ मन आदिवासी सौंदर्य की कामना कर

रहा था। पूँजीवादी संस्कृति की विशेषता यही है कि यहाँ हर इच्छा को तर्क का जामा पहना कर पेश किया जाता है। इसलिए हिप्पीवाद का एक नया दर्शन पेश किया गया। लेकिन अब यह ज्वार उतर चुका है। स्त्रियाँ फिर सजने-सँवरने लगी हैं। उन्होंने देख लिया है कि बनजारापन पुरुषों को बहुत देर तक नहीं लुभा सकता। हाँ, विद्रोही पीढ़ी की प्रतिध्वनियों ने इतना जरूर किया है कि हर औरत अब अपने ढंग से विशिष्ट होने की कोशिश करती है। लेकिन सवाल तो यह है कि विशिष्ट दिखाने के सारे उपादान वहीं से आते हैं, जहाँ से सबकी जिंदगी को एक ही रंग में रँग देने का सुनियोजित अभियान चल रहा है। यानी फैशन। गरज यह कि विशिष्टता भी सामान्यता का ही एक कौशल है।

आखिर कोई भी औरत अपनी सुंदरता को विशिष्ट ढंग से प्रक्षेपित क्यों करना चाहती है ? क्या बुनियादी तौर पर सभी औरतें एक जैसी नहीं होतीं ? यहाँ हम शायद एक बहुत ही खतरनाक बहस में फँसने जा रहे हैं। दुनिया की सभी औरतें एक जैसी होती हैं, क्योंकि वे एक ही प्रजाति की सदस्य हैं। कहना न होगा कि यह अस्तित्व का जैविकीय स्तर है। हालाँकि फर्क इस स्तर पर भी होते हैं और हम इससे अवगत भी हैं, लेकिन कुछ ऐसी सामान्य विशेषताएँ हैं, जो औरत को परिभाषित करती हैं। लेकिन परिभाषा का कार्य न्यूनतम का निर्धारण है। अर्थात कम से कम इतनी विशेषताएँ मौजूद हों, तो कोई व्यक्ति औरत है। लेकिन मनुष्य होने की खूबी ही यह है कि हम लगातार विकास करते हैं। शारीरिक विकास एक सीमा के बाद अवरुद्ध हो जाता है और उसकी विविधताओं को पहचान के संदर्भ में ही ज्यादा लिया जाता है न कि उपलब्धि के रूप में। किन्तु सांस्कृतिक विकास की कोई सीमा रेखा नहीं है। यह दौड़ की प्रतिद्वंद्विता नहीं है कि अमुक बिंदु (लक्ष्य) छू कर धावक को रुक जाना है। इस स्तर पर, पुरुषों की तरह, औरतों के भी सैकड़ों स्तर हो सकते हैं, बल्कि कहना चाहिए कि हैं। तो क्या सुंदरता भी इन्हीं स्तरों में से एक है ?

नहीं। सुंदरता कोई मूल्य नहीं, किसी खास समय में किन्हीं खास शर्तों को पूरा करने की स्थिति है। कम से कम शारीरिक सुंदरता के बारे में तो, जिसकी चर्चा यहाँ की जा रही है, यह शत-प्रतिशत सत्य है। यह सत्य है कि सुंदरता के भी कुछ नियम बनाये जा सकते हैं (सौंदर्य प्रतियोगिताओं में और क्या होता है !), जैसे अमुक-अमुक अंगों का अनुपात यह होना चाहिए, लेकिन हमें यह नहीं भूलना चाहिए कि इस तरह के नियम न तो स्थायी हो सकते हैं और न ही उनका कोई सार्वदेशिक पैटर्न हो सकता है। जरूरी नहीं कि जो औरत भारत में सुंदर मानी जाये, वह स्वीडन में भी उतने ही अंक पाये। यानी सुंदरता एक सापेक्ष गुण है। लेकिन जब औरतें अपनी सुंदरता को निजी ढंग से प्रक्षेपित करना शुरू करती हैं, तो वे अपने को एक व्यापारिक वस्तु में बदल रही होती हैं, जो सिर्फ तत्व से नहीं, विज्ञापन से चलता-

है। सुंदर दिखने का प्रयत्न करना यह साबित करता है कि मेरा मूल्यांकन उसके आधार पर मत करो जो मैं हूँ, बल्कि इस आधार पर करो कि मैं कैसी दिखती हूँ। जाहिर है, दिखने में जोर उस पर नहीं रहता, जो दिख रहा है, बल्कि खिसक कर उस पर चला जाता है, जो देख रहा है। इस तरह सुंदर दिखने का महत्व व्यक्ति के संदर्भ में नहीं रह जाता, बल्कि वह अलग से अपनी एक हैसियत बना लेता है। माल बनना और किसे कहते हैं ? स्त्रियों को सुंदर दिखने के लिए प्रोत्साहित कर पुरुष वर्ग एक तरह से हर वक्त उनका निरीक्षक (एग्जामिनर) बना रहता है और औरत की हैसियत उस छात्र जैसी हो जाती है, जिसे परीक्षा कक्ष से निकलने की इजाजत नहीं है। जाहिर है, सुंदरता एक तरह का कैदखाना है जिससे निकलने के बाद ही औरत मुक्त हो सकती है, क्योंकि उसके बाद वह एक व्यक्ति की तरह पेश आना चाहेगी और यहीं से पुरुष की तानाशाही का तिलस्म टूटना शुरू हो जाता है।

आखिर क्या कारण है कि श्रमिक वर्ग की औरतों में सुंदर दिखने की चाह उतनी सबल नहीं होती, जितनी उच्च और मध्य वर्ग की औरतों में ? एक किसान की औरत या मजदूर की बीवी और सुविधाभोगी वर्ग की औरतों में सबसे बुनियादी फर्क शायद यही है कि एक की भौतिक उपयोगिता अभी समाप्त नहीं हुई है और दूसरी सिर्फ विलासिता का सामान है। यों चीजें सुंदर न हों, तब भी काम चल जाता है। कहावत है कि घी का लड्डू टेढ़ा भला। लेकिन बैठकखाने में सजाने के लिए खरीदी गयी मूर्ति में कोई दाग नहीं होना चाहिए। उच्च-मध्य वर्ग की औरतों की आम हालत यही है। अगर वे सजने-सँवरने से इनकार कर देती हैं, तो उनकी कीमत खत्म हो जाती है। उनका आत्यंतिक मूल्य कम है, सजावटी मूल्य (फेस वैल्यू) ज्यादा। इसी लिए भौतिक दृष्टि से संपन्नता के सारे लाभ उठाते हुए भी वे कहीं ज्यादा पराधीन होती हैं। वे अपनी मर्जी के रास्ते पर तभी चल सकती हैं, जब या तो खुद प्रचुर कमाती हों या उनके पास काफी पैतृक संपत्ति हो। इसके विपरीत, श्रमिक वर्ग की औरत अपने परिवार में उतनी ही अहमियत रखती है, जितना उसका कमाऊ पति।

इसके साथ ही, यह भी सच है कि मानव शरीर की सुंदरता को एक मूल्य के तौर पर स्थापित करने की चेष्टा जितनी एकांगी और हास्यास्पद है, उसकी प्रतिक्रिया से जनमी यह धारणा भी कि सुंदरता को परे रख कर ही हमें किसी व्यक्ति के संदर्भ में सोचना चाहिए, अमनोवैज्ञानिक और शुष्क है। सुंदरता हमें आकर्षित करती है—चाहे वह वस्तुओं में हो, वस्तुओं की व्यवस्था में या मानव शरीर के संतुलन में। बेडौल, बहुत ही मोटा या एकदम सींकिया शरीर हमारे मन में प्रतिकूल प्रतिक्रियाएँ पैदा करता है। इसके विपरीत, सुंदर नाक-नक्श, संतुलित आकृति और मोहक अवयव हमारी आँखों को ठंडक प्रदान करते हैं। यह एक स्वाभाविक स्थिति है। स्त्री की सुंदरता

की तो एक जैविक भूमिका भी है। लेकिन खतरा भी शायद यही है, क्योंकि यह स्थिति स्वाभाविक है—सांस्कृतिक नहीं। यह हमें याद दिलाता है कि हम मनुष्य नामक प्राणी हैं यानी शरीर के तल से ऊपर नहीं उठ पाये हैं। शरीर के स्तर पर होना कोई बुरी बात नहीं है। इसके अपने मजे हैं और अपनी अहमियत भी है। शरीर को छोड़ कर हम हम नहीं रह जाते। लेकिन क्या इसीलिए हमें इसे ही सब कुछ मान लेना होगा ? मनुष्यता की यात्रा शायद वहीं से शुरू होती है, जहाँ से हम शारीरिक सीमाओं का अतिक्रमण करते हैं। और उसके बाद किसी की पीठ पर कूबड़ देख कर हँसना असंभव हो जाता है। उसी तरह सिर्फ आवयविक सुंदरता अभिभूत नहीं कर पाती, क्योंकि इस हँसने और अभिभूत होने में कहीं न कहीं शरीर को पदार्थ समझने का भाव भी होता है। मानव शरीर भी पदार्थ है, लेकिन क्या हम उसे सिर्फ पदार्थ मान कर चल सकते हैं—और उसके बाद भी मनुष्य होने का दावा कर सकते हैं ? जिस दार्शनिक ने सुंदर के साथ सत्य और शिव को जोड़ा था, उसने इसी की तरफ इशारा किया था।

दो

हाल ही में दो औरतों के बारे में एक ही जैसी बात सुनने को मिली। उनमें से एक पत्रकार है और दूसरी फिल्म अभिनेत्री। दोनों के बारे में यही टिप्पणी की गयी कि वे सुंदर तो बिलकुल नहीं हैं। पत्रकार की चर्चा का प्रसंग यह था कि वह है तो कुमारी, लेकिन आजकल एक विवाहित व्यक्ति के साथ सार्वजनिक रूप से रहती है, जो उसका बॉस भी है। उसके बारे में मुझे बताया गया कि वह देखने में बिलकुल ही अच्छी नहीं है। अभिनेत्री की चर्चा का प्रसंग उसकी लोकप्रियता का था। इस संदर्भ में बात यह कही जा रही थी कि उसके प्रशंसकों की संख्या ज्यादा नहीं है। इस पर तपाक से सुनने को मिला कि वह सुंदर नहीं है। यानी अपनी इसी अभिनय क्षमता के साथ अगर वह सुंदर भी होती, तो उसके प्रशंसकों की संख्या काफी बड़ी होती।

ये दोनों ही टिप्पणियाँ एक ही व्यक्ति ने की थीं और वे कोई ऐसे-वैसे आदमी नहीं हैं। अत्यंत ही संवेदनशील हैं, स्त्री को 'भोग का सामान' नहीं मानते और उनकी नैतिक चेतना इतनी विकसित है कि उन्हें हम धार्मिक किस्म का आदमी भी मान सकते हैं। फिर भी औरतों की चर्चा के समय उनके मन में यदि यह बात आये बिना नहीं रह सकी कि वे देखने में कैसी हैं—सुंदर हैं या नहीं, तो यह मान कर चलना चाहिए कि मामला उतना आसान नहीं है, जितना कुछ आधुनिकतावादियों ने मान रखा है। यहाँ आधुनिकतावादी शब्द का प्रयोग उसके अच्छे अर्थ में किया

गया है। एक तरह का आधुनिक वह भी है, जिसके लिए औरत सिर्फ आस्वाद की वस्तु है। इसे हम उपभोग की आधुनिकता कह सकते हैं। विचार की आधुनिकता दूसरी है। यहाँ स्त्री भी उतनी ही मनुष्य है, जितना पुरुष। दोनों को एक जैसा दर्जा दिया जाता है और माना जाता है कि दोनों के बीच किसी भी प्रकार के संबंध का आधार एक गहरी नैतिक चेतना होनी चाहिए। लेकिन सवाल तो यह है कि इस नैतिक चेतना के होने से ही क्या औरत की शारीरिक हैसियत बदल जाती है ? क्या दोनों ही तरह की मंडलियों में स्त्री को सबसे पहले स्त्री के रूप में नहीं देखा जाता ? क्या एक कुरूप स्त्री की उपस्थिति से वही प्रतिक्रियाएँ पैदा होंगी, जो एक सुंदर स्त्री के अचानक मौजूद हो जाने से होती हैं ? संत भी शायद सुंदर स्त्रियों की ओर पहले उन्मुख होते हैं।

स्त्री-पुरुष समानता के नारे ने मानव समाज को कई दृष्टियों से उन्नत किया है, लेकिन कुछ गलतफहमियाँ भी फैलायी हैं। इन्हीं गलतफहमियों के कारण आधुनिक स्त्री के मन में यह ख्वाहिश पैदा हुई है कि वह पुरुष जैसी हो जाये। स्त्री यह मान कर चलना चाहती है कि कुछ शारीरिक भेदों को छोड़ दिया जाये, तो उसमें और पुरुष में कोई फर्क नहीं है। इसीलिए जहाँ भी स्त्री को स्त्री की तरह पेश किया जाता है, उसे गुस्सा आ जाता है। यानी आधुनिक स्त्री सबसे पहले अपने स्त्रीत्व को भूल जाना चाहती है। लेकिन प्रकृति ने पुरुष और स्त्री को जो भूमिकाएँ सौंपी हैं, उनके कारण और चाहे जो संभव हो जाये, यही संभव नहीं हो पाता। अपनी तमाम उपलब्धियों के बावजूद स्त्री पाती है कि पुरुष समाज में उसे स्त्री के बतौर ही स्वीकृति मिल सकती है। संभव है, उसे दूसरे कारणों से बड़ी से बड़ी मान्यता मिल जाये, लेकिन उसके बारे में सोचते समय यह भुलाया नहीं जा सकेगा कि वह आखिरकार स्त्री ही है। आधुनिकतावादी स्त्री की कुंठा का एक बड़ा स्रोत यही है। वह स्त्रीत्व से परे जाना चाहती है—क्योंकि उसके सामने बार-बार यही आदर्श रखा जाता है, लेकिन जहाज के पंछी की तरह उसे बार-बार अपने शरीर में वापस लौटना पड़ता है।

वस्तुतः आज भी जब हम किसी स्त्री से सुंदर होने की माँग करते हैं, तो कोई अपनी भोगवादी दृष्टि का परिचय नहीं देते। जो लोग यह समझते हैं कि मानव जीवन का सृजन किसी बड़े उद्देश्य को लक्ष्य में रख कर किया गया है, उन्हें अपने यूटोपिया में रहने की पूरी छूट है। लेकिन सच्चाई के करीब तो यही प्रतीत होता है कि स्त्री और पुरुष जुदा-जुदा इसीलिए बनाये गये हैं, ताकि प्रजनन की प्रक्रिया लगातार जारी रहे। प्रकृति में जहाँ भी जीवन है, वह अपने को बार-बार दुहराना चाहता है। मनुष्य में भी यह इच्छा बुनियादी है—उसके अस्तित्व का अंग है। स्त्री और पुरुष के बीच आकर्षण का रहस्य भी यही है। कुरूप से कुरूप स्त्री भी पुरुष को उससे कहीं ज्यादा आकर्षित करती है, जितना एक सुंदर शक्लवाला युवक।

(समलैंगिकों की बात छोड़ दीजिए, उनकी दुनिया ही और है)। यह कहना कि सौंदर्य मात्र आकर्षित करता है, एक अधूरा सच है। सुंदर फूल, सुंदर कलाकृति, सुंदर भवन या सुंदर झील—इनकी सुंदरता का आकर्षण एक चीज है और स्त्री की सुंदरता का आकर्षण बिलकुल दूसरी चीज। सुंदर फूल की आप तारीफ़ कर सकते हैं, लेकिन उससे आप वह रिश्ता नहीं बना सकते, जो एक भद्दी से भद्दी औरत के साथ बनाना चाहेंगे। इसीलिए कुछ लोगों की मान्यता है कि हर स्त्री सुंदर होती है। संभव है, इसके पीछे स्त्री के मानवीय व्यक्तित्व का सम्मान करने की प्रबल इच्छा हो, लेकिन जैविक स्तर पर यह एक प्रकार की अनिवार्य माँग भी है। स्त्री सुंदर होने के लिए बाध्य है या कहिए अभिशप्त क्योंकि प्रकृति ने हमारे लिए जो योजना बनायी है, उसमें स्त्री की एक महत्वपूर्ण भूमिका है।

कोई भी वैचारिक क्रांति इस बुनियादी सच्चाई को बदल सकेगी, इसमें संदेह है। यही कारण है कि जो स्त्रियाँ 'भोग का सामान' बनने के खिलाफ विद्रोह करती हैं, वे भी सज-सँवर कर रहना पसंद करती हैं। न्याय के बारे में कहा गया है कि वह केवल होना ही नहीं चाहिए, बल्कि उसे होता हुआ दिखाई भी पड़ना चाहिए। इसी तरह स्त्री का सुंदर होना ही जरूरी नहीं है, उसे सुंदर दिखाई भी पड़ना चाहिए। जो स्त्रियाँ सौंदर्य के परंपरागत उपकरणों पर ज्यादा ध्यान नहीं देतीं, उनके बारे में यह मानने का कोई कारण नहीं है कि उन्होंने सुंदर दिखने से इनकार कर दिया है। दरअसल, सुंदरता की कोई एक परिभाषा नहीं होती। वह देश, काल, रुचि, आवश्यकता, आदत आदि विभिन्न तत्वों से प्रभावित होती है। लेकिन उसका सबसे महत्वपूर्ण तत्व है विशिष्टता। दूसरों से अलग दिखाई पड़ने की इच्छा। यह दुर्भाग्य ही है कि आधुनिक युग में एकरूपता के प्रति आग्रह कुछ ज्यादा ही बढ़ रहा है। सभी स्त्रियाँ एक ही तरह से भौंहें बनाना चाहती हैं, एक ही तरह का लेप लगा कर खुश होती हैं, एक ही तरह के कपड़े पहनती हैं। इसी को फैशन कहा जाता है। फैशन का सबसे घटिया पहलू यह है कि सभी लोग एक ही जैसा दिखाई पड़ना चाहते हैं। लेकिन किसी खास फैशन की दौड़ में जितने ज्यादा लोग शामिल हो जाते हैं, वह फैशन उतना ही बेकार हो जाता है, क्योंकि तब वह विशिष्टता का द्योतक नहीं रह जाता, इसीलिए फैशन स्वभाव से ही अल्पायु होता है। वह जैसे-जैसे फैलता जाता है, वैसे-वैसे मरता जाता है। संचार और आवागमन के तेज आधुनिक साधनों ने लोगों को एक-दूसरे के नजदीक ला दिया है। यह भी एक कारण है कि फैशन की उम्र अब और घटती जा रही है।

मुश्किल यह भी है कि फैशन से अलग रहने का फैशन भी ज्यादा दिन नहीं टिक पाता। हिप्पी, बीटल आदि आंदोलनों के माध्यम से स्त्रियों ने सिंगार-पटार से विद्रोह कर दिया था। वे एकदम 'कैजुअल' (अनौपचारिक) हो गयी थीं। क्या यह स्त्री शरीर के गिरते हुए मूल्य के खिलाफ भी एक विद्रोह नहीं था ? क्या इसके

द्वारा कुछ लोग अपने आकर्षण का एक नया शास्त्र नहीं बना रहे थे ? मुझे लगता है कि यह मूलतः पुरुषों का ही विद्रोह था। स्त्री कभी भी परिवार, संतान, समाज आदि के विरुद्ध विद्रोह नहीं कर सकती। वह स्थायित्व और निरंतरता चाहती है। पुरुष भी है तो मूलतः वैसा ही, लेकिन वह अपनी जैविक सत्ता से ऊपर उठने के लिए बराबर कोशिश करता रहता है। यह अकारण नहीं है कि स्त्रियों की तुलना में पुरुष ही ज्यादातर संत और संन्यासी हुए हैं। स्त्री के लिए संन्यासी होना कठिन है। वह सृष्टि के प्रवाह को बनाये रखना चाहती है, जबकि पुरुष उच्छृंखल होता रहता है। यह बात इन पुरुष और स्त्री संन्यासियों के घर को देख कर भी समझ सकते हैं। पुरुष संन्यासी का घर किसी कुँवारे आदमी के घर की तरह बेतरतीब और उखड़ा हुआ मिलेगा, जबकि स्त्री संन्यासी अपने घर में हर चीज को व्यवस्थित और सजा कर रखती है। संन्यासी हो जाने के बाद भी स्त्री अपनी जैविक माँगों से पलायन नहीं कर पाती। उसके सत्य में उसके सुंदर का एक संतुलन बना ही रहता है।

इसका मतलब यह नहीं है कि स्त्री का उत्कर्ष स्त्री होने में ही है। जो ऐसा कहता है, वह स्त्री को जैविक गुलामी की सलाह देता है। सच तो यह है कि जैविक गुलामी को अपनी मुक्ति का मार्ग मान लेने के बाद स्त्री अपनी सभी दूसरी उपयोगिताएँ खो देती है। पुरुष को सिर्फ बिस्तर का साथी नहीं चाहिए, उसे एक अच्छी दोस्त, सहचरी और अपने बच्चों की दक्ष माँ भी चाहिए। लेकिन यह तो स्त्री के उस संबंध की माँगें हुईं, जो वह अपने पुरुष के साथ बनाती है। उसके अलावा भी तो दुनिया में लाखों पुरुष हैं। फिर वह दुनिया में अकेली स्त्री नहीं–उसके अलावा भी लाखों स्त्रियाँ हैं। बच्चों की संख्या भी कम नहीं। इन सबके साथ कोई औरत किस तरह सार्थक रिश्ता बना सकती है ? इसके लिए उसे बेहतर आदमी बनना पड़ेगा। और, बेहतर आदमी बनने के लिए जिन गुणों की दरकार है, उनका स्त्रीत्व की बुनियादी भूमिका से कोई विरोध नहीं है। बल्कि इन गुणों से वह और चमक उठती है। वह दूसरों के लिए जितनी ज्यादा उपयोगी होती जाती है, अपने पुरुष के लिए उतनी ही काम्य हो जाती है।

ऊपर जिस पत्रकार और अभिनेत्री की बात कही गयी है, वे करीब-करीब ऐसी ही औरतें हैं। उन्होंने अपने-अपने स्त्रीत्व का अतिक्रमण किया है, या कहना चाहिए, विकास किया है। इसीलिए असुंदर होने के बावजूद उनका अपना एक आकर्षण है। जब हमारे मित्र उनकी शक्ल पर अपने विचार व्यक्त कर रहे थे, तो वे एक व्यापक स्त्री में एक संकुचित स्त्री को खोज रहे थे। लेकिन यह सिर्फ उनकी बात नहीं है। हम सभी ऐसा करते हैं और सच यह है कि कोई पाप नहीं करते। पाप तब करते हैं, जब उस संकुचित स्त्री को ही सब कुछ मान लेते हैं। लेकिन जो स्त्री अपनी जैविक सीमाओं में ही घिरी रह जाती है, वह भी क्या कुछ कम पाप करती है ?

तीन

सुष्मिता सेन के बाद ऐश्वर्य राय–भारतवासियों के लिए गर्व करना कितना आसान होता जा रहा है। दक्षिण एशियाई मन आम तौर पर इतना पिटता रहता है कि उसकी खुशी का कोई भी अवसर देख कर कुछ कटु सत्यों की याद दिलाना क्रूरता लग सकता है। लेकिन हमारी विश्व सुंदरियों को भी पता होगा कि यह दुनिया कितनी क्रूर हो चुकी है। सौंदर्य की विश्व प्रतियोगिता में अव्वल आना कोई मामूली साधना नहीं है। प्रकृति बहुतों को सौंदर्य प्रदान करती है, किंतु सौंदर्य प्रतियोगिताएँ प्राकृतिक सौंदर्य का मूल्यांकन करने के लिए आयोजित नहीं की जातीं। वहाँ जो सौंदर्य प्रतिद्वंद्विता करता है, उसमें मानवीय कला-कौशल का काफी हाथ रहता है। और, अब तो आयोजक यह भी सिद्ध करने पर तुले हुए हैं कि हम आन्तरिक सौंदर्य भी देखते हैं। लेकिन इसकी कसौटी के रूप में जो सामने आता है, वह विदग्ध किस्म का सवाल-जवाब है। बताया जाता है कि अन्तिम निर्णय इस वाग्वैदिग्ध्य के आधार पर ही होता है। कह सकते हैं कि यह एक और किस्म की चपलता–स्मार्टनेस–की मांग है। जाहिर है, आधुनिक युग में सफल होने के लिए सिर्फ़ बाह्य–यानी शारीरिक और परिधानगत–चपलता काफी नहीं है। मुँह खोलते ही मोती भी झरने चाहिए। यह इस बात का संकेत है कि स्त्री अब पहले की तरह गूँगी गुड़िया के रूप में स्वीकार्य नहीं रही। उसे सामाजिक तौर पर उपस्थित होने योग्य भी बनना पड़ेगा। इस तरह सौंदर्य प्रतियोगिता को एक ऐसी विषम प्रतिद्वंद्विता बना दिया गया है, जिसके लिए लंबी और गहरी तैयारी की जरूरत है। यह सारी प्रक्रिया भीतरी तौर पर एक क्रूर प्रक्रिया नहीं तो क्या है, जिसके तहत हमेशा यह जुगत भिड़ाते रहना पड़ता है कि अपने प्रतिद्वंद्वियों को–जो स्वयं इस प्रक्रिया से गुजर रही होंगी–कैसे परास्त किया जाये। तिस पर असंभव माँग यह है कि प्रतियोगिनी सहज और अविचलित दिखाई दे तथा बाह्य सौंदर्य के साथ-साथ आंतरिक सौंदर्य का भी परिचय दे। निश्चय ही यह हर दृष्टि से एक कठिन कर्म है और किसी भी विश्व सुंदरी को ढेर सारी बधाइयाँ पाने का हक है। लेकिन सौंदर्य के ही हित में इस पर विचार करना भी जरूरी है कि यह सारी कसरत क्या हमारी दुनिया को कुछ असुंदर भी नहीं बना रही है।

इस बात पर बहस बेकार है कि सौंदर्य सिर्फ स्त्री का ही क्यों देखा जाता है। वैसे तो देखा पुरुष का सौंदर्य भी जाता है, किन्तु इसकी चर्चा कम की जाती है। पुरुष की शक्ति तथा अन्य गुणों का बखान ज्यादा होता है। लेकिन स्त्री का परिचय उसकी शक्ल-सूरत के मूल्यांकन के बिना पूरा नहीं माना जाता। इसके गहरे जैविक कारण हैं। स्त्री का सुंदर होना जरूरी है, ताकि प्रकृति ने प्रजननशीलता का जो दायित्व उसे सौंपा है, उसका ठीक से निर्वाह हो सके। जो स्त्री पुरुष को आकर्षित नहीं कर सकती, वह प्रकृति की इस योजना में व्यवधान बनती है। शायद इसी लिए

कहा जाता है कि हर स्त्री सुंदर होती है। लेकिन यह एक अर्धसत्य ही है, जिसे छिपाने के लिए यह जोड़ना पड़ता है कि कुछ स्त्रियाँ ज्यादा सुंदर होती हैं। विडंबना यह है कि स्वयं स्त्रियों को पूरी सच्चाई का कटु एहसास रहता है। इसीलिए सभ्यता की शुरुआत से ही सौंदर्य बढ़ानेवाले उपकरणों की खोज बनी रही है। पुरुषों की सौंदर्य अपेक्षाओं पर खरा उतरने के लिए स्त्रियों को कितनी कुरबानी करनी पड़ी है–इसका इतिहास रोमांचक है। इससे भी ज्यादा रोमांचक हैं वे क्रूरताएँ, जो आधुनिक सौंदर्य उद्योग को बनाये रखने के लिए जरूरी हैं। एक स्त्री के सुंदर बालों को और सुंदर बनाने के लिए जब किसी नये शैम्पू की खोज होती है, तो दर्जनों खरगोशों को प्रयोगशालाओं में अपनी आँखें गँवा देनी पड़ती हैं। लेकिन यह तो औद्योगिक क्रूरता हुई। सुंदरता के निर्धारित मानदंड हासिल करने के लिए स्त्री को अपने साथ पता नहीं कितने प्रकार के अत्याचार करने होते हैं। स्पष्ट है कि सुंदरता अब कोई नैसर्गिक या सांस्कृतिक विशेषता नहीं रही–वह एक कठिन उत्पाद है, जिसमें पूँजी और श्रम, दोनों की भूमिका है और सौंदर्य प्रतियोगिताएँ इन्हीं उत्पादों के तुलनात्मक मूल्यांकन पर आधारित हैं। यानी यह सामाजिक घटना नहीं, बल्कि औद्योगिक घटना है। वस्तुतः इस एक आधार पर ही हम चाहें तो मौजूदा औद्योगिक सभ्यता की केंद्रीय विशेषताओं की परख कर सकते हैं। यह सभ्यता उत्पादों पर और प्रतियोगिता पर आधारित है। इस दुनिया में स्त्री का जा पहुँचना इसे एक आत्यंतिक स्वरूप प्रदान करता है, जिसके बाद शायद कुछ भी शेष नहीं रह जाता।

निस्संदेह उत्पादन और प्रतियोगिता के तत्व हमारे जीवन में भी हैं। एक आदिवासी सभ्यता में भी ये विशेषताएँ दिखाई पड़ती हैं। जीवन को पूर्णतः रचनात्मक और प्रतियोगिता-विहीन बनाना अत्यंत कठिन है। लेकिन औद्योगिकता के मूल्य कुछ और प्रकार की करामात करते हैं। वे सौंदर्य को व्यावसायिक सफलता से जोड़ते हैं और फिर एक तरह का ब्रांड स्थापित करते हैं। मिस यूनिवर्स प्रतियोगिता में ऐश्वर्य राय सिर्फ आधे नंबर से सुष्मिता सेन से पराजित हुई थीं। अब आधे नंबर का फर्क कुछ ऐसा नहीं, जिस पर सभी की निगाह जा सके या व्यक्तिगत तथा सार्वजनिक जीवन में जिसका बहुत महत्व हो। लेकिन इस एक फर्क के कारण ही वे ब्रांड नहीं बन सकीं और सुष्मिता हो गयीं। इस पर हमेशा विवाद रहेगा कि सुंदरता को किस हद तक सांख्यिकी के द्वारा व्यक्त किया जा सकता है। यदि इसके कुछ समर्थ पैमाने बना लिये जायें, तब भी यह प्रश्न तो बचा ही रहता है कि किसी को विश्व सुंदरी घोषित कर सिद्ध क्या किया जा रहा है। किसी को दुनिया का सबसे उदार व्यक्ति या सबसे बुद्धिमान व्यक्ति घोषित कर दिया जाये, तो वह क्या करेगा ? क्या वह इस तमगे को ले कर दुनिया की मंडियों या राजधानियों में घूमता फिरेगा ? या, वह यह महसूस करेगा कि उसकी जिम्मेदारी और बढ़ गयी है तथा उसे अपनी इस प्रशंसा की लाज रखनी चाहिए ? स्पष्टतः गुण गर्व करने के लिए नहीं होते न ही उनका

प्रदर्शन अच्छा माना जाता है। फिर सुंदरता के साथ दूसरी तरह का सलूक क्यों ? सौंदर्य अगर एक उपलब्धि है, तो यह उपलब्धि किसलिए है ? इसकी सामाजिक भूमिका क्या है ? इस सौंदर्य का क्या करना चाहिए ?

यह पूछना इसलिए जरूरी है कि विश्व सुंदरियों का जो उपयोग होता है, उसका सुंदरता की किसी भी स्वस्थ अभिव्यक्ति से कोई संबंध नहीं रखा गया है। विश्व सुंदरियों को किसी भी रचनात्मक या कलात्मक काम में नहीं लगाया जाता। यहाँ तक कि उन्हें सौंदर्य की पाठशालाओं का शिक्षक भी नहीं बनाया जाता, ताकि दूसरी स्त्रियाँ अपना भविष्य बेहतर कर सकें। उनका उपयोग मुख्यतः विज्ञापन जगत के लिए होता है। जिस उत्पाद को किसी विश्व सुंदरी की लोभनीय छवि के साथ जोड़ दिया जाता है, वह स्वयं लोभनीय बन जाती है। टीवी या फ्रिज बिकने चाहिए—लेकिन अपने गुणों के बल पर, न कि किसी सुंदरी की छवि के साहचर्य के कारण। दूसरे शब्दों में, विश्व सुंदरियाँ किसी सौंदर्यशास्त्र की रचना या खोज का उपादान नहीं हैं। वे तो इस औद्योगिक तंत्र को चलानेवाला एक असहाय पुरजा भर हैं। यही कारण है कि विश्व सुंदरी के लिए न तो कविताएँ लिखी जाती हैं और न ही उनके चित्र उकेरने के लिए चित्रकार व्याकुल होते हैं। इस दृष्टि से मोनालिसा की एक मुस्कान अब तक की सारी मिस वर्ल्डों और मिस यूनिवर्सों पर भारी पड़ती है। हाँ, विश्व सुंदरी को प्रचुर धन जरूर मिलता है। जिस सुंदरता का पारितोषिक सिर्फ धन है, आयोजक कम्पनी (संस्था नहीं) की एक साल की नौकरी है और मॉडलिंग यानी राजनीतिक-सामाजिक मॉडलिंग नहीं, औद्योगिक मॉडलिंग के अमीर अवसर हैं और जिसका लक्ष्य सिर्फ माल बेचना है, वह सुंदरता हर तरह से डरावनी होनी चाहिए, क्योंकि उसके माध्यम से सुंदरता के सभी सुषमामूलक पहलुओं का चतुर अपहरण कर लिया गया है। सिर्फ माल से घिरे रह कर अंततः मनुष्य भी क्या माल नहीं बन जाता ? स्त्री को स्त्री रहना चाहिए—लेकिन यह जिद भी करनी चाहिए कि उसका मूल्यांकन त्वचा के आधार पर नहीं, बल्कि मानवीय गुणों के आधार पर हो।

शायद इसी अंदेशे से आज का माल-दर्शन क्रमशः चतुर होता जाता है। इसी लिए सौंदर्य प्रतियोगिताओं में आंतरिक सौंदर्य का मूल्यांकन किये जाने की बात का जोर-शोर से प्रचार किया जा रहा है। सुष्मिता सेन ने जब मातृत्व के मूल्य को स्त्रीत्व का आदर्श बताया, तो निर्णायकों को ही नहीं, दूसरे लोगों को भी प्रसन्नता हुई थी। इसी तरह ऐश्वर्य राय ने जब यह कहा कि विश्व सुंदरी के आदर्श गुण हैं अधिकारहीनों के लिए करुणा तथा मनुष्य द्वारा खड़ी की गयी सीमाओं का अतिक्रमण या अपने देश के 90 करोड़ लोगों को अपना भाई-बहन बताया, तो किसे हर्ष नहीं हुआ होगा। निश्चय ही ये किसी भी व्यक्ति के आंतरिक सौंदर्य की अभिव्यक्तियाँ मानी जानी चाहिए। लेकिन देखने की बात यह होगी कि हमारी इन विश्व सुंदरियों का जीवन इन आदर्शों से कितना संचालित होता है। सुंदरता का मानक मातृत्व की गरिमा है,

तो सौंदर्य प्रतियोगिताओं में सिर्फ कुमारियाँ ही क्यों ? यदि ये बड़ी-बड़ी बातें सिर्फ सार्वजनिक उपभोग के लिए हैं और इनका पालन—यथाशक्य पालन—किसी का भी आन्तरिक लक्ष्य नहीं है, तो क्या इससे दुनिया में सिर्फ पाखंड राशि की वृद्धि नहीं होती ? गौरतलब है कि प्रतियोगिता के वास्तविक समय में सुंदरी का वर्तमान ही देखा जाता है—उससे यह नहीं पूछा जाता कि इन आदर्शों को चरितार्थ करने के लिए आपने अब तक क्या-क्या किया है ? आंतरिक सौंदर्य का प्रकटीकरण सिर्फ सुभाषितों या मधुर वाक्य रचनाओं में नहीं होता। यह ठोस कर्म में व्यक्त होना चाहिए। कहने की जरूरत नहीं कि इस दृष्टि से स्वयं निर्णायक मंडल के सदस्यों का मूल्यांकन करने लगें, तो उनमें भगदड़ मच जायेगी।

सुंदरता उन कुछ थोड़ी-सी चीजों में है, जिनके साथ प्राकृतिक सुषमा अभी भी बची हुई है। कह सकते हैं, यही उसकी पवित्रता भी है। इस स्तर पर कोई भी सौंदर्य किसी भी किस्म की प्रतियोगिता का विषय नहीं हो सकता। बल्कि सुंदरता उसमें है कि प्रतियोगिता का विषय बनने से इनकार कर दिया जाये। कम से कम आन्तरिक सौंदर्य की सहज पुकार तो यही होनी चाहिए। यही कारण है कि अनेक विश्व सुंदरियों को देख कर बहुत-से लोगों को यह एहसास होता है कि इससे अधिक सौंदर्य-पुंज वे अपने आस-पास देख चुके हैं। यह एहसास सच्चा है, लेकिन इससे सौंदर्य की औद्योगिक प्रतियोगिताएँ झूठी नहीं हो जातीं। उनका सच यह है कि सौंदर्य आखेट के लिए है। इसका एक व्यक्तिगत पहलू भी है। आदि काल से स्त्रियों ने सौंदर्य का प्रयोग पुरुष चित्त के आखेट के लिए किया है। स्त्री-पुरुष का यह परस्पर आखेट सृष्टि की विनोद लीला भी है। लेकिन प्रतियोगिताएँ सौंदर्य का आखेट कुछ दूसरे उद्देश्यों के लिए करती हैं। वे एक आखेटक संस्कृति का निर्माण करना चाहती हैं तथा उसमें अपना सहयोग देना चाहती हैं। वे सौंदर्य को घटना या कला नहीं, सम्पत्ति के रूप में परिभाषित करती हैं और हमें उस तरफ धकेलना चाहती हैं जिसे वर्णित करने के लिए जेम्स हेडली चेज ने अपने एक दिलचस्प थ्रिलर को यह खूबसूरत शीर्षक दिया था—सुंदरता के सभी शिकारी।

12. चोली के पीछे क्या है

चोली के पीछे क्या है—यह सवाल जब सुभाष घई जैसे लोग पूछते हैं, तो उनकी नजर रुपये पर रहती है। उनके लिए चोली के पीछे सिर्फ रुपया है—कुछ और नहीं। सिर्फ चोली के पीछे ही नहीं, चुनरी के पीछे भी और हिंसा तथा बलात्कार के पीछे भी उनकी यही अर्थलोलुपता है। मुंबई की हिंदी बाजारू फिल्म रुपया कमाने की एक अद्भुत, लेकिन बीमार और बासी मशीन है। इसलिए उस पर हिंसक या अश्लील होने का आरोप लगाना बेकार है। वह ऐसी ही हो सकती है, क्योंकि उसके पीछे किसी प्रकार की संवेदना या संस्कार नहीं है। कोई समाज ऐसी फिल्मों पर प्रतिबंध लगा देगा, तो अपना भला ही करेगा। 'चोली के पीछे क्या है'—सिर्फ इस गाने पर प्रतिबंध लगाने से बात नहीं बनेगी, क्योंकि जब यह सवाल सार्वजनिक तौर पर नहीं पूछा जाता था, तब भी चोली का महत्व कम नहीं था। वह तरह-तरह से दिखाई जाती थी। और वह भी, जो चोली के पीछे था। जिनका यह उन्नत नहीं था या कम उन्नत था, उन्हें कृत्रिम उपकरणों का सहारा लेना पड़ता था, ताकि दर्शकों को निराश न होना पड़े। निश्चय ही कला में सृजनशीलता होती है, लेकिन मुंबई का फिल्म उद्योग कला नहीं, कौशल है। अतः वह चोली का प्रयोग कला के हिस्से के रूप में नहीं, कौशल के हिस्से के रूप में करता है। 'चोली के पीछे क्या है' इसे राष्ट्रीय महाप्रश्न बनाना इसी कौशल का विस्तार है। इस कौशल के खिलाफ कोई छिटपुट रणनीति नहीं बनायी जा सकती। यह एक सभ्यतागत मामला है और उससे उसी स्तर पर निपटा जा सकता है।

आधुनिक-पूर्व सभ्यताएँ कामुकता के दमन पर आधारित थीं। प्रत्येक वयस्क पुरुष और वयस्क स्त्री को यह बताया जाता था कि उनके शरीर में या उनके शरीरों के मिलन में सुख के जो झरने फूटते हैं, वे अनैतिक हैं। ये सभ्यताएँ धर्म पर आधारित थीं और धर्म को सबसे ज्यादा खतरा कामुकता के उभार से नजर आता था। कामुकता व्यक्ति के अस्तित्व की स्वीकृति है। धार्मिक व्यवस्था भी व्यक्ति को मान्यता देती

थी, लेकिन एक दूसरे प्रकार के व्यक्ति को, जो सिर्फ ईश्वर से अपना वास्तविक रिश्ता मानता है। इसके विपरीत, कामुकता व्यक्ति से व्यक्ति का प्राकृतिक और वास्तविक रिश्ता स्वीकार करती है। ऐसे सभी संबंधों को धर्म संदेह की निगाह से देखता था, क्योंकि ये संबंध उसकी दृष्टि में कहीं न कहीं ईश्वर से जुड़ने में बाधक थे। हिंदू धर्म के आत्म-प्रशंसक इस बात का बहुत ढिंढोरा पीटते हैं कि हमारे यहाँ ऐसा बीमार चिंतन नहीं रहा है। संभव है, किसी काल विशेष के बारे में यह सच हो, किंतु पिछले दो हजार वर्षों से हम जिस हिंदू समाज को जानते हैं, उसमें स्वस्थ कामुकता के लिए कोई स्थान नहीं रहा है। खासकर स्त्री की कामुकता का तो बेहद दमन किया गया है।

क्या आधुनिक सभ्यता उसी का प्रतिशोध है ? निश्चय ही आधुनिक युग में कामुकता का विस्फोट-सा हुआ है। इसका बहुत बड़ा श्रेय सिगमंड फ्रायड को है। लेकिन आज कामुकता का जिस व्यापक स्तर पर व्यावसायिक शोषण हो रहा है, वह उसे देख पाता तो एक नये प्रकार के मनोविश्लेषण की माँग करता। कामुकता का दमन बुरी बात है, लेकिन कामुकता का निरंकुश और व्यावसायिक उभार उससे भी बुरी बात है। धार्मिक व्यवस्थाओं और मध्यकालीन समाजों ने कामुकता की अभिव्यक्तियों पर अंकुश लगाये, तो इसके पीछे उनका अज्ञान था, तथाकथित पवित्रतावादी आग्रह थे और यह विश्वास था कि मनुष्य को अपनी इच्छाओं पर लगाम लगानी चाहिए। यह अंतिम कारण बहुत महत्वपूर्ण है, क्योंकि यह तर्क सभी प्रकार की इच्छाओं पर लागू होता हुआ दिखाई देता है। सभी धर्मों ने सादगी सिखायी, क्योंकि आधुनिक युग के पूर्व टेक्नोलॉजी का जो स्तर था, उसके कारण सादगी ही सबके लिए व्यावहारिक थी—सिर्फ कुछ राजा-महाराजा या व्यापारी ही ऐश कर सकते थे। आज उस सादमी का स्थान उपभोकतावाद ने ले लिया है, क्योंकि मौजूदा अर्थव्यवस्था उपभोक्तावाद से ही आगे चल सकती है। कामुकता स्त्री-पुरुष संबंधों के स्तर पर इस उपभोक्तावाद का ही अनुवाद है। वस्तुओं से हमारा जो संबंध रहेगा, अंततः वही मनुष्यों से भी बन जायेगा। उपभोक्तावाद का यह शरीरशास्त्र इसलिए और ज्यादा खतरनाक है, क्योंकि यह स्त्री को मनुष्य नहीं, माध्यम बना डालता है। स्त्री पहले भी माध्यम थी, पर पुरुष भी अपने को कुछ चीजों का माध्यम मानता था। अब दोनों स्वाधीन हैं या एक जैसे परवश हैं।

'60 और '70 के दशक में जब नारी मुक्ति की समर्थक महिलाओं ने अपनी चोली उतार कर चौराहे पर फेंक दी थी, तब उन्होंने घोषणा की थी कि वे पुरुषों की विकृत इच्छाओं का माध्यम बनने के लिए तैयार नहीं हैं। चोली के पीछे जो है, उसे वैसा ही दिखना चाहिए, जैसा वह है। वह सुंदर दिखे, इसके लिए उसे अप्राकृतिक आकार (लंबोदरा के बजाय गोल) देने की जरूरत नहीं। यह तार्किक इच्छा एक व्यापक आंदोलन की शक्ल ले सकती थी, अगर पुरुषों की रुचियाँ भी बदलतीं। यही नारी

आंदोलन की कमी थी। उसने सिर्फ स्त्री को बदलना चाहा। पुरुष के सामने उसने महज माँग पत्र रखे। इसमें क्या शक है कि स्त्री और पुरुष हमेशा अपने को एक-दूसरे के संदर्भ में ही परिभाषित करते रहेंगे। पुरुष वैसा दिखना चाहेगा, जैसा स्त्री उसे देखना चाहेगी। स्त्री वैसा दिखना चाहेगी, जैसा पुरुष उसे देखना चाहेगा। चूँकि पुरुष का मिजाज नहीं बदला, इसलिए चोली अपनी जगह पर वापस आ गयी। वह तब तक वहाँ रहेगी, जब तक आधुनिक सभ्यता यह तय नहीं करती कि चोली के बगैर भी स्त्री शरीर को सहन किया जा सकता है। स्पष्ट है कि इसके साथ ही चोली के पीछे झाँकने की लालसा भी जीवित है। इसीलिए आज व्यावसायिक स्तर पर चोली के बगैर कोई मांस-पिंड दिखाया जाता है, तो यह भी उतना ही घटिया हो जाता है जितना कि वह जो चोली के साथ।

बहुत-सी आदिवासी सभ्यताएं चोली-विहीन दिखाई पड़ती हैं। अतः यह अनुमान लगाया जाता है कि शायद यही मनुष्य की स्वाभाविक स्थिति है। इसी तर्क से पश्चिमी देशों में अनेक ऐसी कॉलोनियों का गठन किया गया है, जहाँ लोग निर्वस्त्र रहते हैं। लेकिन शायद यह एक प्रकार की अतिवादी जिद है। निर्वस्त्र कालोनियों के अनुभवों को ज्यादा प्रकाश में नहीं लाया गया है। लेकिन जितना पता लगा है, उसके आधार पर कहा जा सकता है कि वहाँ भी जटिलताओं का अंत नहीं हुआ है। अबोध मनुष्य निर्वस्त्र रहें, तो कोई दिक्कत नहीं होगी। मानवेतर प्राणी जगत को अपने अंगों को आच्छादित करने की जरूरत नहीं होती। लेकिन सभ्यता के कई हजार वर्षों के अनुभवों से गुजर जाने के बाद क्या आज का मनुष्य ऐसा कर सकता है ? शायद तभी, जब सभी मनुष्य और सभी स्त्रियाँ सहज और शिष्ट हो सकें। तब कामुकता बहुत कम समस्याएँ पैदा करेगी। उसका आंतरिक नियमन संभव होगा। लेकिन फिलहाल यह संभव दिखाई नहीं देता। जिस तरह निजी संपत्ति की समाप्ति के लिए उस दिन की उम्मीद नहीं की जा सकती जब संपत्ति से मनुष्य का मोह समाप्त हो जायेगा, उसी तरह मनुष्य की अन्य लालसाओं पर भी सामाजिक नियंत्रण लगाने की जरूरत सदैव बनी रहेगी। वस्त्र कुछ हद तक यही काम करते हैं। वे निजी और सार्वजनिक के बीच एक परदा हैं। ऐसा लगता है कि इस परदे की जरूरत मानव जाति को लंबे समय तक बनी रहेगी, क्योंकि उसकी कामुकता देश-काल से निबद्ध नहीं रही—यह उसके अस्तित्व मात्र का सतत कोलाहल मचाये रखनेवाला अंग हो चुकी है। इस कोलाहल को हम जितना अधिक उद्दीपन मुहैया करायेंगे, वह उतना ही तीव्र होगा और मानव जीवन के दूसरे पहलुओं को आच्छादित करता जायेगा। क्या इस जिन को वापस बोतल में भेजा जा सकता है ? आह ! वह दिन कितना सुंदर होगा।

चोली के पीछे क्या है—यह दूध पीता बच्चा भी जानता है। यह मूलतः तो उसी के काम की चीज है, हालांकि बड़े कुछ ज्यादा ही ढिठाई से उस पर अपना मौलिक अधिकार जताते हैं। वस्तुतः कोई टार्जन या अत्यंत पवित्रतावादी यानी

स्त्री-रहित आश्रम में पला युवक ही किसी स्त्री से यह पूछ सकता है कि उसकी चोली के पीछे क्या है। तभी यह प्रश्न सुंदर लगेगा। फिर भी, बाकी लोग यदि इस ओर से आश्वस्त हो जाना चाहते हैं, तो इसीलिए कि नारी शरीर का आकर्षण अदम्य है। अपने पति या प्रेमी के अलावा और किसी की भी यह जिज्ञासु दृष्टि किसी भी स्त्री को अपमानजनक लगनी चाहिए—लेकिन लगती नहीं है, क्योंकि विवाह या एकसंबंधवाद एक कृत्रिम स्थिति है। वैसे इसे उतना कृत्रिम भी नहीं कह सकते, क्योंकि यह मानव स्वभाव की किसी आंतरिक माँग की अभिव्यक्ति प्रतीत होती है। यानी कृत्रिमता बाह्य है, आंतरिक नहीं। इसका एक रचनात्मक यानी सांस्कृतिक पहलू है। लेकिन कुछ हद तक ही, क्योंकि विवाह संस्था की मर्यादाओं का अक्सर हृदय से आदर नहीं किया जाता। यह नियम स्त्री और पुरुष, दोनों पर लागू होता है, क्योंकि दोनों आज विवाह संस्था के बंदी प्रतीत होते हैं—उसके पूर्ण स्वैच्छिक सदस्य नहीं। मानव स्थिति की इसी द्वंद्वात्मकता के कारण चोली का महत्व उससे ज्यादा बढ़ा हुआ दिखाई देता है, जितना वह वस्तुतः है। सभ्यता के मौजूदा स्तर पर चोली का हटना शायद वांछित नहीं है। लेकिन चोली का उचित से अधिक महिमान्वयन भी अवांछित है। चोली का सम्मान इसी में है कि चोली के पीछे जो है, उसका भी सम्मान हो। दिक्कत शायद यह भी है कि व्यावसायिकता के भँवर में खींच ली गयी आधुनिक स्त्री भी चोली के साथ आँख-मिचौली खेलने पर आमादा है। स्त्री को स्त्रीत्व की ताकत का एहसास कब नहीं था ? पर आज यह एहसास एक व्यापक व्यावसायिकता में बदल रहा है। इसी लिए जब गायिका और नायिका यह बताती हैं कि चोली के पीछे मेरा दिल है, तो इस पर किसी को यकीन नहीं आता।

13. मीडिया की आँख से

स्त्रियों को अगर लगता है कि समाचार पत्रों ने उनके खिलाफ कोई सामूहिक षडयंत्र कर रखा है, तो उन्हें यह भ्रम अपने क्रुद्ध दिमाग से निकाल देना चाहिए। इसका मतलब यह नहीं है कि समाचार पत्र किसी स्त्री विरोधी षडयंत्र का माध्यम नहीं हैं। यह भी नहीं कहा जा सकता है कि उन्होंने इस माध्यमता के खिलाफ कोई उल्लेखनीय आत्मसंघर्ष किया है। बात सिर्फ इतनी-सी है कि समाचार पत्रों के माध्यम से भी वही सामाजिक-सांस्कृतिक शक्तियाँ काम करती हैं, जो उस व्यापक समाज में, समाचार पत्र जिसका एक महत्त्वपूर्ण अवयव है। एक वर्गीय एकता है, जो समाचार पत्र और उसके बाहर स्थित समाज के मौजूदा शक्ति संतुलन को 'बिगड़ने' नहीं देती। यह वर्गीय एकता ही वस्तुतः उस स्त्री की दुश्मन है जो अपनी परंपरा प्राप्त स्थितियों से संतुष्ट नहीं है। ऐसा नहीं है कि वह असंतुष्ट स्त्री इस रहस्य को समझती नहीं है। समझती है, तभी उसे समाज के साथ जिस मुठभेड़ की आशंका बराबर बनी रहती है, वही मुठभेड़ उसे समाचार पत्रों के दफ्तरों में भी अपनी प्रतीक्षा करती दिखाई देती है। यह अकारण नहीं कि सम्पादक के नाम जो नाम-पते के साथ या गुमनाम चिट्ठियाँ आती हैं, उनमें स्त्रियों के पत्र पाँच प्रतिशत से ज्यादा नहीं होते। लेकिन यह समग्र स्थिति नहीं है, क्योंकि इस पाँच प्रतिशत या उससे कम में वे चिट्ठियाँ ज्यादा होती हैं जिनमें स्त्री के प्रति अवज्ञा दिखानेवाले किसी समाचार या टिप्पणी का विरोध होता है, तो इसका संकेत यही है कि इस व्यापक सांस्कृतिक षडयंत्र का प्रतिवाद करने की इच्छा भी अब मुखर हो रही है। अखबारों का कुछ लेखन स्वयं ऐसी इच्छा प्रदर्शित करता है। यह हस्तक्षेप चाहे इसीलिए स्वीकार किया जाता हो, ताकि मुख्य धारा की विश्वसनीयता बनी रहे, पर इससे भी यह बेचैनी सामने आती ही है, जो समाज में धीरे-धीरे अपनी जगह बना रही है।

स्त्री को उसका स्थान देने के संघर्ष और व्यावसायिक संवाद माध्यमों का रिश्ता कितना जटिल है, इसका एक दिलचस्प उदाहरण हमारे समाज की वस्तुस्थिति के

बारे में काफी कुछ बताता है। पिछले दिनों 'कामसूत्र' के विज्ञापन पर जो शोरगुल मचा था, उससे ऐसा प्रतीत होता था कि सम्भोग जैसी निजी क्रिया के व्यवसायीकरण को ले कर चिंता का एक नया स्तर पैदा हुआ है। लेकिन वास्तविकता यह है कि वेश्या बाजार के संगठित व्यवसाय के रूप में इसका दूसरा और कहीं ज्यादा अमानवीय रूप इधर काफी ज्यादा फैला है, जिसके प्रति कोई सरोकार दिखाई नहीं पड़ता। अब जब समाचार पत्रों के माध्यम से यह संदेश फैलाया जाता है कि सामाजिक हित में इतना ही काफी है कि वेश्याएँ या उनके ग्राहक नागरिक एड्स के वाहक न बनें और इसके लिए उसी कंडोम का गौरव गान किया जाता है जिसका व्यावसायिक काव्याभास 'कामसूत्र' का विज्ञापन है, तो ऐसा लगता है कि बहुत सीमित उपयोगितावाद ने हमारे चेतना तंत्र को डँस लिया है। स्पष्ट है कि जो समाज व्यापक वेश्या तंत्र के प्रति निर्विकार रह सकता है, वह अगर सभ्य सम्भोग की अंतरंगता को विज्ञापनी व्यावसायिकता में तब्दील होते देख कर उत्तेजित हो उठता है, तो इसमें स्वार्थ या पाखंड का तत्त्व कुछ कम नहीं है। इस तत्त्व का बचाव यह कह कर नहीं किया जा सकता कि वेश्यावृत्ति तो एक आदिम बुराई है और समाचार पत्र एक आधुनिक घटना, जिससे यह उम्मीद नहीं की जाती कि वह इस अश्लीलता को प्रोत्साहित या सहन करेगा। तनिक-सा गौर करते ही यह स्पष्ट हो जायेगा कि जहाँ तक स्त्री का ताल्लुक है, तथाकथित आदिम और तथाकथित आधुनिक दृष्टियों में कोई बुनियादी फर्क नहीं है। साथ ही यह भी कि संगठित वेश्या तंत्र के जन्म के पीछे जो व्यावसायिक दबाव थे, वही 'कामसूत्र' के विवादस्पद विज्ञापन के पीछे भी हैं और अफसोस के साथ कहना पड़ता है कि यही व्यावसायिकता कहीं-न-कहीं समाचार पत्र उद्योग की भी प्राणवायु है।

जब हम समाचार पत्रों को कठघरे में खड़ा करने के उत्साह से भरे होते हैं, तो शायद यह मान कर चलते हैं कि समाचार पत्र जो चाहे वह करने के लिए स्वतंत्र हैं। वस्तुतः अपने मौजूदा स्वरूप में वे कुछ भी करने के लिए स्वतंत्र नहीं हैं—सिवाय उन चीजों के, जिनका समवेत नाम यथास्थिति है। यह मानना गलत होगा कि समाचार पत्र स्त्रियों की दुःस्थिति के प्रति खास तौर से संवेदनहीन हैं। यह दावा करना उन्हें अतिरिक्त सक्रियता का प्रमाणपत्र देना होगा। सच तो यह है कि वे स्त्रियों के प्रति भी बस उतने ही उदासीन या निस्संवेदन है जितने पुरुषों के प्रति। यदि समाचार पत्रों में स्त्रियों की वास्तविक स्थिति या उनके संघर्ष की कोई तस्वीर नहीं दिखाई देती, तो क्या पुरुषों के संघर्ष की दिखाई देती है ? स्त्री की वेदना यदि अखबारों के पन्नों पर नहीं उभरती, तो क्या पुरुषों की वेदनाओं को उनमें स्थान मिलता है ? अखबार पुरुषों की खबरों से भरे पड़े होते हैं, तो इसलिए नहीं कि उन्हें पुरुषों से बहुत लगाव है, बल्कि इसलिए कि पुरुष ही उस दुनिया के कार्यकर्ता हैं, जिसकी गतिविधियों को समाचार की मान्यता मिली हुई है। स्पष्ट है कि समाचार पत्रों के

पन्नों से स्त्री अगर गुम है, तो इसीलिए कि उसे सार्वजनिक जीवन से बाहर रखा गया है। फिर भी स्त्रियों के साथ चूँकि बहुत कुछ ऐसा होता रहता है जिससे हमारी यथास्थितिवादी चेतना को भी धक्का पहुँचता है, अतः स्त्रियों को अखबार में लाना जरूरी हो जाता है। लेकिन अगर आप और करें तो पायेंगे कि वे स्त्रियों की खबरें नहीं हैं। वे भी पुरुषों की खबरें हैं—उन पुरुषों की खबरें, जिन्होंने स्त्रियों के साथ कुछ अमान्य आचरण किया है। मसलन बलात्कार वह है जो पुरुष ने किया है। स्त्री के साथ जो हुआ है, उसके लिए कोई नाम तक नहीं है, इससे पता चलता है कि घटनाओं का बयान करनेवाली हमारी शब्दावली तक कितनी नाकाफी है।

प्रश्न उठता है, तो फिर स्त्रियों की खबरें क्या हो सकती हैं ? ये खबरें वही हो सकती हैं जिसके केंद्र में स्त्री हो। स्त्री यानी उसकी स्थिति, उसकी समस्याएँ और उसकी सक्रियता। स्त्री की ऐसी सक्रियता कम है जो समाचार बन सके। यह एक ऐसा पहलू है, जिस पर स्त्रियों को गहराई से विचार करना चाहिए। पुरुष सत्ता के लिए संघर्ष कर रहे हैं अथवा उसका दुरुपयोग कर रहे हैं, इसलिए वे खबरों में आ जाते हैं। इस संघर्ष में स्त्री नहीं के बराबर है और जितनी है, चर्चा का विषय बनती ही है। लेकिन सीमित होने के कारण यह यथास्थितिवादी आग्रह है कि स्त्रियाँ मौजूदा सत्ता संतुलन को छेड़ कर जैसे कुछ अनैतिक काम कर रही हैं। इस मामले में उनकी हैसियत आदिवासियों या हरिजनों से भी गयी-गुजरी है। दलितों या आदिवासियों के छिटपुट संघर्षों को भी कई बार उत्साहपूर्वक समाचार का विषय बनाया जाता है, हालाँकि अक्सर इसके पीछे कोई प्रगतिशील संकल्प नहीं, सिर्फ सनसनी फैलाने की इच्छा होती है। लेकिन इस स्तर पर भी स्त्रियों के संघर्ष की उपेक्षा की जाती है, तो इसका एक मुख्य कारण व्यावसायिक भय ही है, क्योंकि आदिवासियों के संघर्ष की सूचना देने से पाठक वर्ग के नाराज होने का खतरा नहीं होता, जबकि स्त्री संघर्ष को उसकी पूरी अहमियत के साथ प्रस्तुत किया जाये, तो पाठकों यानी ग्राहकों की भावनाओं को चोट पहुँच सकती है। समाचार पत्र आता घर में ही है, जहाँ स्त्री और पुरुष दोनों रहते हैं, लेकिन घर का वर्ग चरित्र ही यह तय करता है कि अखबार का वर्ग चरित्र क्या होगा।

रह गयीं स्त्री की समस्याएँ, तो यह भी ज्यादातर कोई घटना नहीं, बल्कि एक निरंतर जारी रहनेवाली प्रक्रिया है। यदि स्त्री को लगातार वासनाकुल निगाहों का सामना करना पड़ता है, तो क्या यह बात समाचार पत्र में लिखने लायक है—उस समाचार पत्र में, जो स्वयं इस प्रक्रिया से पूरी तरह बरी नहीं है ? कौन-सा अपराध संवाददाता इन छोटी-छोटी, किन्तु गम्भीर घटनाओं की दैनिक सूची बना सकता है ? यदि स्त्री के सभी मौलिक अधिकार, जैसे अभिव्यक्ति की स्वतंत्रता या जहाँ इच्छा हो वहाँ जाने का अधिकार, हमेशा निलंबित रहते हैं, तो समाचार-पत्रों में किस-किसका उल्लेख किया जाये ? निश्चय ही बहुत सारी खबरें इसलिए खबरें नहीं हैं कि वे हमारी

जीवन चर्या का अंग हो चुकी हैं और एक आम भारतीय को उनमें कुछ भी असंगत या अस्वाभाविक नजर नहीं आता। यही आम भारतीय दृष्टि समाचार पत्र को भी संचालित करती है, अतः हमें चकित नहीं होना चाहिए कि स्त्रियों के साथ समाचार पत्र भी वही सलूक कर रहे हैं, जो बाकी समाज। यहाँ हम उस पुरुष आग्रह को पहचान सकते हैं, जो स्त्री की स्वाधीनता के पक्ष में सबसे बड़ी बाधा है। इसका एक रूप व्यावसायिक है, जिसकी झाँकी हम देख चुके हैं। दूसरा रूप स्त्री की अवमानना का नजरिया है, जिसे हम चाहें तो पुरुषवाद कह सकते हैं इसके बावजूद अगर यह सच जान पड़ता है कि यह समाचार पत्र की अतिरिक्त सक्रियता यानी सेंसरशिप का हिस्सा नहीं है, तो इसका कारण यही है कि स्त्री की यह अवमानना उस पूरी मानव अवमानना का ही अंग है, जिसके कारण हमारे समाचार पत्र बासी, यांत्रिक और समाज से असम्पृक्त जान पड़ते हैं। यह संभव नहीं है कि समाज के प्रति एक संवेदनशील दृष्टि अपनायी जाये और स्त्री की मौजूदा नियति की ओर नजर न जाये। वस्तुतः यह पुरुषवाद कोई अलग या विशिष्ट आग्रह नहीं है। यह यथास्थिति के भीतर यथास्थिति का एक और घेरा है। जब यथास्थिति पर स्वस्थ चोट पड़ेंगी, तब वह उसके किसी एक घेरे तक सीमित नहीं रह सकती। इस स्तर पर हम कह सकते हैं कि समाचार पत्र एक निर्मम उद्योग है और उसकी निर्ममता निजी पूँजी पर आधारित उस औद्योगिक सभ्यता से ही निःसृत होती है जिसका वह वाहक और मुखपत्र है। समाचार पत्र चूँकि स्वयं भी एक उद्योग के रूप में चलाया जाता है, अतः उसके तंत्र के मूल में भी वही औद्योगिक मूल्य होते हैं जिनका वह कभी-कभी विरोध करता दिखाई पड़ता है। ध्यान देने की बात है कि समाचार पत्रों में प्रकाशित 'कामसूत्र' के विज्ञापन के प्रति सामाजिक असंतोष मुख्यतः समाचार पत्रों के माध्यम से व्यक्त हुआ।

इस औद्योगिकता के मूल्य भारत में वही नहीं हैं जो पश्चिम के औद्योगिक रूप से विकसित समाजों में। यद्यपि मौलिक चरित्र के स्तर पर ज्यादा फर्क नहीं है, लेकिन वहाँ के उद्योगवाद ने सामाजिक जीवन में अनेक क्रांतिकारी परिवर्तन किये हैं तथा स्त्री को काफी स्वतंत्रता तथा अनेक नये विकल्प दिये हैं। इससे वहाँ स्त्री-पुरुष के रिश्तों में कितना स्वस्थ परिवर्तन हुआ, नहीं कहा जा सकता, क्योंकि स्त्री के साथ बढ़ती हुई हिंसा वहाँ के सामाजिक जीवन का एक घिनौना सच है और उनकी सामाजिक संरचना की कुछ मूलभूत कमजोरियों पर प्रकाश डालता है। इसके बावजूद, यह भी सच है कि वहाँ स्त्री की आवाज को दबा कर नहीं रखा जा सकता। जज थॉमस का मामला इसका एक कौतुकपूर्ण दृष्टांत है। यह एक ऐसा समाज प्रतीत होता है जिसमें स्त्री का दमन है तो इस दमन के प्रति उतनी ही सजगता भी है। इसके विपरीत हम आधुनिकता की एक बाधा-दौड़ में शामिल हैं। इसका कारण यह है कि हमारा औद्योगिक तंत्र देश की एक बहुत छोटी आबादी द्वारा संचालित है तथा

उसके द्वारा उत्पन्न बाजार के सदस्यों की संख्या भी बहुत सीमित है। साथ ही इस औद्योगिक तंत्र ने हमारे सामाजिक जीवन की जड़ताओं को कोई गहरा आघात नहीं पहुँचाया है—बल्कि उनमें से बहुतों के साथ समझौता किया है। हमारी औद्योगिक प्रगति मानो कोई विमुक्तिकारी आर्थिक गतिविधि नहीं, बल्कि अमीर होने का सिर्फ एक षडयंत्र है जिसका हमारे सभ्यतागत मूल्यों से कोई संबंध नहीं है। नयी आर्थिक नीति एक तरह की विमुक्ति का एहसास देती है। लेकिन चूँकि इस विमुक्ति में लोग शामिल नहीं हैं—इसका आयोजन सिर्फ उनके जीवन को नियंत्रित करनेवाले राजनीतिक और आर्थिक माफिया द्वारा किया जा रहा है, अतः यह औद्योगिकता को जनसाधारण से और भी ज्यादा विमुख करेगा।

प्रश्न उठता है कि हमारे समाचार पत्रों का इस परिदृश्य से क्या संबंध है ? यह संबंध बहुत ही भयावह और मारक है। चूँकि समाचार पत्रों ने भी इस सीमित अर्थवाद के तर्क को स्वीकार कर लिया है, अतः वे भी अपना आर्थिक और सामाजिक आधार व्यापक नहीं बनाना चाहते। मसलन सामान्य जनता की क्रय शक्ति और साक्षरता बढ़ती, तो समाचार पत्रों का प्रसार भी बढ़ता। लेकिन कितने समाचार पत्रों ने इस सवाल को अभियान के स्तर पर उठाया है ? यह बात हिंदी समाचार पत्रों के बारे में ज्यादा सच है तो इसीलिए कि हिंदी प्रदेश इस सीमित उद्योगवाद की दृष्टि से भी ज्यादा वंचित और रुग्ण हैं। कोई और वजह नहीं कि हिंदी भाषी लोगों की इतनी बड़ी आबादी के बावजूद हिंदी पत्रों की प्रसार संख्या इतनी कम है। चूँकि इस औद्योगिकता को एक खुला हुआ, उन्मुक्त और भागीदार समाज नहीं चाहिए, अतः वह एक बंद अँधेरी गली में चहलकदमी करते रहने को बाध्य है। इस गली में स्त्री मुक्ति तो छोड़िए किसी भी प्रकार की मुक्ति के लिए क्या जगह हो सकती है ?

समाचार पत्रों के फीचर पृष्ठों पर जिस आदर्श स्त्री की तस्वीर उकेरी जाती है, उससे प्रबुद्ध तथा प्रगतिशील लोग अक्सर विरक्त होते हैं। उन्हें लगता है कि यह स्त्री को बरगलाने का ही एक तरीका है। इन शिक्षाओं के माध्यम से उसे एक सुशील, आज्ञाकारिणी और संकुचितदृष्टि गृहिणी बनाने की पूरी कोशिश की जाती है। उन्हें बताया जाता है कि सुन्दरता की साधना, सुस्वादु व्यंजन बनाने की कला, सिलाई-बुनाई के हुनर आदि के लिए ही उनका जन्म हुआ है। इन लेखों में स्त्री के स्वतंत्र तथा मौलिक व्यक्तित्व के विकास की जरूरत पर प्रकाश नहीं डाला जाता, बल्कि इसे निरुत्साहित किया जाता है। लेकिन अगर हम समाचार पत्रों की यथास्थितिवादी भूमिका पर गौर करें, तो यह भी उतना ही स्वाभाविक नजर आएगा। जिस तरह समाचार पत्र आर्थिक या सामाजिक क्षेत्र में कोई दूरगामी या बुनियादी परिवर्तन का सुझाव नहीं देते हुए भी लगभग सभी समस्याओं का समाधान पेश करते रहते हैं, उसी तरह स्त्री-पुरुष संबंधों के स्तर पर भी वे किसी नये और बेहतर संतुलन के लिए संघर्ष नहीं करते, बल्कि मौजूदा संतुलन को ही ज्यादा सहनीय और सफल

बनाने का प्रयास करते रहते हैं। मौजूदा ढाँचे को जैसी स्त्रियाँ चाहिए, वैसी स्त्रियाँ पैदा करने की विशाल सांस्कृतिक मुहिम में अपनी यह भूमिका वे बड़ी निष्ठा के साथ निभाते हैं।

तो क्या स्त्री की नियति बदलने में जनसंचार माध्यमों की ओर से हमें बिल्कुल निराश हो जाना चाहिए ? क्या यह मान लेना चाहिए कि समाचार पत्र स्त्री की उपेक्षा या स्त्री-विरोध के लिए अभिशप्त हैं, अतः कुछ किया नहीं जा सकता है ? इस टिप्पणी से यदि यह निष्कर्ष निकलता है, तो यह पूरी तरह तार्किक नहीं होगा। विश्लेषण की वास्तविक शिक्षा यह है कि समाचार पत्र चूँकि एक व्यापक फ्रेम का अंग हैं, अतः समाचार पत्रों पर दबाव पैदा करने के लिए आवश्यक होगा कि इस व्यापक फ्रेम पर भी दबाव पैदा किया जाये। यथास्थिति की खूबी ही यह है कि वह कभी भी पूरी तरह यथास्थिति नहीं होती। उसमें परिवर्तन के बीज भी छिपे होते हैं। यह परिवर्तन स्वस्थ भी हो सकता है और विकृत भी। उपभोक्तावाद और हिंसा की आँधी चीजों को बिगाड़ने का काम करेगी इसके विपरीत, स्त्री अधिकार की चेतना समाचार पत्रों को कुछ स्वस्थ और संतुलित बनायेगी। उल्लेखनीय है कि इधर एक ओर समाचार पत्रों में स्त्री सौंदर्य का फूहड़ व्यावसायिक इस्तेमाल की प्रवृत्ति बढ़ी है तो दूसरी ओर स्त्री संघर्ष की कुछ प्रतिध्वनियाँ भी सुनाई पड़ने लगी हैं। जाहिर है, भीतर और बाहर दोनों प्रकार के दबाव काम कर रहे हैं। बाहर का दबाव जितना बढ़ेगा, समाचार पत्रों को उतने ही संयम से काम करना होगा। यह व्यावसायिकता का एक और आहार न बन जाये, इसके लिए जरूरी है कि समाचार पत्रों की अपनी दुनिया में भी आत्मसंघर्ष तेज किया जाये।

वस्तुतः पत्रकारिता एक विचित्र किस्म की ट्रेजडी है। यह जितना उद्योग है, उतना ही एक नैतिक कर्म भी। यह उन व्यवसायों में है, जिनके भीतर एक नैतिक तनाव हमेशा काम करता रहता है। यह नैतिक तनाव ही पत्रकारिता को एक रचनात्मक माध्यम बनाता है। पूँजी की तरफ से पत्रकारिता भले ही मूलतः एक उद्योग हो, लेकिन उसमें काम करनेवाले सभी लोग औद्योगिक मूल्यों से संचालित होने को बाध्य नहीं हैं। अतः वे प्रतिक्रियावादी सोच को समाचार पत्रों में व्यक्त होने से अपनी सीमा में भरसक रोक सकते हैं। रोकते भी हैं। वस्तुतः इसी रास्ते से एक बीमार समाज में स्वस्थ जीवन के लिए अवकाश निमित्त होता है। कहने की जरूरत नहीं कि इस प्रक्रिया में समाचार पत्र उद्योग का आंतरिक ढाँचा भी बदलता है। किसी भी पत्रकार का एक बुनियादी दायित्व है और जब वह अपने इस दायित्व का पालन नहीं करता, तो वह समाज के साथ विश्वासघात करता है। जब वह अपने इस विश्वासघात को पहचानेगा, तब यह भी देख सकेगा कि वह सिर्फ स्त्री के प्रति ही संवेदनहीन नहीं था, बल्कि उस पूरे दृश्यपट के प्रति संवेदनहीन था, जो स्त्री को एक दूसरे दरजे की चीज मानती है।

14. बलात्कार की संस्कृति

गंभीर अपराध और भी हैं, लेकिन बलात्कार को सर्वाधिक घृणास्पद माना जाता है। यहाँ तक कि कुछ स्त्रियों को बलात्कार और हत्या के बीच चुनने की छूट दी जाये, तो वे हत्या को ही चुनेंगी। बहुत-से लोग स्त्रियों से इस बात की अपेक्षा भी करते हैं। जिस स्त्री के साथ बलात्कार हुआ हो और उसने जी-जान से इसका विरोध न किया हो, उसे शंका की निगाह से देखा जाता है। माना जाता है कि बलात्कार को संभव बनाने में उसकी भी कुछ भूमिका होगी। कानूनी हलकों का यह दृष्टांत मशहूर है कि जिस तरह कोई सुई लगातार हिलाई जाती रहे, तो उसमें धागा नहीं डाला जा सकता, उसी तरह एक असहमत तथा संघर्षशील स्त्री से जबरदस्ती संभोग नहीं किया जा सकता। हाल ही में इटली की एक अदालत ने इस तरह का फैसला भी दिया है कि चुस्त जींस पहने हुई किसी स्त्री से, उसके सहयोग के बिना, बलात्कार नहीं किया जा सकता। लेकिन यह जख्म पर नमक छिड़कने जैसी बात है। सौ में 99 मामलों में स्त्री इतनी दहशत में आ जाती है कि वह न कुछ सोच पाती है न पर्याप्त प्रतिरोध कर पाती है। फिर स्त्रियों को शारीरिक प्रतिरोध का न अनुभव होता है न उसकी तैयारी। यह सवाल भी अपनी जगह है कि बलात्कार से बचने के लिए अपनी कितनी शारीरिक क्षति स्वीकार करनी चाहिए। क्या बलात्कार इतना जघन्य है कि उसे रोकने के लिए जान की बाजी लगा दी जाये ? ऐसा करनेवाली स्त्री पुरुषों के बीच देवी की तरह पूज्य होगी, लेकिन इसी लिए क्योंकि उसके जीवन की अन्य मानवेतर कसौटियाँ भी पुरुषों ने ही तैयार की हैं। एक स्वस्थ आदमी बलात्कृत स्त्री को नहीं, बलात्कारी को घृणा की निगाह से देखेगा।

लेकिन कितनी घृणा से ? क्या यौन अंगोच्छेद या मृत्यु दंड ही बलात्कार की उचित सजा है ? अब ऐसे लोगों की संख्या बढ़ रही है, जो हर अपराध की सामाजिक और मनोवैज्ञानिक पृष्ठभूमि जानने-समझने की कोशिश करते हैं तथा हर अपराधी को एक बीमार आदमी मानते हैं। इसके बावजूद क्या यह विचित्र नहीं है कि बलात्कार

के अपराध पर परंपरागत रवैया ही दृढ़ होता जा रहा है ? आज किसी डकैत या खूनी का मनोविज्ञान समझने की कोशिश करते हुए लोग पाये जायेंगे, लेकिन बलात्कारी को यह रियायत देने के लिए कोई तैयार नहीं है। क्या इसका कारण पुरुषों का आपसी यौन द्वेष है ? पर मामला उलटा भी है। यह सच है कि अब भी अदालती प्रक्रिया आम तौर पर ऐसी है कि बलात्कारी के छूट जाने की संभावना ज्यादा होती है। लेकिन इसका कारण वैचारिक उदारता नहीं, बल्कि पुरुष वर्ग का वर्ग स्वार्थ है। बलात्कार पुरुष ही करता है और अदालतों पर भी पुरुषों का ही कब्जा है। जिस पुलिस का काम बलात्कारी को सजा दिलाना है, वह स्वयं मौका पाते ही बलात्कार करते हुए पायी जाती है। वस्तुतः बलात्कारों की बढ़ती हुई संख्या ही इस बात के लिए काफी होनी चाहिए कि उसका समाजशास्त्रीय अध्ययन किया जाये। लेकिन इस दिशा में पर्याप्त प्रयास नहीं हो रहे हैं, तो इसी लिए कि आधुनिक युग में स्त्री समूह की अपने अधिकारों के प्रति चेतना बढ़ी है और इसके साथ ही स्त्री के प्रति पुरुष का औपचारिक दृष्टिकोण भी बदला है। फलतः स्त्रियों के साथ होनेवाले अपराधों को पहले की अपेक्षा अधिक गंभीरता से लिया जाता है। बलात्कार अब रफा-दफा करने योग्य मामला नहीं, बल्कि अदालत से भरपूर सजा दिलवाने की चीज है। यह एक स्तर पर स्त्री की मनुष्यता का पुनराविष्कार है, किंतु इस उत्साह में शायद अनेक ऐसे प्रश्न दब गये हैं, जो हमारी सभ्यता की बुनियादों पर पुनर्विचार करने की माँग करते हैं। यह अकारण नहीं कि आदिवासी समाजों में बलात्कार कम से कम होते हैं और जब होते हैं, न तो कोई स्त्री आत्महत्या करती है और न ही यह मान लिया जाता है कि उसका सर्वस्व लुट गया। इसका मतलब यह नहीं है कि बलात्कार को वहाँ सामाजिक स्वीकृति है। ऐसी स्वीकृति से कोई भी समाज चल नहीं सकता। लेकिन बलात्कार को एक सामान्य अपराध ही माना जाता है और उसके लिए सामान्य दंड तथा प्रायश्चित का ही विधान है। यह सभ्यता ही है, जो बलात्कार के अनुकूल परिस्थितियाँ तैयार करती है और फिर बलात्कार पर उससे ज्यादा हाय-तौबा मचाती है, जितने के वह योग्य है।

बलात्कार के लिए हमेशा विशेष कानूनी प्रावधान किये जाते हैं, लेकिन अब इस पर विचार करने की जरूरत है कि क्या यह सामान्य हिंसा का ही एक प्रकार नहीं है ? जैसे एक पुरुष दूसरे पुरुष को तमाचा मारता है या पिस्तौल की नोक पर उसका पर्स छीन लेता है, वैसे ही एक पुरुष किसी स्त्री के साथ बलात्कार करता है। वस्तुतः बलात्कारी के लिए स्त्री की योनि सिर्फ एक अंग है। यह कहना गलत होगा कि वह स्त्री से काम संबंध स्थापित करना चाहता है। काम संबंध में कोमलता होती है। वह शरीर का भी मामला होता है और मन का भी। बलात्कारी अपने शिकार के साथ किसी प्रकार का संबंध बनाना नहीं चाहता। वह अपना काम करता है और चल देता है। स्त्री की योनि उसके लिए एक मांसल सुराख भर है। निश्चय ही यह

स्त्री का अवमूल्यन है—उसका पदार्थीकरण। लेकिन सिर्फ हमारी नजर में, क्योंकि हम स्त्री की गरिमा का सम्मान करना चाहते हैं। बलात्कारी के लिए स्त्री सम्मान की नहीं, अपना यौन आवेग शांत करने की चीज है। यह पूछना भी जरूरी है कि क्या प्रत्येक यौन क्रिया स्त्री-पुरुष को एक-दूसरे के पदार्थीकरण की ओर नहीं ले जाती। यह प्रश्न तो है ही कि स्त्री की गरिमा कहाँ वास करती है ? क्या यह सिर्फ उसके यौन अंगों में वास करती है ? सामान्यतः किसी भी व्यक्ति को उसकी इच्छा के खिलाफ नहीं छुआ जाना चाहिए। लेकिन स्त्री और पुरुष के मामले में छूने के कृत्य की गंभीरता अलग-अलग क्यों होनी चाहिए ? क्या इस भेद-भाव के पीछे स्त्री को असूर्यम्पश्या बनाने की पुरानी दृष्टि ही काम नहीं कर रही है ? सभी सभ्यताओं में सेक्स को जिस तरह हौआ बना कर रखा गया है, उसमें स्वाभाविक है कि स्त्री के शील को एक विशेष मामला बना दिया जाये। हिंदी में अभी हाल तक बलात्कार को शील-भंग ही लिखा जाता था। आश्चर्य यह है कि किसी भी पत्रकार की नजर इस तरफ नहीं गयी कि बलात्कार के दौरान स्त्री का शील टूटा या पुरुष का। जब तक स्त्री की पवित्रता उसके यौन अंगों के संदर्भ में देखी जाती रहेगी, बलात्कार एक खास किस्म का डर पैदा करता रहेगा और बलात्कारी को भी लगेगा कि वह कोई खास काम कर रहा है। यौन अंगों की यह तानाशाही टूटनी चाहिए।

बलात्कार को स्तब्ध कर देनेवाली घटना बनाने के पीछे मुख्य धारणा स्त्री के कौमार्य की चिंता प्रतीत होती है। माना जाता है कि सिर्फ वही स्त्री विवाह योग्य है, जिसका कोई यौन संबंध न हुआ हो। अब भी अनेक देशों में सुहागरात के बादवाली सुबह चादर पर खून के निशान ढूँढ़े जाते हैं। यदि निशान न मिलें, तो वधू को दुश्चरित्र करार दिया जाता है। इन्हीं कारणों से विवाहित स्त्री के साथ बलात्कार भी गंभीर घटना बन जाती है। इसके विपरीत पुरुष का कौमार्य या एकपत्नीव्रत उतना महत्वपूर्ण नहीं माना जाता। स्त्री से यौन पवित्रता की यह माँग न केवल अस्वाभाविक है, बल्कि इसका उद्देश्य स्त्री को सतत भय में रखना है। कुँवारी स्त्री किसी और की थाती है। विवाहित स्त्री अपने पति की जागीर है। यह नजरिया बलात्कार को एक भयावह घटना बना देता है। इसका अर्थ यह नहीं है कि विवाहित स्त्री का परपुरुष से संबंध कोई अच्छी चीज है। विवाह की अपनी शर्तें हैं और उनका पालन होना ही चाहिए। दूसरी ओर विवाह-पूर्व देह संबंध की भी निश्चित मर्यादाएँ होनी चाहिए। विवाह का बंधन नहीं है, इसका अर्थ यह नहीं है कि जब इच्छा हो, जिसके साथ इच्छा हो, सो लिया जाये। कुमारियों, विधवाओं और तलाकशुदा महिलाओं को या ऐसे ही पुरुषों को समाज का पानी हमेशा हिंडोलते रहने का अधिकार नहीं है। लेकिन कोई भी समाज तभी स्वस्थ ढंग से चल सकता है, जब यौन आवश्यकताओं की स्वस्थ पूर्ति के दरवाजे हमेशा खुले रहें। यौन दमन भी नहीं, यौन उच्छृंखलता भी नहीं। बल्कि स्वस्थ और पूर्वग्रहमुक्त यौन जीवन की आजादी। ऐसे समाज में बलात्कार की घटनाएँ

क्रमशः कम होती जाएँगी।

दमित यौन जीवन बलात्कार को बढ़ावा देता है। लेकिन दमन के कारण बलात्कार की घटनाएँ प्रकाश में नहीं आ पातीं। आधुनिक युग के पूर्व का सामाजिक वृतांत, ऐसा प्रतीत होता है कि, बलात्कार की घटनाओं से मुक्त है। किंतु यह सिर्फ सतह का किस्सा है। थोड़ी गहराई में जायेगे, तो तत्काल पता चलेगा कि वहाँ बलात्कार के अनेक प्रसंब दबे पड़े हैं। आज भी समाज के परंपरागत हिस्सों में कितने बलात्कार दबे-छिपे होते हैं या जारी रहते हैं। लेकिन चीखें कम सुनाई पड़ती हैं, क्योंकि हर चीख स्त्री की संपूर्ण तबाही का कारण बन सकती हे। ऐसे समाज में बलात्कार ज्यादातर नजदीकी संबंधों में होता है। बलात्कारी पुरुष ज्यादातर वे होते हैं, जिनका यौन जीवन अतृप्त होता है और या जो शोषण करने की स्थिति में हैं। जो स्त्रियाँ शिकार बनती हैं, वे किसी से कुछ कहने की स्थिति में नहीं होतीं। यहाँ तक कि अपने पति से भी नहीं, क्योंकि बलात्कार की घटना के प्रकाश में आते ही सबसे पहले स्त्री का त्याग वही करेगा। कुमारी के साथ बलात्कार को तो सौ परदों में छिपा कर रखना होगा। क़ई बार प्रेम संबंध से शुरुआत हो कर मामला नियमित बलात्कार में बदल जाता है। यह शुद्ध रूप से ब्लैकमेल है। इस तरह दमित समाज बलात्कार की परिस्थितियाँ तो तैयार करता है, किंतु उससे निपटने के रास्ते तैयार करना नहीं जानता।

मैत्रेयी पुष्पा के सुंदर उपन्यास 'इदन्नमम' की नायिका मंदाकिनी के साथ किशोरावस्था में बलात्कार होता है। यह कुकृत्य एक ऐसा व्यक्ति करता है, जिसे मंदाकिनी मामा कहती है। फफक-फफक कर रोती हुई मंदाकिनी को कुसुमा भाभी समझाती है, 'बिन्नू, अपने मन में तनिक भी भय मत लाना। हिचक-हिचक में मत रहना। जो हुआ उसे भूल जाना। डर मत मानना कभी। जिंदगानी में, इतनी बड़ी जिंदगी में अच्छा-बुरा घट जाता है बिटिया, उसके कारण मन में गाँठ लगाने से क्या फायदा ? जो तुमने किया ही नहीं, उसके लिए अपने को दोषी क्यों मानना ? उस कुकरम की भागीदार, मंदा, तुम तो बिलकुल नहीं।' कुसुमा भाभी की सीख बिलकुल सही है। लेकिन वह अपराधी कैलास मास्टर के लिए बस इतना ही कह पाती है, 'तनक देर पहले और आ जाते हम, तो खसिया बना देते नासपिटे को।' स्पष्ट है कि बलात्कारी को निजी सजा तो दी जा सकती है, किंतु मामले को गोपनीय रखने की मजबूरी है, क्योंकि ऐसा विधान कहाँ है, जो बलात्कारी को दंडित भी कर सके और बलात्कृत किशोरी का भविष्य भी गँदला न करे ? क्या आधुनिक न्याय व्यवस्था या समाज व्यवस्था इस मामले में कुछ बेहतर हुई है ?

मंदाकिनी कुछ उन्मुक्त माहौल में रहती और अपना पुरुष खोजने की प्रक्रिया में दोस्तियाँ करती, तब इस प्रक्रिया में भी उसके साथ बलात्कार हो सकता था। सामाजिक उदारीकरण के माहौल में ऐसे हलके-फुलके बलात्कार अब बढ़ेंगे। क्या ऐसी घटनाओं को आपसी संबंधों के अनिवार्य जोखिम के रूप में नहीं लिया जाना

चाहिए ? इनसे निपटने का शायद एक ही तरीका है कि लड़कियों को शुरू से ही निर्भीक बनाया जाये और हिंसक या अहिंसक प्रतिकार का प्रशिक्षण दिया जाये। साथ ही उनके मन में यह बात बैठा दी जाये कि इसके बावजूद कोई दुर्घटना हो जाए, तो 'तुम पाथर न बनो ! नोने हँसो-खेलो। हौसला रखो, हिम्मत से जियो। वैसे ही, जैसे अब तक रही हो। अपनी जिंदगानी के सही-गलत का निरनय तो हमें ही लेना है बिन्नु। काट फेंको जीवन से इस कुघड़ी को। तुम अच्छत हो, मंदा।' स्पष्टतः प्रेम जीवन की दुर्घटना और सुनियोजित बलात्कार में फर्क है। दोनों कुघड़ियों को काट फेंकना चाहिए। किंतु कैलास मास्टरों का कुछ इलाज करने के लिए जरूरी है कि बलात्कार को सामाजिक विचार-विमर्श का विषय भी बनाया जाये।

यह आधुनिक युग की मान्यता है कि जहाँ प्रेम है, वहीं यौन संबंध होना चाहिए। लेकिन यह मान्यता शायद अधूरी है। अच्छा जीवन कर्तव्य भावना के आधार पर ही जिया जा सकता है। प्रेम उसका एक छोटा-सा हिस्सा है। इस संदर्भ में वैवाहिक जीवन में बलात्कार की मीमांसा उपयोगी होगी। बहुत-से लोगों को तो यह प्रश्न ही अटपटा लगेगा कि क्या वैवाहिक जीवन के भीतर भी बलात्कार संभव है। कानून इसकी मान्यता नहीं देता, जिस पर हाय-तौबा मचाना अब फैशनेबल हो चला है। प्रायः सभी देशों में कानून है कि पत्नी की इच्छा के विरुद्ध उसके साथ पति का यौन कृत्य बलात्कार नहीं माना जायेगा। इस कानूनी समझ का कारण है। पुरुष और स्त्री विवाह करते हैं, तो वे एक-दूसरे के साथ यह वादा करते हैं कि वे किसी अन्य स्त्री या पुरुष से यौन संबंध नहीं बनायेंगे। इस तरह दोनों समाज के अन्य व्यक्तियों के साथ यौन संबंध के अपने-अपने दावे का त्याग करते हैं। इससे उनका परस्पर एक-दूसरे के प्रति एक तरह का दावा पैदा हो जाता है। इसमें संदेह नहीं कि कोई भी सभ्य पुरुष अपनी पत्नी के साथ, या किसी भी स्त्री के साथ, उसकी इच्छा के विरुद्ध संभोग करना तो दूर, उसकी कलाई भी नहीं पकड़ना चाहेगा। लेकिन हमें यह नहीं भूलना चाहिए कि यौन संबंध एक तरह की वास्तविक भूख भी है और भूख का अपना तर्कशास्त्र होता है। इस भूख का कितना हिस्सा प्राकृतिक है और कितना मानव निर्मित—यह तय करना कठिन है। मध्य युग में अधिकांश लोगों की यौन आवश्यकताएँ सीमित थीं। अब वे असीमित होती जा रही हैं। लेकिन क्या मनुष्य की दूसरी आवश्यकताएँ भी असीमित नहीं हुई हैं ? कामुकता के क्षेत्र में उछाल आने का एक कारण गर्भ नियंत्रण के उपायों का आसान और सुलभ होना भी है। विभिन्न कारणों से यह भी एक तथ्य है कि अनेक पुरुषों की यौन आवश्यकताएँ अक्सर उससे ज्यादा होती हैं, जितने के साथ स्त्री स्वाभाविक तालमेल बिठा सकती है। वैसे तो यह पति और पत्नी दोनों का कर्तव्य है कि वे एक-दूसरे की यौन आवश्यकताओं और यौन क्षमताओं के साथ संतुलन स्थापित करें।

लेकिन आदर्श दांपत्य जीवन, जीवन के दूसरे आदर्शों की तरह, एक सुंदर

कल्पना ही है। अतः मानवीय अपूर्णता की स्थितियों में दांपत्य जीवन की अनेक यौन घटनाएँ बलात्कार के रूप में वर्गीकृत होने को बाध्य हैं। यह कभी-कभार हो, तो स्त्रियाँ माफ करने के लिए तैयार रह सकती हैं, जैसे पति पत्नी की कई ज्यादतियों को माफ कर देता है। लेकिन प्रेमिल यौन संबंध की तुलना में ठंडे बलात्कार का ज्यादा होना बताता है कि वैवाहिक संबंध क्षीण हो चुका है या वह ठीक से बना ही नहीं। यह वस्तुतः यौन नैतिकता का ढहना उतना नहीं है, जितना दांपत्य जीवन का नष्ट होना। एक नींव-विहीन या भ्रष्ट दांपत्य जीवन में कोई भी नैतिकता अक्षुण्ण नहीं रह सकती। फिर भी स्त्री का ना कहने का अधिकार उसका एक मौलिक अधिकार है। लेकिन यह अधिकार उसे सिर्फ कानून में संशोधन के द्वारा नहीं मिलेगा। बिस्तर पर ना कहने का अधिकार स्त्री तभी प्राप्त कर सकेगी, जब वह अपने अन्य मौलिक अधिकारों को भी वास्तविक जीवन में हासिल कर लेगी। इसके लिए जरूरी है कि परिवार का ढाँचा बदला जाये। एक न्यूनतम प्रावधान यह हो सकता है कि पति की आय को पूरे परिवार की आय माना जाये और जो भी खर्च हो, पूरे परिवार की सहमति से हो। एक स्वाभिमानी स्त्री के साथ उसका पति एक ही बार बलात्कार कर सकता है, दूसरी बार नहीं। तब तक वह उसके जीवन से बाहर जा चुकी होगी।

लेकिन क्या उसे हमेशा ऐसा करना ही चाहिए ? यह सवाल इसलिए महत्वपूर्ण है, क्योंकि आजकल स्त्रियों को विद्रोह की शिक्षा कुछ ज्यादा ही दी जा रही है। स्त्री अधिकारों की चेतना एक बात है, किंतु पुरुष को सतत अपराधी मान कर चलना बिल्कुल दूसरी बात। स्त्री के संदर्भ में पुरुष का इतिहास निश्चय ही बहुत गंदा है, लेकिन उस इतिहास का प्रतिशोध लेने की राजनीति भी गंदी ही कही जायेगी। इसीलिए पुरुष द्वारा स्त्री अधिकारों के हर अतिक्रमण को सिर्फ पुलिसिया निगाह से देखना उचित नहीं है। अंततः तो कानून ही शरण है, किंतु बहुत सारी चीजों का निपटारा आपसी समझ और सहानुभूति के विस्तार से किया जा सकता है और किया जाना चाहिए। यही बात अन्य वैवाहिक मतभेदों के बारे में भी कही जा सकती है। दांपत्य जीवन को बेहतर बनाने की शर्तों में बलात्कार को निरंतर बरदाश्त करना नहीं हो सकता। लेकिन पत्नी के साथ बलात्कार करना भी कौन-सा पति चाहेगा ? वस्तुतः दोनों में यह बोध विकसित होना उचित है कि अधिकतम पारस्परिक समझदारी और समन्वय से स्थितियों को मित्रतापूर्ण बनाया जा सकता है।

लेकिन यह सिर्फ परिवार का मामला नहीं है। यह आज की पूरी संस्कृति का मामला है। यह संस्कृति यौन इच्छाओं को बढ़ावा देने और उन्हें बेलगाम छोड़ने की है। अब प्रतिपादित किया जा रहा है कि यौन सुख जितना अधिक लूटा जा सकता है, लूटा जाना चाहिए। चारों तरफ यौन उत्तेजना पैदा करनेवाले दृश्यों की भरमार है। ऐसे माहौल में पुरुषों की काम इच्छाओं का विस्फोट स्वाभाविक ही मानना चाहिए। दुःखद यह है कि स्त्रियाँ भी इस दुश्चक्र में शामिल हो गयी हैं। काम भावना का

व्यावसायिक इस्तेमाल स्त्रियों के विरुद्ध जाता है, किंतु स्त्रियों ने इस तथ्य को अच्छी तरह नहीं समझा है। अतः वे भी कामुकता की इस संस्कृति को तरह-तरह से अपना अर्घ्य दे रही हैं। स्त्री में शृंगार की इच्छा स्वाभाविक है। पुरुष में भी यह इच्छा रहती है। उसका एक कारण सौंदर्य अभिरुचि है। दूसरा कारण अपने को यौन रूप से आकर्षक बनाना है। इन दोनों का महत्व है। किंतु मौजूदा सौंदर्यशास्त्र कामुकता को ही केंद्र में रख कर चलना चाहता है। शोभा, शालीनता, भव्यता, सादगी आदि मूल्यों की उपेक्षा की जा रही है। सारा जोर 'सेक्सी' दिखने पर है। जो स्त्री अपने चारों ओर जितनी कामोत्तेजना पैदा करने में सक्षम है, वह मौजूदा मानदंडों से उतनी ही सुंदर मानी जाएगी। यह यौन इच्छाओं के लिए एक निरंतर स्फुरण का काम करता है। बलात्कार इस संस्कृति की एक स्वाभाविक निष्पत्ति है।

लेकिन इससे यह निष्कर्ष निकालना उचित नहीं कि जो सबसे सुंदर यानी सबसे सेक्सी स्त्री होगी, उसी के साथ बलात्कार होगा। यह तर्क कुछ पुराणपंथी लोग देते भी हैं। उनका जोर इस बात पर होता है कि आधुनिक स्त्रियाँ इतनी भड़कीली पोशाक क्यों पहनती हैं। लेकिन भड़कीली पोशाक पहननेवाली सभी स्त्रियों के साथ बलात्कार नहीं होता। यह उसके साथ होता है, जो सबसे कमजोर है। हो सकता है, वह अत्यंत कुरूप भी हो। परित्यक्त पागल स्त्रियों को गर्भवती कौन बनाता है ? यह सच है कि बलात्कार की संस्कृति पैदा करने में माहौल को कामुक बनाने में सक्षम स्त्रियों का योगदान सबसे ज्यादा है, किंतु इसका कहर टूटता है उन स्त्रियों पर, जिन पर आसानी से हमला किया जा सकता है, क्योंकि बलात्कार में सेक्स प्रधान नहीं है, हिंसा प्रधान है। गाँवों में ताकतवर जातियों की स्त्रियों के साथ सामूहिक बलात्कार या उन्हें नंगा घुमाना कामुकता की कम, हिंसा और अपमान की घटनाएँ ज्यादा हैं। जिस समाज में हिंसा का फैलाव जितना ज्यादा होगा, वहाँ बलात्कार उतने ज्यादा होंगे। जिस वर्ग के साथ हिंसा की संभावना जितनी ज्यादा होगी, उसके साथ बलात्कार उतना ज्यादा होगा। हिंसकता का एक आयाम यह भी है कि बलात्कार की जरूरत ही न पड़े। इसके उदाहरण अत्यंत विविधतापूर्ण हैं।

संयुक्त राज्य अमेरिका का एक हाल का सर्वेक्षण हिंसा और बलात्कार के सीधे रिश्ते की पुष्टि करता है। बलात्कारों की बढ़ती हुई संख्या वहाँ की एक प्रमुख समस्या है। किंतु बलात्कृत स्त्री की उम्र के आधार पर कोई विश्लेषण नहीं किया जाता था। 1992 के बलात्कार के आँकड़ों पर पहली बार इस दृष्टि से विचार किया गया, तो चौंकानेवाले निष्कर्ष सामने आये। पता चला कि जिनके साथ बलात्कार हुआ, उनमें से आधी 18 वर्ष से कम की थीं और 16 प्रतिशत तो 12 से भी कम की थीं। यदि वर्ग के आधार पर विश्लेषण किया जाये, तब भी इतने ही सनसनीखेज निष्कर्ष हासिल हो सकते हैं। मेरा खयाल है, आधी से ज्यादा स्त्रियाँ ऐसी मिलेंगी जिनका पहले से ही किसी न किसी रूप में शोषण हो रहा है। बलात्कार कौन करता

है ? अमेरिकी आँकड़े बताते हैं कि ज्यादातर वही, जो हिंसा करने की स्थिति में हैं। 12 वर्ष की कम की लड़कियों के मामले सिर्फ 4 प्रतिशत पर अजनबी लोगों द्वारा आक्रमण किया गया था। 46 प्रतिशत मामलों में परिवार के सदस्यों ने और 50 प्रतिशत मामलों में परिचितों ने आक्रमण किया था। 12 से 17 वर्ष की बलात्कृत लड़कियों के मामलों में 20 प्रतिशत आक्रमणकारी परिवार के सदस्य थे, 65 प्रतिशत परिचित या मित्र और सिर्फ 16 प्रतिशत अजनबी। स्पष्ट है कि बलात्कार यौन उत्तेजना के विस्फोट का मामला उतना नहीं है, जितना एक कमजोर स्थिति में दबोच ली गयी स्त्री के साथ मुँह काला करने का। यह विकृत इच्छा उस समाज में ज्यादा पैदा होती है, जहाँ हिंसा को एक तरह की वैधता मिली हुई है। अतः बलात्कार की समस्या का एक समाधान अधिक से अधिक अहिंसक समाज की रचना है। यह उल्लेखनीय है कि कम्युनिस्ट देशों में बलात्कार की समस्या नहीं के बराबर थी। यह कैसे संभव हुआ ? इसका एक रहस्य यही समझ में आता है कि इन देशों में आंतरिक हिंसा को लगभग असंभव बना दिया गया था। राज्य की व्यापक हिंसा ने व्यक्तिगत हिंसाओं को दबा दिया था। इसलिए बलात्कार करने से लोग डरते थे। साम्यवाद की समाप्ति के बाद यह डर समाप्त हो गया है। इसलिए बलात्कार की घटनाएँ बढ़ने लगी हैं।

लेकिन क्या कम्युनिस्ट समाजों में बलात्कार बिल्कुल नहीं था ? यह कहना मुश्किल है। हिंसा का अधिकार जब एक विशिष्ट वर्ग में सिमट जाता है, तब बलात्कार भी विशिष्ट वर्गीय हो जाता है। अगर हम बलात्कार को एक कानूनी पद न मानें, तो पायेंगे कि ऐसे सभी यौन संबंध बलात्कार ही हैं जो लालच या किसी भी प्रकार के भय के तहत होते हैं। यह शांत हिंसा है, जहाँ शिकार की आँखों के आँसू किसी और को दिखाई नहीं देते। कम्युनिस्ट देशों में ऐसा ही था। पार्टी और शासन के शक्तिशाली लोग तरह-तरह से स्त्रियों का शोषण करने की स्थिति में थे। मिलान कुंदेरा का उपन्यास 'द जोक' ऐसी ही एक स्थिति की विचित्र परिकल्पना करता है। खुले समाजों में भी ऐसे बलात्कार बढ़ रहे हैं, जो स्त्री पर तरह-तरह के अप्रत्यक्ष दबाव डाल कर किये जाते हैं। पद, पैसे और कैरियर का प्रलोभन अक्सर स्त्रियों की सहमति पाना आसान कर देता है। क्या इन 'ऑफिशियल' बलात्कारों के लिए स्त्रियों को भी दोषी ठहराया जा सकता है? सिर्फ आंशिक रूप से। मुख्य दोष उन पुरुषों का है, जो अपनी ताकत का अनुचित इस्तेमाल कर सकते हैं। स्त्री सिर्फ एक ही अवस्था में बलात्कार को प्रोत्साहित करती है—जब वह प्रेम में गुलाम हो चुकी हो। बाकी सब गुलामियाँ उस पर थोपी जाती हैं।

असहाय के यौन शोषण का ही एक जघन्य रूप है परिवार के भीतर आत्मीय संबंधों के बीच होनेवाले बलात्कार। यह वैवाहिक बलात्कार से अधिक गंभीर समस्या है। अगम्यागमन (इनसेस्ट) पर पूरी तरह रोक नहीं लगायी जा सकी है, क्योंकि इसके विरुद्ध अवरोध हमेशा भीतरी होते हैं और अवसर एकदम सामने। यह स्त्री-पुरुष

की एक गहरी समस्या है। लेकिन इसके साथ जब बल प्रयोग जुड़ जाता है, तो सभ्यता की सारी दीवारें धराशायी हो जाती हैं। पिता और बेटी के बीच, भाई और बहन के बीच ममता तथा सुरक्षा बोध का रिश्ता बेहद गहरा होता है। बलात्कार न सिर्फ इन रिश्तों में आपराधिक खलल है, बल्कि एक प्रकार की दासता आरोपित करने का प्रयास भी है। प्रश्न किया जा सकता है कि क्या इसका एक कारण दासता के वे संबंध नहीं हैं, जो हमारे पारिवारिक ढाँचे में पहले से अनुस्यूत हैं ? कम उम्रवाले हर व्यक्ति का काम बड़ों की सेवा करना है, इस कुप्रथा को सुंदर संस्कार माना जाता है। फलतः बच्चे परिवार में बाल श्रमिक बन जाते हैं और बेटियाँ तथा बहनें भविष्य की अर्ध-दास पत्नियों के शिशु संस्करण। परिवार में श्रम विभाजन से ऊँच-नीच की भावना बलवती होती है और कुछ को हुक्म चलाने का विशेषाधिकार हासिल होता है, वह एक प्रकार की जाति प्रथा है। क्या इस जाति प्रथा को बनाये रखने के लिए ही अक्सर अपने से कम उम्र की स्त्री को पत्नी के रूप में तरजीह नहीं दी जाती ? ऐसे वातावरण में अगम्य-गमनवाला बलात्कार सिर्फ एक संभावना नहीं रह जाता। जब अधिकांश लोगों के जीवन की खिड़कियाँ खुली रहती थीं, यह लगभग असंभव था। किंतु बंद घरों की आधुनिक जीवन शैली में यह समस्या बढ़ सकती है। स्पष्ट है कि परिवार के भीतर की तानाशाहियों को तोड़ने का समय आ धमका है। इसका एक अनिवार्य पहलू यह होगा कि हर व्यक्ति को—खास तौर से बच्चों को—अपने जैविक परिवार से बाहर एक सामाजिक परिवार भी सुलभ रहना चाहिए, ताकि रक्षक ही भक्षक हो जाये, तो न केवल इसकी फरियाद की जा सके, बल्कि जरूरत होने पर सुरक्षा भी हासिल की जा सके।

यौन गुलामी के तंत्र का ही एक व्यवस्थित नाम है वेश्या व्यवसाय। वेश्याओं के साथ जो ग्राहकीय संभोग होता है, उसे बलात्कार नहीं माना जाता। लेकिन वेश्या व्यवसाय की इतनी बड़ी मौजूदगी बलात्कार का ही एक संस्थाबद्ध रूप है। बहुत कम स्त्रियाँ अपनी खुशी से इस पेशे में आती हैं। एक संगठित तंत्र द्वारा स्त्रियों को इस पेशे में लाया जाता है। उतना ही संगठित तंत्र वेश्या व्यवसाय को जारी रखने में सहायक बना रहता है। यह वृत्तांत मशहूर है कि वेश्यालय में पहुँचा दिये जाने के बावजूद स्त्रियाँ पहली बार ग्राहक के सामने जाने के विरुद्ध कितना प्रतिरोध करती हैं। अधिकांश के साथ भारी हिंसा की जाती है। कई-कई दिन तक भूखों रख कर उनके प्रतिरोध को तोड़ना आम बात है। वस्तुतः प्रत्येक ग्राहक को स्त्री के साथ वेश्यागमन करने के लिए जितनी हिंसा करनी पड़ेगी, वह हिंसा वेश्यालय चलानेवाले लोग उसकी तरफ से पहले ही कर चुके होते हैं। तभी उसे एक ऐसी स्त्री मिल पाती है, जो रुपये ले कर उसके साथ सोने को सहमत हो। लेकिन आज के मानवतावादी कार्यकर्ता वेश्या व्यवसाय का उन्मूलन करने में रुचि नहीं रखते। उनकी मुख्य चिंता यही है कि वेश्यालयों में कंडोम उचित संख्या में उपलब्ध रहें,

ताकि एड्स जैसे रतिज रोगों का प्रसार न हो सके।

इतनी बड़ी संख्या में वेश्याओं के सुलभ होने के बावजूद, जहाँ बलात्कार के लिए किसी किस्म का प्रयास नहीं करना होता, सिर्फ कुछ द्रव्य देना पड़ता है, बलात्कार क्यों होते हैं ? क्योंकि बलात्कारी अपनी ताकत के बल पर यौन सुख हासिल करना चाहता है। वेश्या फिर भी एक स्वतंत्र नारी है। उसके साथ पेश आने की एक स्वीकृत संहिता है। लेकिन बलात्कारी अक्सर उचक्का होता है। वह झपट कर अपना काम करना चाहता है, भले ही इसके लिये लंबी योजना बनानी पड़े। बलात्कारी को उचक्का होने का प्रलोभन क्यों होता है ? क्योंकि वह पाता है कि सब ओर ताकत की पूजा हो रही है। ताकतवर लोग दूसरों की जिंदगी के साथ तरह-तरह से खेल रहे हैं। ताकत के इस्तेमाल का कोई नैतिक शास्त्र नहीं है। इसलिए बलात्कारी सोचता है कि मैं अपनी ताकत का इस्तेमाल इस तरह कर रहा हूँ, तो क्या गलत कर रहा हूँ ? यह वसुंधरा वीरों के भोगने के लिए है। अतः वह बलात्कार को अपनी वीरता मानता है। ताकत का या हिंसा का यह इस्तेमाल शर्म या ग्लानि की बात बने, इसके लिए ताकत के सभी संबंधों को बदलना होगा। उन्हें मानवीय संबंध बनाना होगा। यह प्रक्रिया राज्य से ले कर परिवार तक सभी स्तरों पर चलनी चाहिए। लेकिन यह तभी संभव है जब हम यह भूल न जायें कि बलात्कारी भी आखिर मनुष्य ही है। बलात्कार मनुष्य करता है, इसलिए मनुष्य ही ऐसी व्यवस्था बना सकता है, जिसमें बलात्कार की आशंका न्यूनतम हो सके। इसका अर्थ यह नहीं है कि बलात्कारी को जेल में सुंदर-सुंदर औरतें मुहैया की जानी चाहिए। लेकिन यह मानने की जरूरत भी नहीं है कि वह कोई असामान्य व्यक्ति है और किसी सुदूर ग्रह से धरती पर आ टपका है। अच्छी से अच्छी व्यवस्था में भी शायद कुछ बलात्कार होंगे, क्योंकि अनुराग की शक्ति के स्थान पर बल पर भरोसा करना हमारी पाशव विरासत के अनेक अवशेषों में एक है। लेकिन संस्कृति की उचित कसौटी यह नहीं है कि बलात्कार को खत्म किया जा सका या नहीं। कसौटी यह है कि बलात्कार बढ़ रहे हैं या घट रहे हैं। घटते-घटते ही बलात्कार खत्म होगा।

स्पष्टतः ताकत का कोई एक रूप नहीं है। ताकत की संस्कृति को खत्म करने में दमन की संस्कृति को समाप्त करना भी निहित है। मनुष्य की यौनिकता की स्वाभाविक अभिव्यक्तियों को रोकना नहीं चाहिए। सामाजिक दमन जितना ज्यादा होगा, आत्मनियंत्रण उतना ही कठिन होता जायेगा। बेगानापन बलात्कार को प्रोत्साहित करने का अचूक नुस्खा है। मनुष्य के स्वभाव में चोरी अब भी बनी हुई है, क्योंकि निजी संपत्ति के वर्चस्व ने सबको एक-दूसरे से बेगाना कर रखा है। यहाँ तक कि शरीर को भी निजी संपत्ति माना जाने लगा है। शरीर को निजी संपत्ति मान कर चलना गलत और अप्राकृतिक है। शरीरवाद का यह नया आतंक व्यक्तिवाद की ही एक संकीर्ण परिणति है। सभ्यता का जैसे-जैसे विकास होगा, हर व्यक्ति विशिष्ट

होता जायेगा। पर इसके साथ ही आत्मीय पारस्परिक संपर्क भी बढ़ना चाहिए, नहीं तो अजनबीपन की दीवारें ऊँची होती जायेंगी। मानव जीवन के सभी क्षेत्रों में सामूहिकता, खुलेपन और एक-दूसरे के सहज स्पर्श के भलेपन का वर्चस्व होगा और स्त्री-पुरुषों के व्यक्तित्व का समग्र प्रस्फुटन हो सकेगा, तो स्नेह, समानता और निकटता का आम वातावरण बनेगा। इस वातावरण में बलात्कार एक विरल घटना में परिणत हो सकता है। आज की विडंबना यह है कि एक ओर बढ़ते हुए बलात्कारों पर चिंता व्यक्त की जा रही है, दूसरी ओर बलात्कार को संभव बनानेवाली स्थितियों का योजनाबद्ध विस्तार किया जा रहा है। स्पष्ट है कि बड़े बलात्कारियों ने छोटे बलात्कारियों के खिलाफ मोर्चा खोल रखा है। अदालत की ओर ले जाया जाता हुआ बलात्कारी वह अभिशप्त आदमी है, जिसकी पीठ पर पूरी सभ्यता का कूबड़ है।

15. नकली करुणा : नपुंसक क्रोध

स्त्री के लिए इससे बड़े दुर्भाग्य की बात क्या हो सकती है कि जब भी उसके बारे में लिखा जाता है, उसकी तसवीर ऐसी बनायी जाती है मानो वह अछूत, दलित, आदिवासी या कोई ऐसा वर्ग हो, जिसे सबकी सहानुभूति की जरूरत है। पुरुषों की बनायी हुई व्यवस्था ने ही उस पर तरह-तरह के अंकुश लगाये और अब पुरुष ही उस पर करुणा की बौछार कर रहे हैं। कहने की जरूरत नहीं कि ऐसी करुणा ज्यादातर किताबी या मंचीय होती है। कभी-कभी तो ऐसा लगता है कि भाषणों में या पत्र-पत्रिकाओं में स्त्री के प्रति सहानुभूति सिर्फ इसीलिये दिखायी जाती है क्योंकि आजकल इसी का चलन है। जब साहित्य का माहौल रीतिकालीन था, तब सभी कवि 'जब धरी हम बाँही, तब करी तुम नाहीं' जैसी पंक्तियाँ लिखते थे। अब सबकी सहानुभूति स्त्री के साथ दिखाई पड़ रही है, क्योंकि यही नये माहौल का तकाजा है।

यह फैशनेबल करुणा बहुत खतरनाक है, क्योंकि यह करुणा नहीं, उसकी पैरोडी है। करुणा जब वास्तविक होती है, तब हम जिसके प्रति द्रवित होते हैं, उसके दुख कम करने के लिए कुछ उद्यम करते हैं। रामचंद्र शुक्ल ने करुणा की परिभाषा करते हुए कहा है, 'दूसरे के दुख के परिज्ञान से जो दुख होता है वह करुणा, दया आदि नामों से पुकारा जाता है और अपने कारण को दूर करने की उत्तेजना करता है।' जहाँ इस प्रकार की उत्तेजना नहीं है, जहाँ दुख में कोई 'वेग' (शुक्ल जी का शब्द) नहीं है। उसे शुक्ल जी ने सहानुभूति कहा है, लेकिन साथ ही यह भी बताया है कि 'शिष्टाचार में इस शब्द का प्रयोग इतना अधिक होने लगा है कि यह निकम्मा-सा हो गया है। अब प्रायः इस शब्द से हृदय का कोई सच्चा भाव नहीं समझा जाता है। सहानुभूति के तार, सहानुभूति की चिट्ठियाँ लोग यों ही भेजा करते हैं। यह छद्म शिष्टता मनुष्य के व्यवहार क्षेत्र से सच्चाई के अंश को क्रमशः चरती जा रही है।' स्त्री के प्रति मौजूदा भारतीय सहानुभूति का चरित्र स्पष्ट करने के लिए शायद इनसे

बेहतर शब्दों का चुनाव नहीं किया जा सकता। चूँकि यह सहानुभूति ज्यादातर शब्दों में ही दिखाई देती है—कर्म में नहीं, इसलिए स्त्री के प्रति हमदर्दी का यह वातावरण वस्तुतः उसके खिलाफ ही जाता है। अशिष्टता दंभ की निशानी है, छद्म शिष्टता क्षुद्रता की।

लेकिन आजकल हमारे यहाँ स्त्री की समस्याओं के प्रति जो जागरूकता दिखायी जा रही है, क्या उसे पूरी तरह नकली कहा जा सकता है ? शायद नहीं। मुख्यतः तो इसके पीछे आधुनिक विचार की प्रतिध्वनियाँ हैं। यानी यह एक सामान्य न्यायप्रियता या समानता की भावना का ही हिस्सा है। लेकिन चूँकि इस भावना के पीछे कोई स्वस्थ जीवन दृष्टि या पुनर्निर्माण की योजना नहीं है, अतः यह एक प्रकार का दिखावा बन कर रह जाती है। स्त्री के प्रति यह दिखावा इतिहास में बराबर मिलता है। लेकिन उस दिखावे और इस दिखावे में कुछ फर्क है। यह दिखावा ज्यादा घातक है, क्योंकि यह स्थिति को बदलता नहीं, सिर्फ छेड़ता है। इस छेड़ने से संवेदनशील वर्ग में कुछ अपेक्षाएँ पैदा हो जाती हैं। जब ये अपेक्षाएँ यथार्थ की चट्टान से टकरा कर टूटने लगती हैं, तब स्त्री को घोर कष्ट होता है। लेकिन यह नहीं कहा जा सकता कि इससे तो बेहतर था कि स्त्री अपनी पुरानी अवस्था में ही रहती। वह संपूर्ण जड़ता थी; इस छेड़छाड़ से स्त्रियों में एक तरह की आत्मचेतना भी विकसित हो रही है। वे अपनी ट्रेजेडी के साथ-साथ पुरुषों का चरित्र भी समझने लगी हैं। निराशा भी रचनात्मक हो सकती है, यदि आत्मचेतना पर्याप्त रूप से जाग्रत हो जाये। स्त्री के मानवीय मनोभावों को बार-बार छेड़ने से शायद वह दौर जल्द आ जाये, जब स्त्री और पुरुष की बराबरी सचमुच संभव हो सके। लेकिन अभी तो स्त्री की स्थिति बहुत कुछ दलितों और आदिवासियों जैसी ही है। पुरानी व्यवस्था तो यह स्वीकार ही नहीं करती थी कि स्त्री को भी कुछ कष्ट हो सकता है। यही बात शूद्रों पर भी लागू होती है। उनके बारे में माना जाता था कि उनका तो जन्म ही सवर्णों की सेवा के लिए हुआ है। आज कम-से-कम सिद्धांत के रूप में तो यह बात नहीं मानी जाती। लेकिन चूँकि कोई वैकल्पिक दृष्टि नहीं है, सबका जीवन बेहतर बनाने की कोई संवेदना नहीं है, इसलिए शूद्रों की तरह स्त्रियों के लिए भी कुछ रस्मी कार्यवाहियाँ कर संतोष कर लिया जाता है। जैसे आदिवासियों और दलितों के लिए पिछले कुछ वर्षों में विशेष व्यवस्थाएँ की गयी हैं, नये-नये कार्यक्रम अपनाये गये हैं तथा विभिन्न दलों और सरकारों द्वारा पारित प्रस्तावों में एवं उनके द्वारा जारी किये गये दस्तावेजों में इनके हितों की रक्षा करने का संकल्प व्यक्त किया जाता है, वैसे ही स्त्रियों के बारे में भी लगातार अच्छे-अच्छे शब्द बोले जाते रहते हैं। कुछ विशेष व्यवस्थाएँ भी की गयी हैं, जैसे रेल में जनाना डिब्बा, बसों में अलग सीट, टिकट घर में अलग खिड़की, कॉलेज या विश्वविद्यालय में अलग कॉमन रूम, स्थानीय निकायों में एक-तिहाई अनिवार्य हिस्सेदारी आदि। स्पष्ट है कि जिस तरह दलितों और आदिवासियों को

समाज की मुख्य धारा में लाने का प्रयास नहीं किया जाता—बल्कि उन्हें समय-समय पर कुछ रियायतें दे दी जाती हैं, उसी तरह स्त्रियों को मिलनेवाली ये सुविधाएँ भी अशिष्टता के पानी पर शिष्टाचार की तैलाक्तता की तरह नजर आती हैं। चूँकि समाज में दलितों, आदिवासियों और स्त्रियों के लिए वास्तविक सहानुभूति का अभाव है, इसलिए यह छोटी-मोटी रियायतें पुरुष चित्त में क्रोध पैदा करती हैं। उन्हें लगता है कि उनका हक छीन कर स्त्रियों को कुछ ऐसा दिया जा रहा है जिसके वे लायक नहीं हैं। इस विकृत वेदना के कारण ही जैसे ऊँचे पद पर किसी दलित को बैठा हुआ देख कर सवर्णों को क्षोभ होता है, वैसे ही किसी महत्वपूर्ण स्थान पर बैठी स्त्री भी पुरुषों के मन में नफरत और गुस्सा पैदा करती है। समकालीन भारत में स्त्री के प्रति करुणा और क्रोध का यही रहस्य है। वस्तुतः ये दोनों ही यथार्थ को एक सीमित दृष्टि से देखने से पैदा होते हैं।

यह 'सीमित दृष्टि' क्या है ? यह वह दृष्टि है, जो किसी भी स्थिति या समस्या को ऐतिहासिक परिप्रेक्ष्य में नहीं देखती। यह दृष्टि सतही नारेबाजी और फतवाप्रियता से जन्म लेती है। इसका एक दिलचस्प नमूना समानता का सिद्धांत है। समानता की अधकचरी समझ ने समस्याओं को सुलझाया कम है, उलझाया ज्यादा। संविधान में पुरुष और स्त्री की बराबरी का सिद्धांत स्वीकार कर लिया गया है—यह बात पुरुषों को नागवार गुजरी है। सच तो यह है कि समानता संविधान से नहीं, संघर्ष से आती है। चूँकि भारत के स्त्री समाज ने अपनी स्वाधीनता के लिए ज्यादा संघर्ष नहीं किया है, इसलिए समानता उनके लिए सच्चाई कम है, स्वप्न या मिथक ज्यादा। इसीलिए वह हास्यास्पद भी है। जो चीज आपको कानून में मिली हुई हो—वास्तविक जीवन में नहीं, वह आपका उपहास नहीं तो और क्या है ? यही कारण है कि भारतीय पुरुष जहाँ जरूरी है, वहाँ तो समानता के सिद्धांत का भरसक उल्लंघन करता है, लेकिन जब उसे इससे फायदा नजर आता है, तब वह इसकी दुहाई देने लगता है और स्त्रियों को उन प्रतीकात्मक सुविधाओं से भी वंचित रखना चाहता है, जो उन्हें स्त्री होने के नाते मिली हुई हैं। स्त्रियाँ कभी माँग नहीं करतीं कि पुरुष रात को जब-तब जगे और और नवागंतुक शिशु के भीगे कपड़े बदलें, लेकिन सार्वजनिक बसों में स्त्रियों के लिए कुछ सीटें सुरक्षित कर दी जाती हैं, तो यह पुरुषों की नजर में चुभने लगता है। वे यह माँग करते हैं कि स्त्रियाँ जब समानाधिकार चाहती हैं, तो उनके लिए कोई विशेष सुविधा क्यों हो ? अगर पुरुष बस में खड़े-खड़े यात्रा कर सकते हैं, तो स्त्रियाँ क्यों नहीं कर सकतीं ?

यह द्वेष ठीक वैसा ही है जैसा आरक्षण के मामले में दिखाई देता है। सवाल किया जाता है कि जब लोकतंत्र है, सब बराबर हैं, तो फिर कुछ खास जातियों के लिए आरक्षण क्यों ? क्या इस तरह की बात कहनेवाले लोग जानते नहीं कि जिन जातियों को आरक्षण दिया गया है, इसके बिना उनकी उन्नति हो ही नहीं सकती ?

शताब्दियों से उन्हें इस तरह कुचल कर रखा गया है कि आरक्षण न मिले, तो वे न तो कायदे से पढ़-लिख सकती हैं और न अच्छी नौकरी पा सकती हैं ? लेकिन यह उदारता एक ऐसे समाज में ही दिखाई पड़ सकती है, जो प्रगति की ओर लगातार बढ़ रहा हो। खुशहाली बढ़ती है, तो उसमें हिस्सा देने में तकलीफ नहीं होती। लेकिन जब जीवन संघर्ष लगातार जटिल होता जाता है, तब हर आदमी अपना दुश्मन नजर आता है, क्योंकि उसका वजूद नहीं होता, तो हमारी अपनी जीवन यात्रा कुछ कम कठिन हो जाती। यह रेल यात्रा का सीधा-सादा मनोविज्ञान है। डिब्बा खाली होता है, तो किसी को इस बात की परवाह नहीं होती कि डिब्बे में नया कौन घुस रहा है। जब डिब्बा ठँस जाता है, तब भीतर के लोग पूरी कोशिश करते हैं कि कोई नया आदमी चढ़ने न पाये—यहाँ तक कि वह आदमी भी, जो अभी पिछले स्टेशन पर ही कड़े प्रतिरोध का सामना कर डिब्बे में घुसा था।

स्त्री के प्रति भारतीय पुरुष का क्रोध कुछ-कुछ इसी किस्म का है। वह देखता है कि स्त्री उसके रोजगार का अवसर सीमित कर रही है, स्त्री बस या रेल में उसकी सीट छीन रही है, स्त्री के लिए टिकट खरीदने या बिल जमा करने का अलग काउंटर है, स्त्री के लिए रेल में एक अलग डिब्बा है, तो उसे लगता है कि जो स्त्री कल तक उसकी सुख-सुविधा की व्यवस्था करनेवाली थी, उसके लिए अपना स्थान छोड़नेवाली थी, वही अब उसके लिए चुनौती होती जा रही है। अस्वस्थ प्रतिद्वंद्विता का यह भाव उसे हिंस्र बना देता है। वह स्त्री-पुरुष संबंध का अतीत भूल जाता है, भविष्य भूल जाता है—उसे याद रहता है तो सिर्फ वर्तमान, जिसमें एक स्त्री उसकी गुलाम है और दूसरी स्त्री सार्वजनिक जीवन में प्रवेश कर मानो उसे मुँह चिढ़ा रही है। और, ऐसी स्थितियों की निरंतरता उसकी करुणा को क्रोध में बदल देती है। पहले तो वह स्त्री के प्रति कोमलता दिखाते हुए उसके लिए सीट खाली कर देता था, उसके हाथ से गिर गया सामान उठा देता था, उसका बोझ अपने हाथ में ले लेता था, लेकिन अब वह उसे धकिया कर सीट पर कब्जा कर लेता है, भीड़ में मौका मिलने पर उसे जहाँ-तहाँ छू या मसल देता है और दफ्तर के काम में उससे कोई गलती हो जाये, तो वह उस मुद्रा में हँस देता है कि 'औरतों से कोई कायदे का काम कराया ही नहीं जा सकता।' मानो पुरुष ही यह संसार चला रहे हों।

यह करुणा नकली करुणा है, जो 'हाय' कह कर रह जाती है। वह गुस्सा नपुंसक गुस्सा है, जो समस्या की तह में नहीं जाता और सतही समाधानों को लालच की निगाह से दिखाता है। फिलहाल तो भारत में यही स्थिति है। आशा करनी चाहिए कि वह दिन शीघ्र ही आयेगा जब हमारी करुणा भी असली होगी और हमारा क्रोध भी। तब दोनों एक-दूसरे को पवित्र बनायेंगे और हर उस चीज को बदलने की बेचैनी पैदा करेंगे, जो करुणा या क्रोध पैदा करती है।

16. भारतीय पुरुष की वेदनाएँ

भारतीय पुरुष की वेदनाओं का अंत नहीं है। इसका कारण यह नहीं है कि भारतीय स्त्री कोई खूँखार प्राणी है। कारण यह भी नहीं है कि भारतीय पुरुष एक क्रूर और अधम प्राणी है। दोनों एक खास ऐतिहासिक स्थिति की उपज हैं और उसने उन्हें ऐसा नहीं बनाया है, जिससे वे एक-दूसरे के जीवन को सुखी कर सकें। वैसे ही भारतीय जीवन में दुख कम नहीं हैं : स्त्री और पुरुष की यह अनमेलता इन दुखों को और प्रखर बना देती है। भारतीय स्त्री और भारतीय पुरुष दोनों एक-दूसरे को गंभीर रूप से निराश करते हैं। स्त्री नहीं जानती कि उससे पुरुष की ठीक-ठीक अपेक्षाएँ क्या हैं तथा इन अपेक्षाओं को वह कैसे पूरा करे। पुरुष को एक दोस्त चाहिए, लेकिन उसे मिलती है पत्नी, जो उसे दुपट्टे की तरह अपने कंधे से लपेटे रखना चाहती है। इसके लिए वह अपना सर्वस्व समर्पण करने को तैयार रहती है, लेकिन यह सर्वस्व ऐसा नहीं होता, जो पुरुष को संतुष्ट कर सके। वह समर्पण से अधिक साथ चाहता है। यह सच है कि बहुत-से पुरुषों को सचमुच का साथी चाहिए भी नहीं, लेकिन जिन्हें चाहिए, उनकी तमन्नाएँ बंद कमरे में जलते हुए दीये की तरह अपने ही धुएँ से घिरी घुटती रहती है। ऐसे मध्यवर्गीय भारतीय पुरुषों की संख्या कम नहीं है, जिन्हें अपनी पत्नी पत्थर के किसी भारी टुकड़े की तरह लगती है, जिसके कारण वे अपनी उड़ान में भयंकर बाधा अनुभव करते हैं।

स्त्री-पुरुष संबंधों के लिहाज से यह इस समय भारतीय समाज का सबसे ज्यादा अतृप्त हिस्सा है। इस वर्ग के लिए स्त्री का खयाल वेदनाओं की एक लगातार जलती हुई कंदील है, जिसकी रोशनी में उसकी अन्य सफलताएँ उसे फीकी दिखाई पड़ती हैं। वैसे तो बाहर भी उसकी जलन कम नहीं है, लेकिन घर में घुसते ही उसे ऐसा लगता है, जैसे वह किसी छोटी-मोटी जेल में पहुँच गया है। उसे दुनिया में अपना दुश्मन नंबर एक जो नजर आता है, वह कोई और नहीं, उसकी अपनी स्त्री ही है,

जिसे वह ढोल-बाजा बजा कर घर ले आया था। वह उसे अपनी जिंदगी के दाल-भात में मूसलचंद नजर आती है, जबकि वह (इसी मुहावरे का थोड़ा विस्तार करें तो) उससे चटख मसालेदार सब्जी होने की अपेक्षा रखता है। और, यह घाव ऐसा है, जिसे वह किसी को दिखा नहीं सकता। हाँ, कभी जब दो दिलजले अंतरंग गुफ्तगू करते हैं या शराब पी कर अपने-अपने दुखों की गठरी खोलते हैं, तो उनके बॉस के साथ-साथ उनकी स्त्रियाँ भी कठघरे में खड़ी नजर आती हैं। एक दफ्तर में सताता है, दूसरा घर में और दोनों का ही कोई इलाज नहीं नजर आता। बॉस का हम कुछ बिगाड़ नहीं पाते, पर स्त्री को तो सता ही सकते हैं। यही वजह है कि मध्यवर्गीय भारतीय स्त्री पर लगातार एक अदृश्य मुकदमा चलता रहता है, रोजनामचा भरा जाता रहता है, अकसर पेशी होती है और कभी-कभी सजा भी सुना दी जाती है। बस न्याय नहीं हो पाता, क्योंकि न्याय एक निर्मम तथा तटस्थ किस्म की चीज है। मुकदमा चलते रहने के दौरान जिंदगी हस्बमामूल चलती रहती है, लेकिन न्याय कर दिये जाने के बाद फैसले पर अमल करना जरूरी हो जाता है। उससे हम सभी बचना चाहते हैं, क्योंकि फैसले की घड़ी आये, तो अभियुक्त और न्यायाधीश को शायद एक-दूसरे के स्थान पर चले जाना पड़े। कारण, न्याय होगा तो पूरा होगा और तब भारत का मध्यवर्गीय पुरुष पायेगा कि ज्यादातर मामलों में दाल-भात में मूसलचंद वह स्वयं है। न्याय में लेकिन एक और कठिनाई है। विकल्प कहाँ है ? न केवल स्त्री के लिए, बल्कि पुरुष के लिए भी। इस तरह एक ऐसा दुश्चक्र लगातार चलता रहता है, जिसमें सब छटपटाते नजर आते हैं—लेकिन जिसे तोड़ने की ईमानदार कोशिश करता कोई दिखाई नहीं देता।

भारतीय पुरुष की वेदनाओं का स्रोत कहाँ है ? इसके लिए भारतीय स्त्री की स्थिति पर विचार करना जरूरी है। एक स्वतंत्र व्यक्ति ही किसी का अच्छा साथी हो सकता है। दादा धर्माधिकारी का कहना है कि 'जब तक स्त्री वस्तुतः स्वतंत्र नहीं होती यानी वह पुरुष का आश्रित होना नहीं छोड़ती, तब तक स्त्री-पुरुष का सहजीवन असंभव है। वे एक मकान में रहेंगे। ऐसा मालूम पड़ेगा कि वे एक दूसरे के साथ रहते हैं। लेकिन वे एक-दूसरे के साथ नहीं रहते।' इसे स्पष्ट करने के लिए दादा ने एक दिलचस्प कहानी बयान की है। उन्हीं के शब्दों में सुनिए।

'एक बाप अपने बेटे को ले गया रानी के बाग में, यह कह कर कि मैं तुझे बकरी और शेर एक साथ सोये हुए दिखाता हूँ। वहाँ देखा तो पिंजरे में शेर ही शेर था, बकरी तो थी नहीं। बाप ने समझाया कि शेर के पेट में बकरी सोयी है। एकात्मता के दो तरीके हैं। एक का नाम है सिकंदर का तरीका, सम्राट का तरीका। सारा साम्राज्य उसके पेट में रहता। दूसरा तरीका है जीसस का—सांधु-संतों का तरीका, वीर पुरुष का तरीका। वीर पुरुषों के भीतर समाज नहीं रहता, समाज के भीतर उनका प्रवेश होता है। आज तक स्त्री और पुरुष का सह-जीवन शेर और बकरी के सह-जीवन

जैसा चला है और जब तक हम इसको नहीं बदलेंगे, दुनिया में धर्म का प्रादुर्भाव हो ही नहीं सकता। धर्म सह-जीवन में है। एक के पेट में दूसरे के जीने में सह-जीवन नहीं है, नैतिकता भी नहीं है।'

भारतीय पुरुष की मुश्किल उसकी यह उत्कट चाह है कि बकरी रहे तो मूलतः बकरी ही—उससे छोटी, कमजोर, आतंकित, लेकिन उसके पेट में न सोयी रहे। वह बाहर निकले, छलाँग भरे, मुक्त हो कर रोमांटिक ढंग से मिमियाये, उसकी गुफा को साफ-सुथरा रखे, उसके बच्चों को शेरत्व का प्रशिक्षण दे, उसके दोस्त शेरों का सुघड़ता एवं शालीनता से स्वागत करे, कभी-कभी शराब वगैरह पीने में भी साथ दे तथा जरूरत पड़ने पर खुद भी शेरनी का भेस बना कर उसके साथ कंधे से कंधा मिला कर बाहर निकल सके। लेकिन जो बकरी कम-से-कम दो हजार साल से उसके पेट में पड़ी सो रही थी, वह अचानक यह सब कैसे कर सकती है ? वह तो ठीक-ठीक अनुमान भी नहीं लगा सकती कि उसका शेर उससे चाहता क्या है। जो अनुमान लगाने में सक्षम है, उसके पास इतनी योग्यता नहीं है कि वह शेर की महात्वाकांक्षाओं को पूरा कर सके।

एक मामूली-सी स्थिति लीजिए। शेर का बच्चा अंग्रेजी माध्यम के कान्वेंट स्कूल में पढ़ता है। बकरी उसे नहला-धुला कर उसे स्कूल के लिए तैयार कर देती है, उसकी टाई भी बाँध देती है, लेकिन वह उसका 'होम वर्क' कैसे कराये ? सो पति अंदर ही अंदर बिसूरता रहता है कि अच्छी औरत है ! अपने बच्चे की शिक्षा में भी मदद नहीं कर सकती ! अब मैं क्या-क्या करूँ ? दफ्तर जाऊँ, सब्जी लाऊँ, बच्चों को पढ़ाऊँ और इस तरह अपनी जिंदगी को मिट्टी में मिला दूँ ? यह तो घर में बेठी-बैठी मोटाती रहे और मैं सुबह से शाम तक खटता रहूँ, यह कहाँ का न्याय है ? अब शेर चाहता है कि बकरी सिर्फ 'सुनो जी' और 'देखो जी' न कहे, कुछ शेरो-शायरी करे, सोनिया गांधी और लालू-मुलायम में दिलचस्पी दिखलाये, क्रिकेट की समझ रखे, तथा 'हाउ स्वीट', 'वंडरफुल' और 'एग्जैक्टली' वगैरह का माकूल प्रयोग न सीख सके, तो कम-से-कम 'सॉरी' और 'थैंक्यू' तो जान ले। लेकिन उसे तो रसोई, सिलाई और अपनी पड़ोसिनों की निंदा-शिकायत से ही फुरसत नहीं है। इस तरह शेर बाहर की दुनिया में जीत कर भी अपनी गुफा में हार जाता है और यह मान कर संतोष कर लेता है कि अच्छी औरत उसकी किस्मत में ही नहीं लिखी है। वह सोचता है कि शायद ऐसी औरत होती ही नहीं है। इस तरह आज लगभग हर मध्यवर्गीय पुरुष का मन एक आहत स्वप्न से लथपथ है। वह एक ऐसे यथार्थ के साथ ज़ीता है, जिससे उसका कोई सरोकार नहीं बन पाता। फलस्वरूप उसका यह यथार्थ दिन-प्रतिदिन और चिड़चिड़ा तथा बदसूरत होता जाता है तथा उसी अनुपात में पुरुष की हताशा भी बढ़ती जाती है। चूँकि उसका दुश्मन उसके ठीक बगल में सोता है और 'वक्त-जरूरत' काम भी आता है, इसलिए वह अपनी खीज को ढंग से व्यक्त भी

नहीं कर पाता। जब व्यक्त करता है, तो दो-चार दिन के शीत युद्ध के बाद बिस्तर की विवशताएँ उन्हें फिर एक कर देती हैं। कुछ क्षणों की शीत मित्रता के बाद फिर वैसी ही सुबह होती है : स्त्री रसोई की ओर लपकती है, पुरुष अर्धशमित तनाव और अखबार के साथ चाय पीता है, अपना बैग उठाता है, जिसमें उसकी पत्नी द्वारा तैयार किया टिफिन बॉक्स रखा होता है, अपने रणक्षेत्र की ओर निकल जाता है और दफ्तर का काम करते हुए गुनगुनाता है : लगता नहीं है दिल मेरा उजड़े दयार में।

भारत के मध्यवर्गीय जीवन में रोमांटिक प्रेम एक नया स्वप्न है। अभी हाल तक पुरुष और स्त्री की दुनियाएँ इतनी अलग-अलग थीं कि उनके बीच किसी किस्म के सामंजस्य की जरूरत ही महसूस नहीं होती थी। जिस तरह कुछ मामलों में बायाँ हाथ नहीं जानता कि दायाँ हाथ क्या कर रहा है, उसी तरह घरेलू जीवन और सार्वजनिक जीवन में गहरा अपरिचय और काफी हद तक अंतर्विरोध भी था। जो लोग बाहर आदर्शवादी बनते थे, वे घर में घुसते ही मनुस्मृति के उपासक बन जाते थे। बाहर स्त्री मुक्ति की बात होती थी और घर में ध्यान रखा जाता था कि स्त्री का आँचल हमेशा सही स्थान पर रहता है या नहीं। फिर भी लोग सुखी थे, कयोंकि सुख की उनकी परिभाषा यह नहीं थी, जो आजकल है। जिन्हें घर से संतोष नहीं था, वे बाहर एक प्रेमिका (या रखैल) की व्यवस्था कर लेते थे और लोक-परलोक दोनों को दुरुस्त रखते थे। प्रेमचंद ने मरते समय अपनी पत्नी शिवरानी देवी को बताया था कि मेरा एक अन्य स्त्री से भी संबंध रहा है। लेकिन अब यह स्थिति बदल गयी है। अब पत्नी से भी पुरुष की अपेक्षाएँ बदली हैं और प्रेमिका से भी।

स्त्री-पुरुष संबंध की समकालीन भारतीय ट्रेजेडी का रहस्य भी इसी में छिपा हुआ है। पिछले तीन-चार दशक से भारत के मध्य वर्ग में कई तरह की छटपटाहटें आयी हैं, जिनमें स्त्री विषयक अतृप्ति का केंद्रीय महत्व है। यह अकारण नहीं है कि खड़ी बोली हिंदी में सच्ची प्रेम कविताएँ छायावादोत्तर युग में लिखी गयी हैं। पहले भी प्रेम कविताएँ लिखी जाती थीं। लेकिन उनमें साहस का अभाव था। ऐंद्रिकता की तो घनघोर कमी थी। फलतः ऐसे बिंब चुने जाते थे, जिन्हें बच्चे और बड़े-बूढ़े सबके बीच प्रस्तुत किया जा सके। मसलन जयशंकर प्रसाद की ये प्रसिद्ध पंक्तियाँ लीजिए :

शशिमुख पर घूँघट डाले,
अंचल में दीप जलाये
जीवन की गोधूली में
कौतूहल-से तुम आये

इसकी तुलना हरिवंशराय बच्चन की इन पंक्तियों से करने पर लगता है कि हम कुहासे से बाहर निकल कर साफ और वास्तविक जमीन पर आ गये हैं :

चाँदनी फैली गगन में, चाह मन में

दिवस में सबके लिए बस एक जग है
रात में हर एक की दुनिया अलग है

कल्पना करने लगी अब राह मन में
चाँदनी फैली गगन में, चाह मन में

इसके बावजूद सच तो यह है कि आधुनिक हिंदी कविता में भी अनुभव का ताप कम दिखायी पड़ता है, इच्छाओं की लीला ज्यादा। इसका एक कारण तो कविता का चरित्र है। वह अनुभव और कल्पना के बीच के 'नो मैन्स लैंड' में अपने सबसे मोहक रूप में खिलती है। कविता में जो चीज अत्यंत ठोस रूप में दिखाई पड़ती है, वह भी कल्पना की सुनहरी आभा से लिपटी हुई होती है। फिर प्रेम स्वयं भी तो अंततः एक कल्पना ही है—एक महान कल्पना, यथार्थ जिससे हमेशा कुछ कमतर होता है। फिर भी एक अपेक्षाकृत वर्जनामुक्त माहौल में ही प्रेम की सच्ची, उष्ण और जीवनदायक अभिव्यक्ति हो सकती है। आधुनिकता ने हमारे यहाँ यह काम सिर्फ कुछ हद तक ही किया है। उसने बाहर की वर्जनाएँ तो तोड़ी हैं, पर अंदर की रूढ़ियाँ नहीं।

हमारी मुश्किल यह है कि हम जितना आधुनिक होना चाहते हैं, उतना हो नहीं पाते। इसका एक पहलू बौद्धिक है और दूसरा आर्थिक-सामाजिक। एक ओर तो हमारी बौद्धिक गाँठें खुलने से इनकार करती हैं, जो जाहिर है हमारी अपनी ही कारिस्तानी है और दूसरी ओर हमारा आर्थिक-सामाजिक माहौल ऐसा नहीं है जिसमें हमारी यह आधी-अधूरी आधुनिकता प्रस्फुटित हो सके। इसलिए आधुनिक हिंदी की प्रेम कविताओं से हम उस अनुभव को ज्यादा नहीं जान पाते जो स्त्री-पुरुष के बीच के एकांत को एक अद्‌भुत सुगंध से भर देता है। हाँ, यह जरूर पता लगा सकते हैं कि मध्यवर्गीय भारतीय के कल्पना-रंजित मन में वांछित स्त्री का कैसा बिंब तैयार हो रहा है। यह कैसी स्त्री की कल्पना है ? जो बौद्धिक रूप से समर्थ हो, जीवन में हर क्षेत्र में उसका साथ दे सके, हर तरह से वर्जना-मुक्त हो और पूर्ण रूप से समर्पित भी हो। यही स्त्री हमारे मध्यवर्गीय भारतीय के सपनों की रानी है। स्पष्ट है कि स्त्री से भारतीय पुरुष की माँगें अब बिल्कुल बदल गयी हैं। पहले वह मानता था कि 'नारी ! तुम केवल श्रद्धा हो' (हालाँकि व्यवहार में स्त्री के प्रति उसका दृष्टिकोण इसका आधा भी नहीं था), अब उसकी स्थिति कुछ इस प्रकार है (उर्वशी : रामधारी सिंह दिनकर) :

चूमता हूँ दूब को, जल को, प्रसूनों, पल्लवों को
वल्लरी को बाँह भर उर से लगाता हूँ।

बालकों-सा मैं तुम्हारे वक्ष में मुँह को छिपा कर
नींद की निस्तब्धता में डूब जाता हूँ।

नींद जल का स्रोत है, छाया सघन है
नींद श्यामल मेघ है, शीतल पवन है

किंतु जग कर देखता हूँ
कामनाएँ वर्तिका-सी बल रही हैं
जिस तरह पहले पिपासा से विकल थीं

प्यास से आकुल अभी भी जल रही हैं।
रात भर, मानो, दीपक-सदृश जलना पड़ा हो
नींद में, मानो, किसी मरुदेश में चलना पड़ा हो

यह मरुदेश भारतीय पुरुष का स्वप्न लोक है, जिसकी सीमा रेखा उस औरत से शुरू होती है, जो उसकी पत्नी या उसके बच्चों की माँ कहलाती है। लेकिन भारतीय मध्य वर्ग के एक नहीं, हजारों स्तर हैं। सबसे निचले स्तर पर वह दंपति है, जिसके दोनों पहिये श्रम की चक्की में जुते रहते हैं, तब कहीं जा कर उसकी दरिद्रता का सूरज बादलों के पीछे छिप पाता है। सबसे ऊपर की दुनिया ओनरशिप फ्लैट, रंगीन टीवी, सेलुलर फोन, होटलबाजी तथा बीच-बीच में हो जानेवाली यात्राओं—विदेश यात्राओं से बनी है। जाहिर है, विभिन्न स्तरों पर स्त्री से माँग भी भिन्न-भिन्न होगी। एक किस्म का सहयोग सबसे निचले स्तर पर दिखाई पड़ता है, तो सबसे ऊँचे स्तर पर भी। नीचे श्रम की साझेदारी है, ऊपर विलास की। श्रम की साझेदारी में स्त्री पर दुहरा-तिहरा बोझ पड़ता है। उससे आशा की जाती है कि वह गृहिणी के परंपरागत धर्म का निर्वाह तो करे ही, नयी जिम्मेदारियाँ भी 'हँसता हुआ नूरानी चेहरा' के साथ सँभाले। ऊपर के स्तर पर श्रम का स्थान विलास ने ले लिया है, अतः वहाँ का तनाव बिल्कुल दूसरे ढंग का है। नीचे के स्तर पर स्त्री को पत्नी के साथ-साथ मजदूर भी होना पड़ता है, जबकि ऊपर के स्तर पर उससे आशा की जाती है कि वह अपना पत्नी धर्म थोड़ा संक्षिप्त कर दे। जिस तरह सर्वोच्च स्तर पर स्त्री सिर्फ शोभा और सजावट की वस्तु बन कर रह जाती है, उच्च-मध्य वर्ग में वैसा तो नहीं हो पाता। लेकिन वहाँ स्त्री से यह 'आधुनिक' माँग जरूर की जाती है कि वह कभी कभी अपने पुरुष को सब कुछ जानते हुए भी किसी और में रत होने के लिए छोड़ दिया करे। अगर वह एक प्रेमिका 'मेनटेन' करने की छूट दे सके, तब तो दुनिया में उसके जैसा

उदार कोई व्यक्तित्व ही नहीं है। बहरहाल, स्त्री से आधुनिक माँग का स्वरूप चाहे जो भी हो, उस पर सिनेमा, टेलीविजन, आधुनिक साहित्य तथा यूरो-अमेरिकी आदर्शों की गहरी छाया है। थोड़ा और साफ करके कहें तो यह विकासमान उपभोक्ता समाज के अनुकूल भारतीय स्त्री के पुनर्निर्माण की माँग है। पूँजीवादी समाज बहुत-सी नयी गुलामियों की माला पहनाता है, तो कई स्तरों पर उन्मुक्त भी करता है। यह मुक्ति एक उदार माहौल तो बनाती है, लेकिन इसके अंतर्निहित अंकुश भी कम नहीं होते। ऐसे समाज में पुरुष और स्त्री, दोनों की अपेक्षाएँ बदलने लगती हैं। पहले पुरुष कम कमाता था, तो इसके कारण स्त्री उसे नापसंद भले ही करती हो, पर भर्त्सना की नजर से नहीं देखती थी। आज जो पुरुष अपने घर में रंगीन टेलीविजन नहीं ला सकता या अपनी संतान को अंग्रेजी माध्यम के स्कूल में नहीं भेज सकता, उसका पौरुष उसकी पत्नी की निगाह में ही संदिग्ध बन जाता है। इसी प्रकार पुरुष भी अपनी स्त्री से यह अपेक्षा करता है कि वह नये जमाने के अनुकूल बने, 'मॉड' नहीं तो 'मॉडर्न' जरूर हो।

भारतीय स्त्री ने इस नयी स्थिति का सामना करने के लिए अपने को काफी बदला है, फिर भी भारतीय पुरुष को उससे संतोष नहीं है। दरअसल, उसकी ट्रेजेडी यह है कि पश्चिम में जो चीजें तीन-चार सौ वर्षों के संघर्ष तथा उद्यम से हासिल हुई हैं, वही वह दो-तीन दशकों में प्राप्त कर लेना चाहता है। अतः भारतीय स्त्री उसको निराश करती है। लेकिन क्या इसमें सारा दोष उसी का है ? कहीं यह ठीक वैसा ही मामला तो नहीं, जिसमें किसी कुत्ते को गोली मारने के पहले उसे पागल करार दिया जाता है ? भारतीय पुरुष तेजी से बदल रहा है। लेकिन भारतीय स्त्रियाँ उतनी तेजी से नहीं बदल रही हैं, तो इस स्थिति के लिए जिम्मेदार कौन है ? एक दोषी को तो हम तुरंत पहचान सकते हैं। वह है पिछली दो पीढ़ियाँ। यह उनके पापों का ही फल है जो हमें भोगना पड़ रहा है, हालाँकि इसका मतलब यह नहीं कि हम पूर्णतः निष्पाप हैं। प्रगति की शराब के नशे में पहले के लोगों ने अपने लड़कों को तो आगे बढ़ाया, उन्हें पढ़ाया-लिखाया, प्रतिद्वंद्विता की कला सिखलायी, लेकिन लड़कियों के आधुनिकीकरण की कोई गंभीर कोशिश नहीं की—सिर्फ पोशाक और सौंदर्यीकरण को छोड़ कर और, आप जानते हैं, ये ऐसी चीजें हैं, जिन्हें पुरानी पीढ़ी चाहती तब भी रोक नहीं सकती थी। शारीरिक एकरूपता की प्रतिद्वंद्विता में पुरुष हो या स्त्री, कोई भी पीछे नहीं रहता, क्योंकि यही सबसे आसान है। जो कठिन है, जिसकी व्यवस्था व्यक्तिगत उद्यम तथा सामाजिक ढाँचे में परिवर्तन से ही संभव है, उसका लाभ लड़कों को ही मिला—लड़कियों को नहीं। मसलन शिक्षा। इस शताब्दी के 80 वर्षों में लड़कों और लड़कियों की शिक्षा में भयानक विषमता रही है। बेशक यह विषमता लगातार कम होती गयी है। लेकिन इतनी मंद गति से कि अभी भी

लगभग आधे का फर्क रह गया है।

1901 से 1991 तक स्त्री-पुरुषों में साक्षरता का प्रतिशत देखिए :

साल	पुरुष	स्त्री
1901	9.81	0.60
1911	10.56	1.05
1921	12.21	1.85
1931	15.59	2.90
1941	24.90	7.30
1951	24.95	7.93
1961	34.44	12.95
1971	39.45	18.69
1981	46.74	24.88
1991	64.13	39.29

स्पष्ट है कि अभी भी 64 पुरुषों के मुकाबिले सिर्फ 39 स्त्रियाँ साक्षर हैं। कहना नहीं पड़ेगा कि जो हाल साक्षरता का है, वही नागरिक चेतना के विकास का, आत्मनिर्णय का अधिकार देने का, स्त्री-पुरुष के बीच मौजूद फालतू विभेदों को नष्ट करने का तथा सामाजिक पुनर्निर्माण का भी है। किसी भी क्षेत्र में कोई व्यवस्थित, चेतन तथा भविष्योन्मुख प्रक्रिया नहीं दिखाई देती। फिर भारतीय मध्य वर्ग का पुरुष अपने जीवन साथी के रूप में जैसी स्त्री चाहता है, वह आये तो कहाँ से आये ? आदमी न तो खेत में पैदा होते हैं और न कारखाने में। आप अपना पुराना रेडियो किसी को बेच कर नये मॉडल का रेडियो बाजार से ले सकते हैं, लेकिन आदमी इस तरह नहीं बदले जाते। आदमी का क्रमिक विकास होता है और यह साधना अंततः व्यक्ति को ही करनी होती है, लेकिन दूसरे लोग भी इसमें काफी मदद कर सकते हैं। इस मामले में माहौल की निर्णायक भूमिका होती है। उदहारण के लिए जब जन आंदोलन का माहौल होता है, तो गुलामी और पिछड़ेपन की जंजीरें अपने आप शिथिल होने लगती हैं और जैसे साँप केंचुल फेंक कर नया हो जाता है, वैसे ही आदमी भी अपनी पुरानी आदतें त्याग कर बिल्कुल नया हो जाता है। कुछ व्यक्तित्व भी प्रेरणापूर्ण होते हैं, जो अपने आसपास रोशनी फेंकते रहते हैं और लोगों में बेहतर तथा उच्चतर जीवन की प्रेरणा पैदा करते रहते हैं।

आज ऐसा माहौल नहीं है। अतः समाज में जो नयी किस्म के लोग दिखाई पड़ रहे हैं, उनकी वास्तविक प्रेरणाओं के प्रति संदेह होता है। सच तो यह है कि आज स्वाधीनता का जो माहौल दिखाई पड़ रहा है, उसके पीछे वस्तुतः स्वाधीनता का कोई दर्शन नहीं है। यह तो भोगवाद का तूफान है, जिसमें सारी चीजें उड़ी जा रही हैं–'कमर के लहँगे' से ले कर 'आँखों की शर्म' तक। इस भोगवादी नजरिये

के कारण स्त्री के बारे में पुरुष का दृष्टिकोण बदल रहा है। वह उसे एक व्यक्ति के रूप में नहीं देखता, बल्कि एक मॉडल के रूप में देखता है। यह सच है कि प्रत्येक युग ने आदर्श स्त्री-पुरुष का एक मॉडल बनाया है। लेकिन आज जो मॉडल है, वह स्त्री को एक सामान में बदलने का है। पहले स्त्री और पुरुष दोनों के आदर्शों के पीछे झूठा ही सही, किंतु एक नैतिक दृष्टिकोण था। फलतः जो पुरुष उन नैतिक प्रतिमानों का अतिक्रमण करता था, उसे ग्लानि भी होती थी। अब वह ग्लानि इस्तेमाल कर लिए गये निरोध की तरह डस्टबिन में फेंकी जा चुकी है। स्त्री से माँग की जा रही है कि वह अभिनेत्री की तरह सुंदर हो, कवि की तरह भावनापूर्ण हो, बुद्धिजीवी की तरह तार्किक हो, होटल मैनेजर की तरह व्यवस्थापिका हो तथा कॉल गर्ल की तरह खुली तबीयत की हो और इस सबके अलावा पर-पुरुषों से उसकी दोस्ती भी न रहे। वह अपने पुरुष को भगवान भी माने।

यह तो संक्षेप में हुआ भारतीय पुरुष की वेदना और उसका तत्व दर्शन। अब देखना यह चाहिए कि वह अपनी इस वेदना का करता क्या है। चूँकि वह ज्यादातर सतह पर जीता है, इसलिए वह अपनी समस्याओं को न तो समझने की कोशिश करता है और न उनका कोई वास्तविक निदान निकालने की। उसकी भावनाओं की मूर्ति बेडौल है, उसमें जान नहीं है, उसमें रस का अभाव है, तो वह उसे सुघड़ और प्राणवान करने का उद्यम नहीं करता। न उसे अपना समय देता है और न उसके मानसिक विकास के लिए कोई गंभीर प्रयत्न करता है। वह सोचता है कि यह सब उसका काम नहीं है—उसे तो बना-बनाया माल चाहिए। कितने पुरुष अपनी अपढ़ पत्नी को भाषा-ज्ञान कराते हैं ? कितने अंग्रेजीदाँ अपनी पत्नी को अंग्रेजी सिखाते हैं ? यह कठिन काम है। इसके लिए छिद्रान्वेषण की दृष्टि नहीं, सच्चा प्रेम चाहिए। आसान है वेश्याओं के पास जाना, इधर-उधर मुँह मारना, दफ्तर की किसी स्त्री से लटर-पटर बनाये रखना, अपनी 'गर्ल' को 'फ्रेंड' बनाने के बजाय 'गर्ल फ्रेंड' की तलाश करना या फिर नशे की गली में गुम हो जाना। कुछ और भी तरीके हैं : काम में डूब जाना, अपना कैरियर बनाना, सामाजिक गतिविधियों में बढ़-चढ़ कर हिस्सा लेना, किसी धर्मगुरु को समर्पित हो जाना, वगैरह-वगैरह। हममें से अधिकतर क्या यही नहीं कर रहे हैं ?

17. सितम और भी हैं : स्त्री की तानाशाही

'जब मैं अपने पिता के बारे में सोचता हूँ तो मुझे सुकरात की याद आती है। मेरी माँ बिल्कुल उलटी थीं : गरममिजाज, जंगली, बेवकूफ और हमलावर—गाली देनेवाली। वह प्यार भी करती थी, लेकिन अपने ढंग से। जब भी मुझे डायनों का खयाल आता था, मुझे लगता था वे माँ जैसी ही होती होंगी। मेरी माँ रोज नयी-नयी गालियाँ ईजाद करती थीं, जैसे 'काला नाग तुम्हें आधी रात को काट खाये' या 'मैं तुम्हारा जिगर निकाल लूँगी और सूखने के लिए धूप में रख दूँगी।'

ये वाक्य मशहूर लेखक और नाटककार बलवंत गार्गी के हैं। सुकरात के बेटे ने अगर आत्मकथा लिखी होती, तो उसमें भी कुछ ऐसे ही वाक्य आये होते। यह चरित्र हमारा इतना जाना-पहचाना और हमारे इतने आसपास का है कि किसी भी रूप में इसका वर्णन किया जाये, हम इसे तुरंत पहचान लेते हैं। यह चरित्र एक ऐसी औरत का है, जो न खुद सुख से रहती है और न अपने पति या बच्चों को सुख से रहने देती है। चिड़चिड़ाहट, गुस्सा, गाली, असंतोष, अभद्रता, मारपीट और तानाशाही इसके अत्यंत परिचित लक्षण हैं। शायद ही कोई गाँव या मुहल्ला हो, जहाँ यह स्त्री चरित्र न पाया जाता हो। बलवंत गार्गी चाहें तो इस बात से तसल्ली हासिल कर सकते हैं कि उन्होंने जिस प्रजाति का वर्णन किया है, वह उनकी मां के साथ समाप्त नहीं हुई है तथा भविष्य के लोग अपनी माँ को याद करेंगे, तो उनमें से बहुतों को लगभग उसी भाषा का प्रयोग करना पड़ेगा, जिसका नमूना हम ऊपर देख चुके हैं।

यह स्त्री का दूसरा चेहरा है, जिसका जिक्र न तो किताबों में होता है और न साहित्य में। यह सामान्य स्त्री चरित्र के एक विशिष्ट पहलू का मामला है। सामान्य पुरुष चरित्र की तरह सामान्य स्त्री भी सभ्यता के दबावों तथा अंतर्द्वंद्वों से पैदा होती है। जो विशिष्ट लोग होते हैं,. वे सभ्यता का अतिक्रमण करते हैं और संस्कृति को समृद्ध करते हैं या उसकी ऐसी-तैसी करके रख देते हैं। साधारण लोग इतिहास के निर्माता नहीं, बल्कि उसके शिकार होते हैं। ऐसा नहीं है कि वे जैसा होना चाहते

हैं, वैसे नहीं हो पाते। दरअसल, वे वैसा ही होना चाहते हैं, जैसा होने की माँग उनसे की जाती है। कृषि सभ्यता एक तरह के व्यक्तित्व की माँ होती है, तो औद्योगिक सभ्यता में एक दूसरे तरह की। जो किसान या अच्छा जुलाहा होता है, वह जरूरी नहीं कि अच्छा सेल्समैन या दुकानदार भी बन कर दिखा दे। अच्छा वकील अच्छा पुजारी नहीं बन सकता। ये सब साधारण मनुष्य के विभिन्न चेहरे हैं, जो समाज की वक्ती माँग के अनुवाद पैदा होते रहते हैं। कोई भी सभ्यता जैसे खास ढंग के पुरुष पैदा करती है, वैसे ही खास ढंग की स्त्रियाँ भी ढालती है। निश्चय ही किसी भी काल खंड में एक जैसे पेशे या भूमिका में कार्यरत सभी पुरुष और स्त्रियाँ एक जैसे नहीं होते, जैसे कोई भी दो अमरूद एक जैसे नहीं होते। प्रकृति में साम्य है तो विलक्षणता भी। व्यक्ति-व्यक्ति में, यहाँ तक कि जुड़वों में भी, फर्क होता है। लेकिन मानव स्वभाव का कुछ औसत बनाया जाये तो हम पायेंगे कि ज्यादातर स्त्री-पुरुष एक जैसे ही हैं। जो अपवाद होते हैं, उन्हें विशिष्ट कहा जा सकता है। दरअसल, वे सामान्य चरित्र में मौजूद किसी गुण को ही बहुत दूर तक खींच ले जाते हैं। यह बात पुरुषों के बारे में जितनी सच है, उतनी ही स्त्रियों के बारे में भी। जिस तरह सभी पुरुष वेश्यागामी नहीं होते, उसी तरह सभी स्त्रियाँ लड़ाकू नहीं होतीं। जिस तरह कुछ ही पुरुष अपनी पत्नी को पीटते हैं, उसी तरह कुछ ही स्त्रियाँ घर को भट्ठी बना कर रखती हैं। अतः सबको एक ही लाठी से हाँकना उचित नहीं और कुछ स्त्रियों की तानाशाही को सभी स्त्रियों की तानाशाही के रूप में देखना सत्य के साथ एक क्रूर मजाक है।

गणित के हिसाब से हम दंपतियों के मोटे तौर पर चार वर्ग बना सकते हैं—(1) पुरुष सज्जन है और स्त्री कर्कशा, (2) स्त्री मन मारनेवाली और मीठा बोलनेवाली है और पति दुष्ट। (3) दोनों ठीक-ठाक हैं यानी पति और पत्नी में पूर्ण सामंजस्य है तथा तनाव की नौबत नहीं आती। (4) दोनों दुष्ट हैं और एक-दूसरे से लगातार लड़ते-झगड़ते रहते हैं। इसमें असहमति नहीं होनी चाहिए कि सुखमय जीवन यापन की दृष्टि से तीसरी जोड़ी ही (यानी वह जिसके दोनों सदस्य सज्जन और शिष्ट हैं) आदर्श जोड़ी है, क्योंकि इससे दोनों का सुख बढ़ता है। चौथी जोड़ी (यानी वह, जिसमें दोनों दुष्ट हैं) सबसे ज्यादा दुर्भाग्यपूर्ण मानी जानी चाहिए, लेकिन प्राकृतिक न्याय की दृष्टि से यह सबसे दिलचस्प भी है। इससे इनकार नहीं किया जा सकता कि मानव स्वभाव को बदल पाना बहुत कठिन होता है। इससे भी इनकार नहीं किया जा सकता कि अधिकांश पति-पत्नी इसकी सच्ची कोशिश भी नहीं करते। ऐसी अवस्था में स्थितियों के संयोग से झगड़ालू स्त्री-पुरुष पति-पत्नी हो जाते हैं, तो यह शायद दोनों के ही लिए उचित सजा है। यह और बात है कि इससे दोनों का झगड़ालूपन बढ़ता जाता है, जैसे दो विस्फोटक एक-दूसरे को सतत ज्वलनशील रखते हैं। इस दृष्टि से यह एक बहुत करुण स्थिति है, लेकिन आखिर इसका समाधान क्या है ?

वह स्थिति भी कम तकलीफदेह नहीं, जब पति-पत्नी के रूप में अच्छे और बुरे का साथ हो जाता है। ऐसा स्थिति में होता यह है कि यदि पति दुष्ट हो तो पत्नी किसी से फरियाद तक नहीं कर पाती। लेकिन पत्नी बदमाश हो तो सबकी सहानुभूति पति की तरफ हो जाती है और लोग यह कहने लगते हैं कि बेचारे की किस्मत ही खराब है—उसे पता नहीं किस चीज की सजा मिल रही है। दांपत्य विसंगति के ऐसे मामले दुखमय जीवन का बहुत बड़ा कारण है। एक पक्ष दूसरे पक्ष के जीवन में बराबर जहर घोलता रहता है, जिसकी चरम परिणति कभी-कभी घर छोड़ कर भाग जाने या आत्महत्या में दिखाई पड़ती है।

खुदा की लाठी के बारे में कहा जाता है कि वह बेआवाज होती है। इसी तरह पति की मार भी ज्यादातर चुप्पा होती है। लोगों को उसके बारे में तभी पता चलता है, जब झगड़ा बढ़ कर मार-पीट और धूम-धड़ाँग में बदल जाता है या पत्नी को घर से निकाल बाहर किया जाता है। इसी तरह पत्नी की दुष्टताएँ भी ज्यादातर दबी-ढकी रहती हैं। कोई भी स्वाभिमानी पति (पति होगा तो उसे स्वाभिमानी भी होना ही चाहिए। समर्पणशील होने की शिक्षा तो सिर्फ पत्नी के लिए है) नहीं चाहता कि पत्नी द्वारा उसके अपमानित होने की बात किसी को मालूम हो। इस तरह पति और पत्नी दोनों अपने दुखों को कोढ़ के दाग की तरह छिपाये रखते हैं। जब पानी गले तक आ जाता है, तब उनका दुख अपने आप छलकने लगता है। पत्नी अपनी सहेलियों के सामने अपना कलेजा निकाल कर रख देती है और पति अपने अंतरंग दोस्तों के बीच। चूँकि अधिकांश पत्नियों की आत्मकथा प्रायः एक जैसी होती है और स्त्रियों के प्रति स्त्रियों की जातीय सहानुभूति भी कम होती है, इसलिए पतियों के अत्याचार के किस्से तो सिसकियों और आँसुओं से धुल-पुँछ जाते हैं। लेकिन उनकी शोकगाथा खासी करुण लगती है, क्योंकि वह एक अस्वाभाविक बात मानी जाती है। कुछ सहनशील पतियों के बारे में यहाँ तक कहा जाता है कि साला हिजड़ा है—औरत को दबा कर नहीं रख सकता।

इसमें संदेह नहीं कि पत्नी की तानाशाही भी उतनी ही अतार्किक या क्रूर होती है जितनी पति की। इसके पीछे मुख्यतः संवेदना का अभाव होता है, लेकिन दोनों में एक बुनियादी फर्क है। पति की तानाशाही पुरुष को स्वाभाविक रूप से मिली हुई यानी परंपरागत सत्ता की अभिव्यक्ति है, जबकि पत्नी की तानाशाही एक पुरुष-केंद्रित संरचना में निजी सत्ता की खोज है। पत्नी का दुर्भाग्य यह है कि उसकी यह खोज परिवार से शुरू होती है और परिवार में ही खत्म हो जाती है। पुरुष कितने भी साधारण स्तर का क्यों न हो, उसे अपनी ताकत का प्रदर्शन करने के लिए कोई न कोई मिल ही जाता है—क्लर्क चपरासी पर रौब जमाता है, चपरासी जमादार पर और स्थायी जमादार कैजुअल जमादार पर, लेकिन पत्नी को यह सुविधा कम ही हासिल होती है। उसका हुक्म परिवार के बाहर नहीं चलता। सो वह अपने पति

और बच्चों से लगातार लड़ती रहती है, उन्हें अपने संपूर्ण नियंत्रण में रखने की कोशिश करती है। लेकिन मनुष्य द्वारा मनुष्य का नियंत्रण अमूर्त या हवाई नहीं होता—उसका भौतिक आधार न हो, तो वह किसी हलकी गैस की तरह हवा में उड़ जाता है। इसीलिए अधिकांश पत्नियाँ विफल या अर्धसफल तानाशाह ही साबित होती हैं। सफल तानाशाह न तो चीखता-चिल्लाता है और न बात-बात पर टसुए बहाता है। लेकिन पत्नी को अपना दबाव बनाये रखने के लिए न केवल यह सब करना पड़ता है, बल्कि कई बार भूखा भी सो जाना पड़ता है और आत्महत्या की धमकी तक देनी पड़ती है। इसके बावजूद वह जो ताकत हासिल करती है, उसका वह पूरा इस्तेमाल नहीं कर पाती, क्योंकि पति का कार्यक्षेत्र उसके नियंत्रण के बाहर होता है। जिन पतियों के काम के घंटे पूरी तरह निर्धारित हैं, वे भी कोई न कोई जुगत भिड़ा कर पत्नी की तानाशाही के दायरे के बाहर निकल आते हैं। हाँ, जब वे घर लौटते हैं, तब जरूर उनकी जिंदगी नरक हो जाती है। लेकिन यह उस नरक का ही एक प्रतिफलन है, जो पुरुषों ने अपने चारों तरफ बना रखा है। चूँकि हम मूल नरक से संघर्ष कम करते हैं, उसे झाँसा दे कर सुख और आराम के रास्ते ज्यादा तलाशते हैं, इसलिए इस दूसरे नरक से बचने के लिए अकसर झूठ और धोखों का ही सहारा लिया जाता है।

झूठ और धोखा सीधी-सादी औरत की भी नियति है और तानाशाह औरत की भी। पहली स्थिति में यह पुरुष की सहज आक्रामकता का चिह्न है, दूसरी स्थिति में आक्रामकता और बचाव दोनों की मिली-जुली रणनीति। जो स्त्री अपने को जितना ज्यादा थोपने की कोशिश करती है, उसे झूठ की उतनी ही ज्यादा खुराक दी जाती है। पति देर से घर आया है। जनाव कहाँ थे ? आज दफ्तर में बहुत काम था या रास्ते में कोई पुराना दोस्त मिल गया था। इस बार तनख्वाह कुछ कम मिली ? नहीं, तनख्वाह तो ठीक ही मिली है। ऐसा है कि दफ्तर में बड़े बाबू का ट्रांसफर हो गया है, सो उन्हें 'प्रेजेंट' देने के लिए आपस में कुछ चंदा करना पड़ा। रास्ते में किसी लड़की से बात कर रहे थे ? मेरे एक दोस्त की बहन है—पूछ रही थी कि इस इलाके में टाइपिंग सीखने का स्कूल कहाँ है। तानाशाह औरत से पति ही नहीं, उसके बच्चे भी झूठ बोलते हैं। वे अपने अनुभव से सीख जाते हैं कि यहाँ सच की कोई सुनवाई नहीं है। अकसर तो ऐसा होता है कि पति और बच्चे दोनों उस औरत के खिलाफ एक संयुक्त मोर्चा बना लेते हैं और एक-दूसरे के झूठ को प्रामाणिक बनाने की कोशिश करते हैं। कोई भी तानाशाह हर तरह से अकेला आदमी होता है : विफल या अर्धसफल तानाशाह तो और भी ज्यादा। अतः ऐसी पत्नियाँ और माँएँ धीरे-धीरे और ज्यादा शक्की, बदमिजाज तथा झगड़ालू होती जाती हैं और इसी अनुपात में उनका अकेलापन भी बढ़ता जाता है। दरअसल, वे हमेशा एक हारती हुई लड़ाई लड़ती हैं, इसलिए उनकी कुंठा साल-दर-साल गाढ़ी होती जाती है। इनमें उनकी किस्मत ज्यादा अच्छी

है, जिन्हें सुशील या आज्ञाकारी पति मिल जाता है। लेकिन हमें भूलना नहीं चाहिए कि यह पति-पत्नी की परंपरागत भूमिकाओं का विपरीतीकरण है। पति-पत्नी की परंपरागत भूमिका अपना लेता है और पत्नी पति की। ऐसी औरत सिर्फ यही सोच कर अपने दमन का दार्शनिक औचित्य बना सकती है कि मैं इस पुरुष से पूरी स्त्री जाति का बदला ले रही हूँ।

लेकिन स्त्री की तानाशाही के पीछे कोई दर्शन नहीं, बल्कि शुद्ध मनोविज्ञान काम कर रहा होता है। स्पष्ट है कि पत्नी का यह चरित्र स्त्री के सामान्य चरित्र से अलग होता है। अलग क्यों होता है ? इसके कारण शुद्ध भौतिक भी हो सकते हैं और व्यक्तिगत भी। पति गरीब या साधारण परिवार का है और पत्नी अमीर परिवार की है। यह भौतिक कारण है। पत्नी को मायके से हर महीने पैसा मिलता है और उसके बिना उसकी ससुराल का खर्च नहीं चल सकता। यह भौतिक कारण है। पत्नी के मायकेवालों की सिफारिश से पति को नौकरी मिली है या वह अपना स्वतंत्र व्यवसाय शुरू कर सका है। यह भी भौतिक कारण है। लेकिन मानव समाज की यही विशेषता है कि भौतिक तथ्य भी कई बार सांस्कृतिक तथ्यों के अधीन हो जाते हैं। इसलिए जरूरी नहीं कि ऊपर बतायी हुई सभी स्थितियों में स्त्री मनमानी पर उतर ही जाये। अकसर तो वह दब कर ही रहती है, ताकि यह सुनने को न मिले कि 'उसे अपने मायके का बहुत घमंड है'। लेकिन कई बार ऐसा भी होता है कि पत्नी को बचपन में ऐसे संस्कार मिल जाते हैं (मसलन उसके पिता दब्बू थे और माँ दबंग या फिर इसका उलटा, जिससे उसे अपने जीवन में माँ का प्रतिशोध लेने की इच्छा पैदा हुई), जिनसे वह दबंग या कलही हो जाती है या पति इतना दब्बू, मूर्ख या खुशामदी मिल जाता है कि पत्नी को उस पर हावी होने का मौका मिल जाता है। चूँकि हम सभी संबंधों को सत्ता के खेल के रूप में देखने के आदी हैं, इसलिए हम या तो दमित होते हैं या फिर दमन करते हैं। सुंदरता, स्वास्थ्य, संस्कार, शिक्षा, आर्थिक मजबूरी—कोई भी चीज स्त्री में दमनकारी होने का लालच पैदा कर सकती है। इस आग में घी का काम करती है पति की हीनता, बेचारगी या वास्तविक अथवा काल्पनिक बेवफाई। बेवफाई (वास्तविक और संदिग्ध दोनों ही) ऐसी चीज है, जो किसी भी अच्छी-खासी औरत को खूँखार बना दे सकती है। बहरहाल, स्त्री की तानाशाही आखिर स्त्री की ही तानाशाही है—एक कमजोर, दमित प्राणी की आधिपत्य या वर्चस्व या प्रतिशोध की भावना। जाहिर है, न तो इसका दायरा ज्यादा बड़ा हो सकता है और न वह बहुत असरदार हो सकती है। ऐसी तानाशाही ज्यादा से ज्यादा प्याले में तूफान हो कर रह जाती है। उसकी एक सीमा यह भी है कि वह धारा के खिलाफ तैरने की एक कोशिश है। एक ऐसे समाज में, जहाँ सामान्य चलन पुरुष की तानाशाही का हो, स्त्री तानाशाह बनने की कोशिश करे तो वह एक नये प्रकार का असंतुलन पैदा कर देती है, जो हमारी आँखों को खटकता है। वरना है यह सत्ता का वह चिर-परिचित

खेल ही, जो हमारे बीच अनवरत चलता रहता है।

तानाशाह स्त्री के साथ क्या किया जाना चाहिए ? वही, जो किसी भी दूसरे तानाशाह के साथ। यानी तानाशाह से प्रेम और तानाशाही से घृणा। रिश्ता जब पति-पत्नी का हो, तब तो यह प्रेम और घृणा दोनों ही बहुत जरूरी हैं। तानाशाही को सहन करना, उसका प्रतिकार न कर उसके नतीजों से बचने की कोशिश करना तथा उसे हँस कर उड़ा देना—ये तीनों ही खतरनाक रास्ते हैं। यह उपेक्षा की रणनीति है और हम जानते हैं कि उपेक्षा कोई इलाज नहीं है—उससे बीमारी बढ़ती ही जाती है। सुकरात की पत्नी उसे बहुत हैरान करती थी। इसका एक कारण उसकी सतत उपेक्षा भी था। यूनानी समाज में स्त्रियों को अत्यंत हीन माना जाता था। स्वयं सुकरात भी अपने पुरुष दोस्तों या युवा और सुंदर अनुयायियों के साथ व्यस्त रहता था। उसे अपनी पत्नी की तरफ ध्यान देने की जरूरत ही महसूस नहीं होती थी। इसलिए भी वह उद्दंड होती चली गयी होगी। उपेक्षा की तुलना में हस्तक्षेप हर तरह से बेहतर है। लेकिन यह हस्तक्षेप प्रेम तथा विवेक का होना चाहिए। वस्तुतः पत्नी के प्रति प्रेम जितना खरा और उत्कट होगा, उसे मानवीय बनाने की कोशिश उतनी ही निष्कपट, त्यागपूर्ण तथा दीर्घस्थायी होगी। यदि स्थिति एकदम ही असह्य हो, तब तो तलाक है ही और इसमें देर करना अपने साथ-साथ दूसरे के जीवन के साथ भी खेलना है। अत्याचारी को उसके बीहड़ में अकेले छोड़ दिया जाना चाहिए—अन्यथा परिताप का फूल नहीं खिल सकता।

18. नयी नैतिकता की खोज में

मैत्रेयी पुष्पा का उपन्यास 'चाक' अनेक लोगों को परेशान कर सकता है, क्योंकि इसकी नायिका कई लक्ष्मण रेखाओं को तोड़ती है। पति को ग्राम प्रधान का चुनाव लड़ने में मदद न दे कर स्वयं अपने लिए परचा भरना फिर भी मान्य हो सकता है, किंतु इस तथ्य को कम लोग ही पचा पाएँगे कि वह न केवल एक पर-पुरुष से प्रेम करती है, बल्कि उसके साथ रात भी बिताती है। वह उसे व्यभिचार नहीं लगता, बल्कि एक सहज स्थिति लगती है, जिसके लिए उसके मन में कोई परिताप नहीं है और बहुतों को यह देख कर आश्चर्य होगा कि उसके इस विलक्षण कदम को उसके बूढ़े ससुर का समर्थन है। समर्थन की बेशक पर्याप्त मनोवैज्ञानिक व्याख्या की गयी है : उसकी सास पर लगभग ऐसी ही स्थितियों में उसके ससुर द्वारा प्राणघातक प्रहार किया गया था। हालाँकि वह मामला सिर्फ शक का था और यहाँ प्रमाण प्रत्यक्ष उपलब्ध है, फिर भी बूढ़े ससुर की जीवन दृष्टि में एक आश्चर्यजनक धारावाहिकता है। शायद इस पात्र की कल्पना भारतीय जीवन पद्धति की पुरानी पद्धति से 'चाक' की नायिका सारंग के आचरण के पक्ष में तर्क जुटाने के उद्देश्य से की गयी है। इसके बावजूद यह पात्र उतना ही स्वाभाविक लगता है, जितना कोई भी आदर्शवादी पात्र यथार्थ से सने किसी कथानक में स्वाभाविक लग सकता है। लेकिन उपन्यास का असली संघर्ष सारंग तथा उसके पति रंजीत के संबंधों और उनके माध्यम से गाँव के बहुस्तरीय यथार्थ में है।

'चाक' की शुरुआत ही एक धमाके के होती है, जिसकी अनुगूँजें उपन्यास के अंत तक पीछा करती हैं। सारंग की रिश्ते की बहन रेशम की हत्या उपन्यास का प्रस्थान-बिंदु है। रेशम की हत्या क्यों हुई ? क्योंकि विधवा होने के बाद किसी से प्रेम किया, उससे गर्भवती हुई और वह इस गर्भ के साथ सम्यानपूर्वक जीना चाहती है। रेशम का तर्क बिल्कुल साफ है : क्या विधवा होने के बाद स्त्री का जीवन रुक जाता है ? उसके परिवार की जिद है कि वह इस संबंध को अस्वीकार करे या साफ-साफ

परिभाषित करे। रेशम की जिद है कि यह उसका व्यक्तिगत मामला है तथा इस बारे में उससे कोई सवाल न किया जाय। रेशम के तर्क में दम है। किसी भी स्त्री को यह बताने के लिए बाध्य नहीं किया जाना चाहिए कि वह किसका बच्चा अपने पेट में पाल रही है। वह चाहे तो अपने संबंध का खुलासा कर सकती है। ऐसा करना समाज के हित में भी है, क्योंकि व्यक्ति नदी के द्वीपं नहीं होते। रेशम भी शायद इसे गोपन नहीं रख पाती, यदि उसे अपनी योजना के अनुसार जीने दिया जाता। लेकिन यह दिलचस्प और नवीन संभावनाओं से भरा हुआ कथानक बीच में ही तोड़ दिया जाता है। रेशम की हत्या और हत्यारे का बच निकलना परंपरागत नैतिक व्यवस्था की सामाजिक जीत है।

आगे चल कर यही दंड एक और प्रेम-पिपासु लड़की को दिया जाता है। गुलकंदी अपने मनपसंद व्यक्ति से प्रेम करने का खतरा ही नहीं उठाती, बल्कि उसके साथ गंधर्व विवाह भी कर लेती है। दिलचस्प यह है कि रेशम शुरू से आखिर तक गाँव में ही रहती है, गाँव में रहते हुए ही अपना संघर्ष जारी रखना चाहती है और गुलकंदी यद्यपि अपने वर के साथ कुछ दिनों के लिए अलोप हो जाती है, लेकिन वह भी गाँव लौटती है और यह उम्मीद करती है कि उसके संबंध को वैधता मिल जायेगी। लेकिन प्रतिद्वंद्वी अपमान और प्रतिशोध की भावना से भरा हुआ है–वह वही व्यक्ति है, जो किसी भी तरह गुलकंदी से शादी करना चाहता है। वह गुलकंदी, उसके पति और उसकी माँ तीनों को अग्निकांड के सुपुर्द कर देता है। रेशम की हत्या भी उसके देवर ने ही की थी, जो उसे अपनी परिणीता बनाना चाहता था। प्रेम की यह तानाशाही ही इन चार हत्याओं में व्यक्त होती है।

क्या रेशम और गुलकंदी इतनी भोली थीं कि वे अपने कृत्यों की सामाजिक परिणतियों को नहीं देख सकती थीं? गुलकंदी का आचरण फिर भी कुछ हद तक स्वाभाविक प्रतीत होता है, लेकिन रेशम ने तो जैसे अपने अठारहवीं सदी के गाँव में इक्कीसवीं सदी का पौधा रोपने का संकल्प कर लिया था। वह किसी से कम चतुर नहीं थी–उसके तर्क किसी को भी सहज ही ध्वस्त कर देनेवाले हैं, लेकिन कठोर संकल्प शायद हमारे भीतर एक गहरा आत्मविश्वास भी भरता है और हमें किसी भी परिस्थिति के लिए तैयार रहने की शक्ति भी देता है। बहुत ज्यादा दूरंदेशी कायर बनाती है। स्वाधीन प्रेम के मूल्य का वरण करनेवाली इन नायिकाओं ने किसी न किसी स्तर पर भय पर विजय पा ली थी।

सारंग की स्थिति बीच की है और इसीलिए ज्यादा महत्वपूर्ण भी। रेशम और गुलकंदी के लिए स्वाधीनता अपने आपमें एक मूल्य है, लेकिन सारंग के लिए स्वाधीनता कुछ और मूल्यों की वाहक भी है। यहाँ प्रेम अपने आपमें कोई लक्ष्य नहीं है, जिसका आनंद लिया जाना चाहिए और जिसे किसी भी कीमत पर बचाया जाना चाहिए। ऐसा प्रेम त्याज्य है, जो आदमी को अन्याय के आगे कमजोर बनाता है। सारंग से

हमारा पहला परिचय इस तथ्य के जरिये होता है कि वह अपने पति रंजीत को रेशम की हत्या का न्याय करने के लिए प्रेरित करती है। रंजीत जब इस न्याय के लिए प्रयत्न करता है, तो उसकी निगाह में और बड़ा हो जाता है, सारंग के लिए रेशम की मौत सिर्फ इसलिए महत्वपूर्ण नहीं है कि उसकी हत्या की गयी थी। रेशम के मूल्यों के प्रति भी सारंग के मन में कहीं प्रशंसा भाव है, इसीलिए वह रेशम की हत्या के औचित्य को स्वीकार नहीं कर पाती, जबकि शेष गाँव इसे एक उचित और स्वाभाविक घटना मानता है। लेकिन रंजीत की स्थिति दुविधापूर्ण है। वह शहरी मध्य वर्ग के औसत प्रतिनिधि की तरह हमेशा एक कदम आगे उठाने के बाद एक कदम पीछे उठाता रहता है। रंजीत का चरित्र कई और कारणों से दिलचस्प और महत्वपूर्ण है, क्योंकि वह आधुनिक शिक्षा से लैस है और इसके बावजूद गाँव में ही रह कर खेती करना तथा गाँव को सुधारना चाहता है। लेकिन इसके लिए जैसी संकल्प शक्ति और प्रगतिशीलता चाहिए, वह उसके पास नहीं है। फलतः वह गाँव की गुत्थियों में लगातार उलझता जाता है और अपनी थोड़ी-बहुत मौलिकता को भी नष्ट कर डालता है। वह एक लगातार पतित होता हुआ चरित्र है, हालाँकि अंत में वह पतन की पराकाष्ठा के विरुद्ध विद्रोह करता है और अपनी पत्नी की शरण में जाता हुआ दिखाया गया है। लेखिका की यह मान्यता गलत नहीं है कि उत्थान की तरह पतन भी क्षैतिज रेखा में नहीं चलता और ज्यादातर आदमी अपने घर लौटना चाहते हैं, बशर्ते उन्हें इसका अवसर मिले, इसके विपरीत सारंग का व्यक्तित्व एक लगातार उत्कर्षशील व्यक्तित्व है। जिसे लेखक अपनी मूल्य चेतना का वाहक बनाना चाहता है, उसे ऐसा होना भी चाहिए। हाल के चर्चित अपन्यास 'मुझे चाँद चाहिए' की नायिका वर्षा वशिष्ठ भी ऐसी है।

मजेदार यह है कि 'चाक' की नायिका सारंग को भी चाँद चाहिए। उसके विचार प्रवाह का एक हिस्सा है : ...लेकिन मैं ! आसमान का चाँद तोड़ने की बात करती हूँ, जो उनके क्या, किसी पुरुष की बात नहीं। यह मूर्खता ? रंजीत कहते हैं, औरतों जैसे आचरण करे। अपनी सीमाएँ देखो—गहने-कपड़े माँगो, पीहर-प्यौसार जाने के लिए लड़ो-रूठो, सच मैं तुम्हारी इस तरह की हर एक बात पर निछावर हो जाऊँगी। तुमको कंचन की तरह अपने घर की हदों में सुरक्षित रखनेवाला मैं, चौखट के बाहर का खतरनाक दायरा कैसे नापने दूँ?' (पृष्ठ 374)

लेकिन क्या घर की और बाहर की दुनिया अलग-अलग है ? क्या उनमें चल रही प्रक्रियाएँ एक-दूसरे को प्रभावित नहीं करतीं ? 'चाक' में इसके प्रमाण कदम-कदम पर मिलते हैं। माँ को अपने बेटे से बिछड़ना पड़ता है, क्योंकि न्याय के लिए संघर्ष के कारण बेटे का जीवन असुरक्षित हो गया है। जो शक्तियाँ रेशम की घरेलू हत्या का समर्थन करती हैं, वे गाँव के स्कूल की ऐसी-तैसी किये हुए हैं। वर्षा वशिष्ठ की साधना मुग्ध करती है, लेकिन उसमें कोई बड़ा आकर्षण नहीं है, क्योंकि उसकी

बेचैनी की जद में कोई बड़े मूल्य नहीं हैं। वह इसी व्यवस्था में अपने लिए एक अच्छा-सुंदर जीवन तलाश करती है और सफल होती है, जबकि सारंग बाहर की लड़ाई को घर की लड़ाई से और घर की लड़ाई को बाहर से जोड़ती है। यदि उसे चाँद नहीं चाहिए होता—सिर्फ अपने लिए नहीं, बल्कि अपने गाँव और अपने समाज के लिए भी, तो उसका दाम्पत्य जीवन सुखी रह सकता था। लगभग एक दशक तक यह सुखी था ही, लेकिन उसे आँच लगना तब शुरू होता है, जब वह कुछ मूल्यों के लिए संघर्ष होते देखना चाहती है। बाहर का अन्याय घर के अन्याय की विविध शक्लों को प्रतिबिम्बित करता है और तब सारंग को पता चलता है कि एक स्त्री की वास्तविक स्थिति क्या है। सारंग के व्यक्तित्व की खूबसूरती यह है कि वह घर और बाहर के बीच एक स्वस्थ तथा सधा हुआ संतुलन बना कर चलती है।

यह संतुलन अंत में तब टूटता नजर आता है, जब सारंग प्रधान का चुनाव स्वयं लड़ने का निर्णय करती है। यह घर से बाहर उठा हुआ दूसरा सशक्त कदम है और इस बात का प्रमाण भी कि सामाजिक न्याय के लिए संघर्ष बहुत समय तक अकेले नहीं चलाया जा सकता। लोकतांत्रिक शक्तियों का सहारा आपको लेना ही पड़ेगा, जिनमें एक राज्य भी है और लोग तो खैर हैं ही। लेकिन इसके पहले सारंग सबको आजमा चुकती है, यह इस बात का प्रमाण है कि चुनाव या राज्य शक्ति में हिस्सेदारी की उसकी इच्छा सत्ता के तंत्र में शामिल होने की उसकी ख्वाहिश का अंग नहीं, बल्कि बाकी एक स्वाभाविक इच्छा है। अपने पति रंजीत को तनिक भी दूर तक न जा सकनेवाला घोड़ा पा कर वह गाँव में नये आये युवा अध्यापक श्रीधर पर दाँव लगाती है। श्रीधर का प्रवेश उस वक्त होता है, जब रंजीत अपने प्रेमी या पति होने की पात्रता खो चुका है और गाँव की अन्यायवादी शक्तियों के साथ समझौता कर चुका है। हताशा के ऐसे माहौल में श्रीधर आशा की एक किरण के रूप में प्रकट होता है। क्या इसीलिए उसके साथ सारंग के मन के तार सहज ही जुड़ जाते हैं ? मन की गहराइयों को कौन जानता है। लेकिन 'चाक' की यह स्थापना हर तरह से विचारणीय है कि क्या प्रेम के साथ, जो एक संवेग है, कुछ मानव मूल्य भी नहीं जुड़े होने चाहिएँ ? एक सुसंस्कृत व्यक्ति में मूल्य भी संवेग का दर्जा हासिल कर लेते हैं।

श्रीधर रंजीत का पॉजिटिव चेहरा है। वह भी शहरी संस्कृति का प्रतिनिधि है, लेकिन गाँव में इसके लिए उसने शिक्षा को माध्यम चुना है, जिसकी हालत वैसे भी जीर्ण-शीर्ण है। लेकिन रचनात्मकता का विस्फोट किसी भी स्थिति में मौलिक परिवर्तन ला सकता है, यह श्रीधर के माध्यम से बार-बार साबित होता है। वस्तुतः श्रीधर और सारंग का मिलन दो रचनात्मक वेदनाओं का मिलन है और इस मिलन से अद्भुत चट्टानी शक्ति का उदय होता है। स्त्री होने के कारण सारंग की सीमाएँ समझ में आती हैं : वह घर के भीतर से ही प्रतिरोध की शक्ति जुटाती है। लेकिन

श्रीधर गाँव में परिवर्तन की ताकतों को जमा करने का कोई व्यवस्थित प्रयास नहीं करता, यह बात कुछ चकित करती है। शायद वह अपना कार्य क्षेत्र सीमित ही रखना चाहता है। लेकिन घटनाएँ गवाह हैं कि उसे उसकी सीमा में नहीं रहने दिया जाता। उससे माँग की जाती है कि वह भ्रष्टाचार के एक ऐसे कागज पर दस्तखत करे, जिसके माध्यम से पंचायती व्यवस्था हजारों रुंपयों का गबन करना चाहती है। यह एक और उदाहरण है कि चीजों को सुनिश्चित दायरों में नहीं रखा जा सकता : अगर आप एक जगह अन्याय पर उँगली रखते हैं, तो आपको अन्याय की दूसरी शक्लों का विरोध भी करना पड़ेगा। श्रीधर इसकी भरपूर कीमत चुकाता है—उस पर घातक शारीरिक हमला होता है और इसके परिणामस्वरूप वह तथा सारंग एक-दूसरे के और नजदीक आते हैं। यहीं वह घटना होती है, जिसे सभी सुसंस्कृत समाजों में व्यभिचार कहा गया है।

क्या व्यभिचार एक गंदा शब्द नहीं है ? इसकी एकांगिता इसी बात से जाहिर है कि इसका ज्यादातर इस्तेमाल स्त्री के खिलाफ किया गया है। यौन शुचिता के प्रति पुरुष इसकी कुछ खास परवाह नहीं करता रहा है। लेकिन इससे समस्या हल नहीं होती कि इसकी सुविधा दोनों पक्षों को दे दी जाय, जैसा कि आधुनिकता के कुछ रूपों में हो रहा है। यह यौन उच्छृंखलता या एक प्रकार का षडयंत्र है, जिसके द्वारा विवाह के मूल्यों को टकराने की कोशिश की जाती है। 'चाक' के सिलसिले में यह सवाल उठना अपरिहार्य है कि क्या सारंग के आचरण का यह पहलू समर्थनीय है और इसका उचित विवेचन होना ही चाहिए। स्वयं लेखिका ने इसका समर्थन दो स्रोतों से खोजने की कोशिश की है। एक स्रोत स्त्री की मातृवत करुणा है : 'श्रीधर के ऊपर एहसान भी नहीं किया मैंने। नहीं किया ! वे घायल, टूटे-बिखरे पड़े थे...ऐसे ही, जैसे चंदन का नया जन्मा।' (पृष्ठ 328) यह घटना का मनोवैज्ञानिक पक्ष है, जिसका महत्व किसी एक व्यक्ति के संदर्भ में तो हो सकता है पर इससे कोई तर्क नहीं बनता। कोई भी कृति क्षण में ही नहीं, लंबे प्रवाह में भी औचित्यपूर्ण होनी चाहिए, दूसरा स्रोत, जो ज्यादा मजबूत और टिकाऊ है, जाट समूह के परंपरागत नैतिक मानदंडों में खोजने की कोशिश की है। इस घटना के बाद उत्तप्त-उत्तेजित रंजीत को उसके पिता यह समझाने की कोशिश करते हैं, 'जो मास्टर के संग बात न करती रंजीत, तो सारंग उसका मुआवजा न भरती। और फिर घायल की सेवा करने में चाल-चलन की बात कहाँ से आ गयी यह भी देख लो कि सिरीधर की देह तोड़ कर घर आया तू, उसकी जुबान से तेरा नाम नहीं निकला, मारते-पीटते बोल भी सुना होगा, ऊपर से तेरा गायब होना... इतना बडा कसूर माफ कर दिया उसने ! तू बहू का जाना माफ नहीं कर पाया। हम तो कहते हैं कि मान ले प्रेम है, बहू का उससे, तब क्या तलवार से काट सकते हो उस डोर को? कि गोली दाग कर खत्म कर सकते हो ?' (पृष्ठ 331) इसके ठीक पहले वे याद दिला चुके हैं,

'बेटा, हम जाट हैं। खुले मन की कौम मानी गयी है हमारी। ब्राह्मण-बनियों की तरह पाखंडी होना भारी पड़ेगा हमें, क्योंकि जो खुले और बहादुर संस्कार हमारे खून में हैं, वही दबंगपना हमारी बैयरों में। लुगाइयों के लहँगा की चौकीदारी करना हमें सोभा नहीं देता। (पृष्ठ 331)

लेकिन मामला सिर्फ किसी एक समुदाय की यौन नैतिकता के समर्थन का नहीं है, क्योंकि इस सिलसिले में 'ब्राह्मण-बनियों' के आचरण को 'पाखंडी' बता कर एक सामान्य सिद्धांत की स्थापना भी की गयी है। निश्चय ही यह एक कटीला सवाल है, क्योंकि आज भी विवाह संस्था, अपने तमाम परंपरागत मूल्यों के साथ, काफी मजबूत है और तमाम प्रगति के बावजूद इसका न्यायपूर्ण विघटन नजदीक नहीं दिखाई देता। लेकिन इसलिए तो 'चाक' द्वारा उठाया गया यह सवाल महत्वपूर्ण है कि क्या स्त्री-पुरुष रिश्तों में इतनी स्वाधीनता नहीं होनी चाहिए कि विवाह के बाहर भी संबंध बन जायें, तो इसकी उदार छूट हो? इसके दो उत्तर हो सकते हैं। एक उत्तर यह होगा कि तब पूर्व-विवाह को विघटित कर दिया जाना चाहिए और नये संबंध को उसकी तार्किक परिणति तक ले जाया जाना चाहिए। दूसरा उत्तर यह हो सकता है कि इसके बावजूद विवाह को बचाया जाये—अगर इसकी इच्छा है और बच्चे को सिर्फ उसकी मां के नाम से जाना जाये। इसका संकेत भी 'चाक' में ही उपलब्ध है। श्रीधर अपनी डायरी में लिखता है, 'यही प्रताड़ना देख कर तुम्हारे ही बीच से कोई मंझा उठेगी सारंग जो अपनी मर्जी से अपना बच्चा पैदा करेगी। भले बालक हींसविरे (जंगल) में जन्मे। उसकी कोख का फैसला करनेवाला कोई राजा होगा न मालिक, और न कोई देवता। नल की जगह जन्म लेनेवाला प्यारा-सा बच्चा सिर्फ अपनी माँ को पहचानेगा, किसी राजा पिरथम को नहीं; (पृष्ठ 214) कोख की इस आजादी की इच्छा वस्तुत संबंध की आजादी का ही पर्याय है।

स्पष्टतः यह सिर्फ नारीवादी माँग नहीं है, क्योंकि यह पुरुष को भी उतना ही स्वतंत्र करती है। यह स्वतंत्रता निश्चय ही जिसे सभ्यता के नाम से जाना जाता है, उसके पूर्व लाखों साल तक स्त्री-पुरुष को सुलभ रही होगी और इसका अवसान निजी संपत्ति के उदय के साथ ही हुआ होगा। मैत्रयी जी विवाह-संस्था के इतिहास की नेतृत्वशास्त्रीय और मार्क्सवादी व्याख्याओं से कितना अवगत हैं—पता नहीं। लेकिन वे अपनी सहज संवेग शक्ति से यह भाँप लेती है कि 'पर रंजीत को कैसे दोष दे? उसकी जगह कोई भी होता, वही करता। पत्नी पर एकाधिकार तो विरासत में मिलता है हर पुरुष को। उस एकाधिकार को खोना ऐसा ही है, जैसे दादालाई संपत्ति, घर-जमीन खो देना।' (पृष्ठ 339) स्पष्टतः विवाह नाम की संस्था स्त्री को संपत्ति में बदल देती है। इससे निपटने का यह उपाय नहीं है जिसके संकेत 'चाक' में शुरु से मिलने शुरु हो जाते हैं और उपन्यास भर में बिखरे पड़े हैं, तो और कौन-सा उपाय है ? जिन्हे सारंग के विकासशील व्यक्तित्व के इस पहलू से गहरा एतराज है, उन्हें इस

प्रश्न का उत्तर देना चाहिए।

'चाक' में यह प्रश्न पूरी तरह उत्तरित नहीं हो पाता, तो इसीलिए कि इसकी घटना-भूमि भारत का एक पिछड़ा गाँव है और सारंग के पास कोई निजी संपत्ति या जीविका का कोई माध्यम नहीं है। हर नैतिकता की अपनी एक आर्थिक पृष्ठभूमि होती है। विवाह नाम की संस्था भी एक खास आर्थिक पृष्ठभूमि में पैदा हुई है। लेकिन यह मैत्रेयी पुष्पा की विशेषता है कि उन्होंने जीवन के आधुनिकतम प्रश्नों की मीमांसा उसी जमीन पर करने की कोशिश की है, जो उनकी अपनी जमीन है यानी उत्तर भारत का एक गाँव। गाँव परंपरागत है, उसकी गुत्थियाँ परंपरागत हैं—विकास का आधुनिक अलोकतांत्रिक सरंजाम सिर्फ उन गुत्थियों को और गाढ़ा करता है, लेकिन प्रश्न बिल्कुल आधुनिक हैं—इतने आधुनिक कि शहरी जीवन पर लेखन करनेवालों ने भी उनसे टकराना प्रायः उचित नहीं समझा है। लेकिन एक अच्छा और बड़ा लेखक यही करता है। वह अपनी जमीन नहीं छोड़ता और उसी पर खड़ा हो कर जटिल से जटिल सवालों का सामना करता है। यह भी मैत्रेयी की विशेषता है कि उन्होंने सारंग को करुणा से भरपूर बनाया है। सारंग रंजीत का परित्याग नहीं करती—सिर्फ अपनी स्वाधीनता अर्जित करने का संघर्ष करती है। इसीलिए उसका यह संघर्ष सिर्फ निजी संघर्ष नहीं है, बल्कि एक नयी नैतिकता की माँग है जिसके दायरे में पूरा गाँव और इस बहाने पूरा समाज—आ जाता है जो उसके द्वारा प्रधान का चुनाव लड़ने के निर्णय से प्रकट होता है। उपन्यास इस बिन्दु पर खत्म होता है कि उसका पति रंजीत 'बूथ कैप्चरिंग' की योजना बना रहे शक्तिशाली लोगों से मार-पीट कर अपने घर की किवाड़ पर सिर टेक देता है। उसे लगता है कि वह 'चलती चाक' पर बैठा है। लेकिन क्या यह वही चाक नहीं है, जिस पर सारंग, श्रीधर और गाँव के दूसरे आज भी बैठे हुए हैं? अब यह हर एक पर है कि वह अपना पुनर्निर्माण करता है और एक तराशी हुई कलाकृति की इस तरह घूर्णन से विदा लेता है या कड़ी और पथरीली मिट्टी की तरह अपने को किसी सुघड़ आकृति में ढालने से इंकार कर देता है। हर सूरत में कोई रचना जहाँ तक जा सकती है, 'चाक' वहाँ तक जाता है और हममें एक रचानात्मक खलबली पैदा करता है—यही उसकी सफलता है।

बेशक 'चाक' का महत्व इस बात में भी है कि यह भारतीय गाँव की उस महागाथा की एक नयी और अगली कड़ी है, जिसकी वास्तविक शुरुआत हिंदी में प्रेमचंद से हुई और जिसे रेणु ने एक निश्चित ऊँचाई तथा परिणाम तक पहुँचाया था। लेकिन इससे किसी प्रकार के गाँववाद के लिए समर्थन खोजना या यह सिद्ध करना कि गाँव पर लिखा गया उपन्यास ही असली भारतीय उपन्यास है, एक और साहित्यिक प्रवंचना की ओर ले जा सकता है। 'गोदान' में गाँव और शहर लगभग समांनातर चलते हैं और 'मैला आँचल' में पुनर्निर्माण की प्रक्रिया शहरी डॉक्टर प्रशांत

से शुरु होती है। वस्तुतः उपन्यास न तो गाँव के बारे में लिखा जाता है और न शहर के बारे में। ये तो सिर्फ पृष्ठभूमि का काम करते हैं। उपन्यास का असली कार्य क्षेत्र तो मानव चरित्र ही है। ये चरित्र कोई लेखक उसी परिवेश से उठाता है जिसे वह अंतरंगता से जानता है। इसीलिए शहरी पृष्ठभूमि पर लिखा गया उपन्यास जरूरी नहीं कि आधुनिक ही हो—यह प्रतिक्रियावादी भी हो सकता है और गाँव पर भी ऐसा उपन्यास लिखा जा सकता है जो कहीं पहुँचाता न हो। हिंदी में दोनों तरह का साहित्य प्रचुरता से उपलब्ध है। मैत्रेयी पुष्पा उत्तर भारत के गाँव को जानती हैं, अतः वे अपनी रचनात्मकता के सूत्र वहीं से उठाती हैं। प्रसंगवश भारत अभी भी गाँव का देश है : देश की तीन चौथाई आबादी वहीं रहती है। इस दृष्टि से भारतीय साहित्य में गाँव की उपस्थिति कम है। अतः हमें मैत्रेयी पुष्पा जैसे लेखकों का शुक्रगुजार होना चाहिए कि वे ज्यादा प्रतिनिधि यथार्थ से हमारा परिचय कराते हैं, लेकिन इससे वे गाँववादी नहीं हो जाते। उनकी कलात्मक सफलता की जाँच तो इसी से होगी कि मानव चरित्र के आख्यान को कितने सधे हुए पन से बुना गया है। 'चाक' का 'मानव चिड़ियाघर' इस दृष्टि से काफी समृद्ध और मनोरंजक है। इसमें गांव की राजनीति जितनी आयी है, गाँव का अर्थशास्त्र भी उतना ही आता, तो बेहतर होता।

'चाक' के इर्द-गिर्द इसी तरह का एक और मिथक बनाया जा सकता है—नारीवाद का। लेकिन यह भी उपन्यास की सच्चाई को अनदेखा करना होगा। हमें भूलना नहीं चाहिए कि जहाँ 'गोदान' में गाँव में चमारिन सिलिया और ब्राह्मण-पुत्र मातादीन जाति और वर्ग के बंधनों को तोड़ कर एक-दूसरे को अपनाते हैं तथा शहर में मालती के इस निष्कर्ष से मेहता सहमत होते हैं कि मित्र बन कर रहना स्त्री-पुरुष बन कर रहने से कहीं सुखकर है', वहीं 'मैला आँचल' में कमला और प्रशांत गंधर्व विवाह करते हैं और सामाजिक दृष्टि से अवैध माता-पिता बनते हैं, जिसे अंत में कमला के तहसीलदार पिता की मान्यता मिलती है और उनका भी हृदय परिवर्तन होता है। 'चाक' इससे आगे जाता है, तो वह हिंदी उपन्यास की मूल परंपरा का विस्तार ही है—किसी प्रकार का नारीवादी प्रक्षेपण नहीं। शिव की तरह क्या लेखक भी अर्धनारीश्वर नहीं होता और किसी भी समाज की गाथा स्त्री-पुरुष संबंधों को पुनर्परिभाषित किये बिना कैसे लिखी जा सकती है ? ध्यान देने की बात यह है कि मैत्रेयी पुष्पा की शक्ति उस मूलभूत आदर्शवाद को उकेरने में है, जिसकी जड़ें व्यक्ति की नैतिक सत्ता में हैं और जिसकी फुनगियाँ समाज में फूटती हैं। यह वही आदर्शवाद है, जो 'गोदान' की मालती और मेहता में तथा 'मैला आँचल' के प्रशांत में दिखाई देता है। साहित्य का कोई नैतिक आयाम है, तो यही है। इससे जाति और वर्ग संघर्ष के सवाल व्यर्थ नहीं हो जाते, लेकिन यह याद रखने में जरूर मदद मिलती है कि 'जो है, उससे बेहतर चाहिए' मनुष्य की एक मूलभूत नैतिक इच्छा भी है।

19. पुरुष अगर चाहे तो

अतीत और वर्तमान पर नजर दौड़ायी जाये तो स्त्री की हैसियत एक पुल की तरह प्रतीत होती है, जिसे रौंद कर सब अपने-अपने गंतव्य स्थान पर पहुँचते हैं। वह हमेशा दूसरों के लिए जीती है और इस बात को मान्यता तक नहीं दी जाती। जिन्हें भ्रम है कि सामंतवाद या पूँजीवाद ने स्त्री की यह दुर्दशा की है, उन्हें साम्यवादी देशों में स्त्री की हालत पर गौर करना चाहिए। क्या यह अकारण है कि यूरोप और तीसरी दुनिया में तो स्त्री राष्ट्र-प्रमुख के दरजे तक पहुँच सकी (हालाँकि उससे दूसरी स्त्रियों को कोई फायदा नहीं पहुँचा, जैसे पुरुष प्रधान मंत्री बनने से गरीब पुरुषों की बन नहीं आती), लेकिन किसी भी साम्यवादी देश ने स्त्री को यह प्रतीकात्मक गौरव भी नहीं दिया। क्रांति के बाद लेनिन ने दंभपूर्वक कहा था कि 'सोवियत रूस को छोड़ कर दुनिया में कोई भी मुल्क ऐसा नहीं है जहाँ स्त्री-पुरुष में पूर्ण समानता हो।' लेकिन 1917 से 1977 तक यानी 60 वर्षों में रूसी कम्युनिस्ट पार्टी के 15 सदस्यीय पोलिट ब्यूरो में सिर्फ एक बार एक स्त्री चार साल के लिए रही। निश्चय ही रूसी जीवन में स्त्रियों की महत्वपूर्ण भागीदारी है, लेकिन सत्ता से उन्हें वहाँ भी वंचित रखा जाता है। खटते स्त्री और पुरुष दोनों हैं, लेकिन महत्वपूर्ण निर्णय सिर्फ पुरुष लेते हैं। दूसरा उदाहरण शिक्षा जगत का है। सोवियत संघ के माध्यमिक स्कूलों में 60 प्रतिशत से ज्यादा शिक्षक स्त्रियाँ ही थीं, लेकिन प्रधानाध्यापक के 60 प्रतिशत से ज्यादा पदों पर पुरुष थे। यही स्थिति चीन की भी रही है।

वस्तुतः स्त्री की दासता या दूसरे दरजे की नागरिकता की यह व्यापकता भी उसकी सततता या निरंतरता का एक कारण है। जो कुछ हम अपने आसपास देखते हैं, उसे ही मानक मान लेते हैं और खुद भी वैसा ही करना चाहते हैं। जब वह हमारे लिए अतिरिक्त रूप से फायदेमद हो तब तो जरूर ही (पुरुषों के लिए) और जब नुकसानदेह हो तब भी यानी मन मार कर (स्त्रियों के लिए)। पुरुष और स्त्रियाँ इस मनोवैज्ञानिक अवरोध के कारण भी एक ऐसी व्यवस्था जारी रखने का पाप करते

हैं, जिसके कारण दोनों का आत्मिक क्षय होता है और शासक तथा शासित, दोनों के मूल्य एक हो जाते हैं। अंग्रेजी की स्त्री पत्रिका 'फेमिना' में एक स्तंभ है—मीटिंग ग्राउंड। जो पुरुष और स्त्रियाँ जीवन साथी की तलाश में है, वे इस स्तंभ में अपना परिचय देते हैं तथा बताते हैं कि उन्हें कैसा पति या कैसी पत्नी चाहिए। 23 अप्रैल 1988 के अंक में जयपुर की एक महिला ने अपने बारे में लिखा है : 'मैं 26 साल की, लंबी, स्मार्ट, दुबली, ग्रेजुएट, हैदराबादी सिंधी लड़की हूँ तथा मेरा नाक-नक्शा आकर्षक है। मैंने कॉन्वेंट में शिक्षा पायी है, मुझे 'फन' (हिंदी में मौजमस्ती, विनोद, खिलंधड़ापन, जो भी कह लीजिए) पसंद है, तथा मेरा स्वभाव दोस्ताना और स्नेहिल है। मेरी रुचियाँ हैं खाना पकाना, घर सजाना, पढ़ना और संगीत।' आदर्श स्त्री को कैसा होना चाहिए ? ऊपर का जवाब एक स्त्री का है। इसी स्तंभ में एक 28 वर्षीय सिंधी युवक का स्वप्न देखिए : 'मैं एक ऐसी लड़की की तलाश में हूँ, जिसने कोई व्यावसायिक शिक्षा प्राप्त की हो, जो बेहतर हो कि मेरे बराबर के पद पर कार्यरत हो। उसे स्नेहिल और सुसंस्कृत व्यक्ति होना चाहिए। मैं एक ऐसी लड़की से शादी करना चाहूँगा, जिसका स्वभाव 'एडजस्ट' करने (हिंदी में, दूसरों के अनुसार अपने को ढाल लेने) का हो तथा जो विनोदप्रिय हो। आधुनिक होने के साथ-साथ उसे प्राचीन मूल्यों के प्रति सम्मानशील भी होना चाहिए।' स्पष्ट है कि दोनों के मूल्य लगभग एक जैसे हैं। यानी स्त्री स्नेहिल हो और पुरुष के साथ 'एडजस्ट' करे।

क्या इस दुश्चक्र को तोड़ा नहीं जा सकता ? क्या इसके लिए बड़े पैमाने पर आंदोलन की जरूरत है ? जब तक ऐसा समाज नहीं बनता, जिसमें स्त्री-पुरुष सचमुच समान हों तब तक पुरुषों और स्त्रियों को इतिहास द्वारा लायी गयी अपनी-अपनी भूमिकाएँ क्या प्रसन्नतापूर्वक जारी रखनी चाहिए ? निश्चय ही यह आसान और सुविधाजनक है। पुरुष कह सकता है कि मैं अकेला क्या कर सकता हूँ : जब समाज का ढाँचा ही ऐसा है, तो सिर्फ मेरे किये क्या होगा ? एक औरत की आजादी सभी औरतों की आजादी नहीं हो सकती। दूसरी तरफ, स्त्री कह सकती है कि जब इतनी स्त्रियाँ अपनी पीठ पर यह बोझ उठाये हुए हैं, तो मुझे ही क्या पड़ी है कि विद्रोह कर दूँ और फालतू झमेला मोल लूँ ! जिस तरह सबकी कटती है, मेरी भी कट जायेगी। ऐसा लगता है कि यह प्रवृत्ति जितना सामाजिक जकड़न के कारण, उतना ही मानसिक आलस्य तथा व्यक्तित्वगत जड़ता के कारण भी पैदा होती है। लोग पहल नहीं करना चाहते। इसलिए नहीं करना चाहते, क्योंकि यह त्याग का रास्ता है, इसमें जोखिम भी है और सामाजिक उत्पीड़न का शिकार भी होना पड़ सकता है। लेकिन जरा सोचिए, जिस पहले आदमी ने सिर्फ दो पैरों से चलना शुरू किया होगा, उसे यह कितना अटपटा लगा होगा। हो सकता है, उसके झुंड के अन्य सदस्यों ने हँसी या विस्मय से उसका मजाक भी उड़ाया हो। जरा यह भी सोचिए कि जिस औरत ने पहली बार अदालत में तलाक लिया होगा, उसे कितनी पीड़ा हुई होगी तथा कितने

सामाजिक लांछन का शिकार होना पड़ा होगा। बहुत-से मामलों में शुरुआत या पहल हमेशा एक आदमी करता है और फिर वह चलन बन जाता है। चलन नहीं बनता, तब भी वह आनेवाली पीढ़ियों के उन लोगों को प्रेरणा-स्रोत तो बन ही जाता है, जिन्हें परंपरा या चलन की तानाशाही पसंद नहीं।

इस मामले में पुरुषों की पहल का महत्व निर्विवाद रूप से ज्यादा है, क्योंकि सत्ता परंपरागत रूप से उन्हीं के पास रही है। उन्हें ज्ञान प्राप्त करने के अवसर सुलभ रहे हैं तथा वे मानव जीवन से संबंधित सवालों पर विचार भी करते रहे हैं। अगर एक आदमी की पीठ पर दूसरा आदमी बैठा हुआ हो, तो इस दूसरे आदमी का स्वाभाविक कर्तव्य है कि वह उसकी पीठ से उतर जाये। और, इतिहास में सचमुच ऐसे अनेक पुरुष हुए हैं, जो स्वेच्छया पीठ से उतर गये हैं या जिन्होंने अपने प्रेम की मर्यादा रखने के लिए सिंहासन तक त्याग दिया है या अपनी पत्नी को इस हद तक आजादी दी है कि वह साथ सोये, लेकिन शारीरिक संपर्क से दूर रहे। ऐसी तीन सत्यकथाएँ यहाँ प्रस्तुत करने का उद्देश्य यह बताना ही है कि एक जड़ सामाजिक परिवेश में भी पुरुष चाहे तो अपनी अर्धांगिनी को कितनी दूर तक आजाद कर सकता है या उसके लिए कितना त्याग कर सकता है।

मेरा पहला हीरो है जॉन स्टुअर्ट मिल (1806-1873), जिसकी प्रतिभा का मुकाबला करनेवाले बहुत कम लोग पैदा हुए हैं। वह स्वतंत्रता का महान उपासक था तथा आधुनिक लोकतंत्र एवं नागरिक अधिकारों की चेतना के विकास के साथ उसका नाम अविच्छिन्न रूप से जुड़ा हुआ है। उसकी दोस्त हैरिएट टेलर भी उनके जैसी ही प्रतिभाशाली थी। मिल ने खुद स्वीकार किया है कि मेरे बहुत-से विचारों का विकास हैरिएट से बातचीत करने के दौरान ही हुआ। 21 साल तक वे सिर्फ दोस्त रहे, उनकी शादी हैरिएट के पति की मृत्यु (1851) के बाद ही हो सकी। जिस समय दोनों पहली बार मिले, हैरिएट 23 साल की थी, उसकी शादी के चार साल हो चुके थे और वह दो बेटों की माँ थी। पहली मुलाकात में ही मिल और हैरिएट दोनों एक-दूसरे पर फिदा हो गये। फिर उनका बौद्धिक साहचर्य अंतरंगता में बदलता गया। लेकिन हैरिएट का विवाहित जीवन उनके संबंध को मुक्त आकाश देने में बाधक था। हैरिएट ने अपने पति से बातचीत की और दोनों इस बात पर सहमत हो गये कि परीक्षण के तौर पर वह छह महीने तक मिल के साथ रहे। उसके बाद मिल और हैरिएट ने पेरिस में कई हफ्ते साथ-साथ बिताये। छह महीने बाद हैरिएट ने अपने पति से अंतिम रूप से अलग होने की इच्छा व्यक्त की। पति ने उसे स्वीकार नहीं किया, क्योंकि इससे उसकी सामाजिक स्थिति बुरी तरह प्रभावित होती। उसने आग्रह किया कि मिल से उसकी मुलाकातों पर उसे कोई आपत्ति नहीं है, किंतु पत्नी वह उसी की रहे। यह व्यवस्था 1834 से 1849 तक चलती रही। हैरिएट के पति की मृत्यु के दो वर्ष बाद मिल ने उससे विवाह कर लिया।

यह कहानी जितनी रोमांचक है, उससे ज्यादा रोमांचक है वह दस्तावेज, जो जॉन स्टुअर्ट मिल ने शादी के पहले तैयार किया था। मिल स्त्री स्वाधीनता का प्रबल पक्षधर था और जानता था कि कानून तथा समाज स्त्री को बराबरी का दरजा देने को अभी तैयार नहीं है। अतः उसने एक प्रतिज्ञा पत्र द्वारा स्वयं वे अधिकार त्याग दिये, जो पुरुष का पक्ष लेते थे। मिल के उस प्रतिज्ञा पत्र को यहाँ अविकल उद्धृत करते हुए मुझे अत्यंत आनंद का अनुभव हो रहा है :

'जिस एक मात्र स्त्री को मैंने जाना है और जिसके साथ मैंने वैवाहिक संबंध बनाया होता, उससे मेरा विवाह होने ही वाला है। इस विवाह के लिए उसकी अनुमति मिल जाने पर मैं अत्यंत प्रसन्न होऊँगा। लेकिन कानून में वैवाहिक संबंध की जो स्थिति है, वह ऐसी है, जिसे हम दोनों ही अमान्य करते हैं, क्योंकि अन्य चीजों के अलावा यह वैवाहिक अनुबंध के दोनो पक्षों में से एक को दूसरे के शरीर, संपत्ति तथा स्वतंत्रता पर हावी होने का कानूनी अधिकार तथा नियंत्रण देती है—इसमें दूसरे पक्ष की इच्छा या सहमति न हो, तब भी। चूँकि मेरे पास कोई ऐसा कानूनी जरिया नहीं है, जिसमें मैं अपने को इन कुत्सित अधिकारों से वंचित कर सकूँ (मैं ऐसा जरूर करता, यदि ऐसी कोई व्यवस्था हो सकती, जो कानूनी रूप से मुझ पर लागू होती हो), अतः विवाह का जो मौजूदा कानून एक पक्ष को ऐसे अधिकार प्रदान करता है, उसके प्रति अपना लिखित प्रतिवाद दर्ज करना मैं अपना कर्तव्य मानता हूँ तथा विधिवत यह प्रतिज्ञा करना भी कि मैं किसी भी स्थिति में तथा किसी भी प्रकार से इन (कुत्सित) अधिकारों का इस्तेमाल नहीं करूँगा। यदि श्रीमती टेलर और मेरा विवाह संपन्न हो जाता है, तो उस स्थिति में मैं अपनी यह इच्छा और इरादा तथा इस संबंध की यह शर्त घोषित करता हूँ कि उसे अपनी इच्छानुसार कार्य करने तथा अपने आपको एवं उस सबको, जो उसके पास है या भविष्य में आयेगा, अपने ढंग से व्यवस्थित करने का इस तरह पूर्ण अधिकार होगा जैसे हमारे हमारे बीच यह विवाह हुआ ही न हो तथा इस विवाह के द्वारा मुझे जो भी अधिकार मिलते प्रतीत होते हैं, उनका मैं पूरी तरह से परित्याग करता हूँ तथा उनका खंडन करता हूँ।'

कहने की जरूरत नहीं कि व्यक्ति में इच्छा शक्ति और संकल्प हो, तो वह अपने जीवन साथी की स्वतंत्रता की रक्षा के लिए कितनी दूर तक जा सकता है। वस्तुतः यह सच्चे प्रेम में ही संभव है, जो एक-दूसरे के व्यक्तित्व का आदर करना सिखाता है और इस प्रकार दोनों को एक-दूसरे के संपर्क से समृद्ध होने का अवसर देता है। इसके ठीक विपरीत एक उदाहरण मेरे स्कूल जीवन के एक मित्र का है। वह रोमांटिक साहित्य पढ़ने का बहुत शौकीन था। अब्बास, कृष्णचंदर वगैरह उसके प्रिय लेखक थे। स्कूल छोड़ने के करीब सात-आठ साल बाद की घटना है। तब तक उसका विवाह हो चुका था। एक दिन वह मेरे पास आया और मुझसे आग्रह करने लगा कि मैं अंग्रेजी में एक अनुबंध पत्र (कट्रैक्ट) तैयार कर दूँ। मामला यह था

कि उसकी एक प्रेमिका थी और वह उससे यह करार करना चाहता था कि वह मेरे मित्र के लिए हमेशा—यहाँ तक कि अपनी शादी के बाद भी, जो शीघ्र ही होने जा रही थी—शारीरिक उपयोग के लिए सुलभ रहेगी। मैंने अपने मित्र को बताया कि कानूनन इस तरह का करार संभव नहीं है, क्योंकि इस पर अमल नहीं कराया जा सकता। उसका जवाब था कि मुझे अदालत में थोड़े ही जाना है—मैं तो इसके द्वारा उस पर सिर्फ नैतिक दबाव बनाये रखना चाहता हूँ। उसने यह भी कहा कि उसकी प्रेमिका इस करार पर हस्ताक्षर करने को राजी है, अतः मैं दाल-भात में मूसलचंद क्यों बन रहा हूँ। मैंने उसे न केवल यह करार करने के लिए मना किया, बल्कि यह सलाह भी दी कि वह अपने परिवार की तरफ ध्यान दे और अपनी प्रेमिका को भी हर तरह से मुक्त कर दे। फिर भी वह कई दिन तक लगातार मेरे पास आता रहा। संकल्प शक्ति का एक कमाल आप ऊपर देख चुके हैं। उसकी तुलना संकल्प शक्ति के इस उदाहरण से कीजिए तो पता चल जायेगा कि आदमी-आदमी के फर्क से कितना कुछ बदल जाता है।

जॉन स्टुअर्ट मिल ने अपनी होनेवाली पत्नी को मनुष्यता का दरजा देने के लिए अपने 'कुत्सित' कानूनी अधिकारों को स्वतः छोड़ दिया था, लेकिन उसके विवाह के लगभग एक शताब्दी बाद एक ऐसा आदमी भी हुआ, जिसके सामने सिंहासन और प्रेमिका के बीच चुनाव का प्रश्न उठा तो उसने सिंहासन को ठुकरा दिया। विश्व में यह अपने ढंग का अकेला उदाहरण है। यह अनोखा आदमी था ब्रिटेन का राजकुमार एडवर्ड अष्टम और वह स्त्री, जिसके लिए साम्राज्य को भी छोड़ा जा सकता था, थी वासिल सिंप्सन। जॉर्ज बर्नार्ड शॉ बहुत संवेदनशील आदमी थे, लेकिन अपनी यथार्थवादिता के कारण कभी-कभी बहुत घातक मजाक भी करते थे। उनका कहना था कि विवाह के बाजार में तलाकशुदा स्त्रियाँ 'सेकंड हैंड' माल की तरह होती हैं, जिसके कारण उनका बाजार भाव कम हो जाता है। सिंप्सन न तो उर्वशी की तरह सुंदर थी और न ही अभिजात कुल की। इसके पहले वह दो बार विवाह की अँगूठी पहन चुकी थी और दूसरा विवाह भी टूटने के कगार पर था। यानी वह 'थर्ड हैंड' थी। जिस समय सिंप्सन और एडवर्ड की मुलाकात हुई, उस वक्त दोनों पर्याप्त परिपक्व थे : वह 32 की थी और वह 41 का। लेकिन सिंप्सन के व्यक्तित्व और विदग्धता पर एडवर्ड पहली मुलाकात में ही लट्टू हो गया। जॉन स्टुअर्ट मिल की तरह एडवर्ड अष्टम के लिए यह एक मात्र औरत नहीं थी, जिसे उसने जाना हो। उसकी एक मित्र थी श्रीमती डुडली वार्ड, जिसके साथ उसका 17 साल से रिश्ता था। एक दिन श्रीमती वार्ड ने राज परिवार में फोन किया, तो उसे यह सुन कर अपने जीवन का सबसे बड़ा धक्का लगा कि एडवर्ड से उसकी बातचीत नहीं हो सकती। क्या प्रिंस के लिए यह अनैतिक नहीं था ? शायद बहुत-से लोग ऐसा ही कहें। लेकिन मुझे लगता है कि विवाह के बाहर के किसी भी संबंध पर नैतिकता की यह कसौटी लागू

नहीं होती। प्रेम संबंध पानी के बुलबुले की तरह नहीं होना चाहिए, लेकिन यदि उसने कोई सामाजिक रूप नहीं लिया है, तो उसे हर प्रकार की परिणति के लिए तैयार रहना चाहिए। एडवर्ड ने श्रीमती वार्ड के साथ निभाया होता, तो यह उसका बड़प्पन होता, लेकिन यदि विवाह के लिए उसने किसी और को चुना तो इसे उसकी अमानवीयता नहीं कहा जा सकता।

मानव मन जितना गूढ़ है, सामाजिक नैतिकता उतना ही उच्छृंखल। अगर एडवर्ड चाहता, तो सिंप्सन को अपनी रखैल (या प्रेमिका) बना कर बहुत आसानी से रख सकता था। उच्च वर्ग में थोड़ी फुसफुसाहटें होतीं, बस। लेकिन एडवर्ड तो उससे विवाह करना चाहता था। और, यही हंगामे की जड़ बन गया। तत्कालीन ब्रिटिश प्रधान मंत्री बैल्डविन, विपक्ष के नेता विंस्टन चर्चिल तथा चर्च के प्रधान ने उससे साफ-साफ कह दिया कि यह शादी नहीं हो सकती—वह स्त्री राजकुमार की पत्नी नहीं बन सकती, जिसके दो-दो पति रह चुके हों। एडवर्ड को एक विकल्प यह दिया गया कि वह चाहे तो सिंप्सन से शादी कर ले, लेकिन उनके बच्चों को सिंहासन का उत्तराधिकार नहीं मिलेगा।

यह क्रूर विकल्प एक सच्चे प्रेमी को कैसे स्वीकार हो सकता था ? उसे उपपत्नी नहीं, पत्नी चाहिए थी। सिंहासन या वालिस सिंप्सन के साथ दांपत्य जीवन ? किसी भी सामान्य आदमी के लिए निर्णय करना आसान था : कोई भी स्त्री ऐसी नहीं हो सकती, जिसके लिए सिंहासन का परित्याग किया जा सके। एडवर्ड ने भी बहुत आसानी से फैसला कर लिया : सिंहासन इतना महत्वपूर्ण नहीं है कि उसके लिए मनचाहे जीवन साथी से वंचित रहा जाये। एडवर्ड ने एक देर रात तक जग कर एक घोषणा तैयार की और अगले दिन (10 दिसंबर 1936) रेडियो पर दुनिया भर को अपना फैसला सुना दिया : ''मैं, एडवर्ड अष्टम, अपने लिए तथा अपने वंशजों के लिए सिंहासन के परित्याग की घोषणा करता हूँ। आप यकीन करें कि राजा के रूप में अपनी जिम्मेदारी के भारी बोझ अपने कर्तव्यों का निर्वाह, जो मैं करना चाहूँगा, उस स्त्री की मदद और सहयोग के बिना मेरे लिए असंभव है, जिसे मैं प्यार करता हूँ।' इस घोषणा के द्वारा एडवर्ड अष्टम ने इतिहास के उस पन्ने पर अपने अमिट हस्ताक्षर कर दिये, जिस पर दुनिया के महान प्रेमियों के नाम टँके हुए हैं।

जयप्रकाश नारायण ने ऐसी कोई घोषणा तो नहीं की। लेकिन अपने वैवाहिक जीवन में उन्होंने जो महान बल्कि अतिमानवीय त्याग किया, उसकी कोई मिसाल नहीं है। आज लोग 'औरत सिर्फ शरीर नहीं है', 'भोग का सामान नहीं है' वगैरह की बहुत बात करते हैं, लेकिन उन्हें जेपी जैसी विकट परिस्थिति से गुजरना पड़े, तो उनके संतुलन का दिवाला पिट जाये। जेपी ने प्रभावती से विवाह किया, किंतु उनकी पत्नी ने विवाह के थोड़े दिन बाद ही ब्रह्मचर्य स्वीकार कर लिया और यह जेपी जैसा अद्भुत आदमी था, जिसने अपनी पत्नी के ब्रह्मचर्य को कभी खंडित नहीं

होने दिया।

ब्रह्मचर्य शायद कोई अच्छी बात नहीं है लेकिन यहाँ सवाल उसके अच्छा या बुरा होने का नहीं है। सवाल तो यह है कि अपनी पत्नी यदि अचानक निर्णय कर ले कि वह सेक्स से दूर रहेगी और इस फैसले से आपकी सहमति न हो, तो आप क्या करेंगे ? इसकी स्वाभाविक प्रतिक्रिया मानी जायेगी–संबंध विच्छेद। लेकिन प्रेम में डूबा हुआ एक शालीन फैसला यह भी हो सकता है कि आप इस फैसले का सम्मान करें। यह रास्ता अत्यंत कठिन है–लगभग असंभव, फिर भी जेपी ने इसी पर चलने का फैसला किया और इसे अंत तक निभाया भी। यह त्याग का उच्चतम स्तर है। यह सच है कि इसमें स्वतंत्रता आंदोलन के प्रेरक माहौल तथा जेपी की क्रांतिकारी व्यस्तताओं का भी काफी हद तक सहयोग रहा, फिर भी किसी भी अन्य व्यक्ति के लिए इस स्थिति को स्वीकार करना बहुत मुश्किल होता। पति ब्रह्मचारी हो जाये, तो पत्नी अपने को रोक लेती है (जैसा कि गांधी जी के मामले में हुआ), लेकिन पत्नी ब्रह्मचारी हो जाये, तो पति द्वारा अपने को रोक पाना इतना आसान नहीं होता।

जेपी और प्रभावती का विवाह बहुत कच्ची उम्र में हुआ था–उस वक्त वह 18 वर्ष के थे और वह 14 वर्ष की। जयप्रकाश के जीवनीकार दंपति एलन और वैडी स्कार्फ ने बताया है, विवाह के बाद 'हिंदू रिवाज के अनुसार जयप्रकाश प्रभावती को एक महीने के लिए अपने घर सिताबदियारा ले गये। वह बराबर उनकी माँ के साथ काम करती व सोती रहीं। इसके बाद प्रभावती मायके चली गयीं। उसके कुछ दिनों बाद जेपी शिक्षा प्राप्त करने के लिए अमेरिका चले गये और इधर प्रभावती गांधी जी के साबरमती आश्रम में उनकी बेटी की तरह रहने लगीं। गांधी जी आश्रम जीवन में यौन जीवन के खिलाफ थे। इसीलिए उनके बहुत-से शिष्यों ने ब्रह्मचर्य का पालन करने का निर्णय किया। शायद गांधी जी को इसे रोकना चाहिए था, लेकिन वे तब तक स्वयं यह मानने लगे थे कि वासना से मुक्त हो कर ही व्यक्ति आत्मशुद्धि के मार्ग पर आगे बढ़ सकता है। यह सच है कि गांधी जी ने प्रभावती को जेपी के विचारों को समझने और उनकी सेवा करने की सलाह दी और साथ ही जेपी से यह भी कहा कि यदि तुम्हें अपनी पत्नी से इतना प्रेम नहीं है कि तुम उसकी प्रतिज्ञा निभा सको, स्वयं भी वैसी प्रतिज्ञा ले सको, तो वैसी स्थिति में हिंदू धर्म तुम्हें दूसरा विवाह करने की अनुमति देता है।' लेकिन उनका आग्रह यह जरूर था कि संभव हो तो दोनों ब्रह्मचर्य का पालन करें। जेपी उन दिनों गांधीवादी नहीं थे–मार्क्सवादी थे, फिर भी इतने भावुक और सहृदय कि उन्होंने प्रभावती के प्रण का सम्मान करने की ठान ली।

क्या इसके कुछ अवांछित नतीजे भी निकले ? इसमें कोई संदेह नहीं कि जेपी और प्रभावती का वैवाहिक जीवन औसत से कहीं बहुत ज्यादा सफल और प्रेमपूर्ण

रहा, लेकिन इससे कुछ उलझनें भी पैदा हुईं। प्रभावती को लिखी गयी गांधी जी की एक चिट्ठी (19.5.1936) से पता चलता है कि प्रभावती को दौरे आते थे और दूसरी चिट्ठी से (30.6.1936) कि उन्हें अच्छी तरह नींद नहीं आती थी। दूसरी ओर, जेपी के बारे में कहा जाता है कि कई बार दूसरी स्त्रियों से उनके संबंध रहे। एक अस्वाभाविक स्थिति की ये स्वाभाविक परिणतियाँ थीं, लेकिन जेपी की जिस चीज के लिए उन्हें प्रणाम किया जा सकता है, वह है उनका दृढ़ आत्मसंयम, भावुकता तथा अत्यंत कष्ट उठा कर भी अपने पति होने के सबसे विशिष्ट अधिकार का त्याग।

20. स्त्री अगर चाहे तो

एक लोक गीत है, जिसमें बताया गया है कि रानी अपनी सौत से किस प्रकार छुटकारा पाती है। सोने की अटारी पर दीपक जल रहा था। राजा-रानी पासा खेल रहे थे। तभी वहाँ बेड़िन आयी। राजा ने पिटारे से चोली निकाल कर बेड़िन को दे दी। यह उसकी सेवा का प्रतिफल नहीं था, बल्कि प्रेम की घूस थी। यह देख कर रानी व्यग्र हो उठी। उसने राजा से कहा, 'आज तो हे राजा, तुम चोली दे रहे हो। कल राज दे दोगो !' यह कह कर रानी सोने की अटारी से नीचे उतर आयी और वज्र जैसा किवाड़ बंद कर बैठ गयी। अपने दस-पाँच बेटों को बटोर कर सास उसे मनाने आयी, 'हे दुलहिन, बेटे से तुमने बोलना क्यों छोड़ दिया ?' दुलहिन ने कहा, 'हे सास, मैं तुमको सोने की मचिया बनवा दूँगी। मैं लट खोले हुए तुम्हारे पैर लगूँगी। तुम चली जाओ। मैं राजा से नहीं बोलूँगी।' इसी प्रकार ससुर, जेठ, जेठानी, देवर, भौजाई, ननद आदि सब मनाने के लिए आये। बहू ने प्रत्येक की खुशामद कर उन्हें लौटा दिया। तब बेड़िन, जिससे राजा का संबंध था, उसे मनाने आयी। खिड़की से उसने पूछा, 'हे रानी, तुमने राजा से बोलना क्यों छोड़ा है ?' रानी ने कहा, 'हे बेड़िन, तुम्हारे कारण मैंने राजा से बोलना छोड़ा है ? तुम अपने घर लौट जाओ, नहीं तो मैं पीढ़ा उठा कर तुमको मारूँगी।' अंततः राजा हाथ में अनमोल बीड़ा लिये उसे मनाने आया। उसने रानी से कहा, 'हे रानी, तुमने बोलना क्यों छोड़ दिया ?' रानी ने जवाब दिया, 'हे राजा, विष की क्यारी तुमने ही बोयी है, अब क्यों पछता रहे हो ? मैं जनम भर के लिए तुमसे बोलना छोड़ दूँगी।' राजा ने कहा, 'हे रानी, मन का क्रोध त्याग दो। मैंने बेड़िन को निकाल दिया है। तुम न बोलने का हठ छोड़ दो।' गीत में रानी-राजा के इस संवाद की पंक्तियाँ हैं :

विष की कियारी राजा तुम बोयो
अब कैसे फिरि पछिताहु
राजा करिहों मैं जनम अनबोलना

मन क बिरोग रानी छोड़ दो
बेड़िन क दीन्हयों मैं निकारि
रानी करो न जनम अनबोलना

यह मार्मिक और अर्थ-गर्भित लोक गीत पता नहीं कितनी स्त्रियों ने कितनी बार गाया होगा, लेकिन न तो व्यक्तिगत स्तर पर और नहीं सामाजिक स्तर पर स्त्रियाँ कोई ऐसी तकनीक विकसित कर सकीं, जिससे वे अपने घर में सौत का आना रोक सकें। सौत किसी भी स्त्री को सहन नहीं होती, न होनी चाहिए। अतः यह मानने का कोई कारण नहीं है कि घर में जब सौत का पदार्पण होता होगा या स्त्री को पता चलता होगा कि उसके पति का किसी और स्त्री से यौन संबंध है, तो वह दुखी नहीं होती होगी या पति को रास्ते पर लाने की कोशिश नहीं करती होगी। लेकिन यह मानने का कारण अवश्य है कि सौ में से नब्बे मामलों में उसका प्रतिरोध पर्याप्त तगड़ा नहीं रहा होगा। इसीलिए हमारे समाज में सहपत्नियों की परंपरा चली आयी है। निश्चय ही यह कुत्सित परंपरा लोक जीवन में ज्यादा नहीं रही है—यह संपन्न वर्ग के माथे का 'तिलक' था। इसलिए यह अनुमान किया जा सकता है कि उस वर्ग की स्त्री ने प्रतिवादस्वरूप अपने पति से बोलना छोड़ दिया होता या उसके साथ पूरा असहयोग करती, तो वह कम-से-कम भूखों तो नहीं ही मरती। लेकिन ऐसा बड़े पैमाने पर क्यों नहीं हो सका ? क्या इसमें स्त्री की कोई जिम्मेदारी नहीं है ? क्या वे तभी आजाद होगीं, जब पुरुष उन्हें आजाद कर देंगे ? लेकिन तब उस आजादी का मतलब ही क्या होगा ? कमायी हुई चीज और पायी हुई चीज में क्या बुनियादी फर्क नहीं होता ?

यह नहीं सोचना चाहिए कि सौत पुराने जमाने की समस्या है। मार्च 1988 की खबर (*जार्डन टाइम्स*) है कि शारजाह के एक 85 वर्षीय बूढ़े व्यापारी ने भारत से दो किशोरियों को एक साथ मँगाया (क्योंकि स्थानीय लड़कियाँ शादी के लिए ज्यादा पैसा माँग रही थीं) और एक ही साथ दोनों से विवाह किया। उसने दोनों के साथ संयुक्त सुहागरात मनायी। लेकिन एक साथ दो शादियाँ क्यों ? खफन असकौर नामक इस बूढ़े ने *जॉर्डन टाइम्स* को बयान दिया कि मैंने दो लड़कियों से एक साथ शादी इसलिए की, ताकि वे एक-दूसरे के साथ मन बहला सकें। लेकिन कामुक बूढ़े को शिकायत थी कि 'शादी के कुछ ही दिनों बाद दोनों एक-दूसरे से झगड़ा करने लगीं।' उसने उनके झगड़े को खत्म करने में अपनी असमर्थता भी बतायी, 'मैं इंडियन बोलना तो दूर की बात, समझ भी नहीं पाता।' लेकिन अगर वह 'इंडियन' समझ और बोल पाता, तो क्या सचमुच उनका झगड़ा शांत कर पाता ? यथार्थ तो यह है कि इन किशोरियों का आपस में कोई वास्तविक झगड़ा था ही नहीं—उनका झगड़ा तो उस विलासी बूढ़े से था, जो स्त्री को मांसल गुड़िया भर मनाता है। लेकिन उससे झगड़ा मोल न ले कर उन्होंने आपस में झगड़ा करने का रास्ता चुना, क्योंकि यह

सुविधाजनक और आसान था। जीवन में हम अकसर यही करते हैं। शत्रु मजबूत होता है, तो हम अपना शत्रु ही बदल लेते हैं और उन लोगों से लड़ने लगते हैं, जिनके साथ वस्तुतः हमारी सहानुभूति होनी चाहिए। इसके बजाय अगर उन्होंने अपनी स्थिति का मर्म समझने की कोशिश की होती, तो वे संयुक्त मोरचा बना कर बूढ़े की नाक में दम कर सकती थीं।

कहा जा सकता है कि ये लड़कियाँ निश्चय ही गरीब, निरक्षर और असहाय होंगी, नहीं तो यौन उपयोग के लिए इनका 'आयात' ही क्यों किया गया होता। 'आयात' शब्द पर चौंकने की जरूरत नहीं है। अंतरराष्ट्रीय समाचार एजेंसी एसोशियेटेड प्रेस ने *जॉर्डन टाइम्स* से ली इस खबर को दुनिया भर गें प्रेषित करते हुए सचमुच 'आयात'—'स्पेशली इंपोर्टेड'—शब्द का प्रयोग किया है। जिसने यह समाचार लिखा होगा, उसकी संवेदना की बलिहारी है। उसकी अपनी बेटी का आयात हो, तो उसे पता चले कि आदमी का आयात क्या चीज है। जरा समाचार के शीर्षक पर भी गौर फरमाइए : डबल ट्रबुल यानी दोहरी परेशानी, जबकि यह मामला 'सिंगल ट्रबुल' का था, लेकिन ऐसा लिखने पर बूढ़े की नहीं, इन अभागी लड़कियों की परेशानी के बारे में सोचना पड़ता। इससे भी अनुमान लगाया जा सकता है कि इन लड़कियों को कितने प्रतिकूल माहौल का सामना करना पड़ रहा होगा। यह सब सही है, लेकिन क्या यह मानने का कोई आधार नहीं है कि इन लड़कियों ने अपनी बुद्धि का थोड़ा भी इस्तेमाल किया होता तथा दास समृद्धि के बजाय स्वाधीन अभाव का जीवन चुना होता, तो उन्हें 'आयातित' होना ही नहीं पड़ता ? मैं यह मानने को राजी नहीं हूँ कि इन लड़कियों को यह पता नहीं था कि इन्हें इतनी दूर क्यों ले जाया जा रहा है। यह तभी संभव है, जब इन्हें गुमराह कर शारजाह ले जाया गया होगा। लेकिन असली 'उद्देश्य' का पता लगते ही वे विद्रोह तो कर ही सकती थीं और यह कठिन था, तो कम-से-कम सुहागरात को तो मिल कर उस बूढ़े को दोनों से अपनी कामाग्नि शांत करने के बजाय अपना-सा मुँह ले कर रह जाने को बाध्य तो कर ही सकती थीं। जब किसी स्त्री को वेश्या बनाया जाता है, तब वह भी हफ्तों प्रतिरोध करती है, पिटती है, भूखी रहती है, तब कहीं आत्मसमर्पण करती है। कहा गया है, और ठीक ही कहा गया है, कि स्त्री जानती भले ही बहुत कुछ न हो, पर समझती सब कुछ है। लेकिन निर्णायक सवाल तो यह है कि वह समझ कर करती क्या है ?

इस सिलसिले में अनायास ही दो-तीन चीजों की तरफ ध्यान जाता है। एक तो स्त्री की शक्ति। कहा जा सकता है कि स्त्री का स्त्री होना ही पुरुष के खिलाफ उसकी सबसे बड़ी ताकत है। आस्कर वाइल्ड ने कहा है कि पुरुष औरत के साथ नहीं रह सकता, लेकिन उसके बिना भी नहीं रह सकता। इस 'बिना' में केवल यौन संबंध नहीं है, और भी बहुत कुछ है, जिसके बगैर जीवन का कोई अर्थ नहीं है। स्त्रियाँ अपनी इस ताकत को पहचानती हैं। लेकिन उन्होंने अपने हितों की रक्षा में

इसका उचित तथा पर्याप्त इस्तेमाल नहीं किया है। यह सच है कि जीवन लेन-देन नहीं है (इस तरह जो देखता है, वह निचले स्तर पर तो सुखी रह सकता है, लेकिन उसकी चेतना एक सीमित तथा व्यापारी चेतना होगी, अतः बड़े सुख हमेशा उसकी सीमा के बाहर रहेंगे)। मगर कई बार ऐसे अवसर आते हैं, जब हमें थोड़ा 'एकाउंट्स' भी रखना पड़ता है। चुपचाप कष्ट सहते जाना या तो संतों का गुण है या फिर गधों का। एक सब कुछ जानता है, इसलिए सब कुछ को माफ कर सकता है। दूसरा कुछ नहीं जानता, इसलिए वह न अपने दुख को ठीक से पहचानता है और न उसके स्रोत को, इसलिए उसका सब कुछ माफ किया जा सकता है। लेकिन सामान्य स्त्री-पुरुष इन दोनों के बीच के लोग हैं। अतः यदि वे अपने प्रेम तथा गौरव की रक्षा के लिए संघर्ष करते हैं, तो यह उनकी जीवंतता का ही प्रमाण होगा। सिर्फ लाशें विद्रोह नहीं करतीं और स्त्री का कितना भी दमन किया गया हो, उसे लाश नहीं बनाया गया है, क्योंकि स्त्री के बिना पुरुष का काम चल ही नहीं सकता। इसलिए वह स्नेहपूर्ण सत्याग्रह कर क्रूर या अन्यायी पति का काफी हद तक मुकाबला कर सकती है। वस्तुतः महात्मा गांधी ने सत्याग्रह या रचनात्मक असहयोग की तकनीक अपनी पत्नी से ही सीखी थी। पुरुष ने यदि स्त्री को अपमानित किया है, तो वह ऐसे अनेक तरीकों से पुरुष को वंचित कर सकती है, जिससे वह उसके साथ तमीज से पेश आये। बिस्तर इसका सिर्फ एक आयाम है। स्त्री पुरुष के जीवन में भले ही हाशिये की चीज रही हो, लेकिन परिवार का पौधा तो उसके खून से सिंच कर ही सीधा खड़ा रह पाता है और उसमें फल-फूल लगता है। अतः स्त्री के असहयोग से बहुत कुछ ठप हो जा सकता है। निस्संदेह स्त्री ने अपनी इस शक्ति का प्रयोग किया है, किंतु बहुत सीमित स्तर पर।

स्त्री शक्ति का बड़े पैमाने पर उचित इस्तेमाल न हो पाने का क्या कारण रहा हो सकता है ? ऐसा प्रतीत होता है कि इस धार्मिक मान्यता ने स्त्री को कमजोर करने में सबसे केंद्रीय भूमिका निभायी है कि विवाह जीवन भर का बंधन है और एक बार किसी का हाथ पकड़ लेने के बाद उसे छोड़ा नहीं जा सकता। जब रहना इसी के साथ है, यही मेरा सुहाग है, इसे छोड़ कर किसी और के साथ गृहस्थी नहीं बसायी जा सकती, तो फिर जितना हो सके निभाते चलो। विधवा का जीवन अत्यंत दुर्दशाग्रस्त रहा है। एकाकी औरत का समाज में सम्मानपूर्वक रह पाना लगभग असंभव रहा है। पति गृह से अलग हुई स्त्री को उसके पिता के यहाँ भी अच्छी निगाह से नहीं देखा जाता रहा है। आर्थिक सत्ता संपूर्ण रूप से पुरुष के हाथ में केंद्रित रही है। अतः कुल मिला कर स्त्री के संघर्ष का रास्ता निश्चय ही बहुत कठिन था। इन सीमाओं के बावजूद कुछ जमीन तो फिर भी ऐसी बची रहती थी, जहाँ खड़ी हो कर स्त्री चाहती, तो अपने स्वाभिमान को घर्षित होने से रोक सकती थी। जो लोग यह कहते हैं कि गर्भ निरोधकों के आविष्कार ने स्त्री को पहली बार सच्चे अर्थों

में मुक्त किया है, वे स्त्री को एक ऐसा अभागा प्राणी मानते हैं, जिसकी छोटी-सी योनि के साथ एक बड़ा-सा गर्भाशय जुड़ा हुआ है। गर्भ निरोधकों ने मुक्त स्त्री को और मुक्त किया है (यानी अपने शरीर पर नियंत्रण सौंपा है) लेकिन स्त्री को सच्चे अर्थ में किसी चीज ने मुक्त किया है, तो वह है तलाक पाने का अधिकर। जो विवाह किसी भी स्थिति में अटूट है, वह खोटा साबित होने पर आजीवन कैद में बदल जाता है।

दरअसल, गुलामी पूरी की पूरी एक साथ नहीं आती। जैसे प्रेम धीरे-धीरे सुदृढ़ होता है, वैसे ही गुलामी का फंदा भी धीरे-धीरे कसता जाता है। खासकर स्त्री के जीवन में। जिनके जीवन में पूरी गुलामी एक साथ आती है, उनके लिए उसका चरित्र भी समझना आसान होता है। जैसे, घरेलू नौकर। शुरू में तो पति स्त्री और अपने बीच एक सूत को भी बरदाश्त नहीं कर सकता, फिर धीरे-धीरे उससे मुक्त होता जाता है। स्त्री यदि अपनी गुलामी की आहटों को पहचान ले और उसे कली अवस्था में ही कुचल दे, तो उसका प्रेम सजा में परिणत होने से बच सकता है। लेकिन वह समर्पण तथा सेवा से ही पुरुष का दिल जीतना चाहती है और इसी में मार खाती है। 'कामायनी' में श्रद्धा मनु से कहती है :

समर्पण लो—सेवा का सार
सजल-संसृति का यह पतवार
आज से यह जीवन उत्सर्ग
इसी पद-तल में विगत-विकार

और शीघ्र ही पाती है कि उसके उत्सर्ग का अपमान किया गया है। मनु महाराज नये सुखों की खोज में उसे गर्भवती अवस्था में अकेली छोड़ कर चल देते हैं—'रुक जा, सुन ले ओ निर्मोही।' वह कहती रही अधीर श्रांत।' ऐसा उत्सर्ग, जो आत्महनन का पर्याय बन जाये, चूल्हे में झोंक देनी चाहिए।

कहा जा सकता है कि किसी भी स्त्री को क्या पता होता है कि उसके साथ आगे क्या होनेवाला है। हर आदमी अपनी जिंदगी नये ढंग से जीना शुरू करता है। लेकिन क्या पूरी तरह से ? फिर तो इतिहास की कोई उपयोगिता ही नहीं रह जायेगी। इतिहास सिर्फ मोटी-मोटी किताबों में ही नहीं लिखा जाता, वह मनुष्य द्वारा मनुष्य को सीधे भी हस्तांतरित होता है। स्त्रियाँ अपने अनुभवों का निचोड़ लोक गीतों के माध्यम से अगली पीढ़ी को हस्तांतरित करती आयी है। इसी के साथ-साथ प्रत्येक माँ अपनी बेटी को क्या यह नहीं समझा सकती थी कि बेटी, मेरा जीवन तो किसी तरह बीत गया, लेकिन तुम यह गुलामी मत अंगीकार करना। कितनी माँओं ने अपना यह कर्तव्य निभाया है ? लेकिन वे निभातीं भी कैसे : उनकी दिलचस्पी सत्ता को समाप्त करने में ही नहीं, सत्ता के बँटवारे में ज्यादा थी। इसीलिए वे अंतःपुर में अपनी राजनीति चलाती रहीं। स्वाधीन व्यक्ति दूसरों को स्वाधीन देख कर प्रसन्न

होता है : गुलाम दूसरों को गुलाम बना कर तृप्ति अनुभव करता है। इसी लिए सास अपनी बहू को दबाती है और इसी लिए वह अपनी बेटी की आँखों में स्वाधीनता का स्वप्न नहीं बो पाती। एक ही व्यक्ति दो तरह के मूल्य कैसे रख सकता है : माँ अगर अपनी वेदनाओं का मर्म अपनी बेटी को दे जाना चाहेगी, तो उसे अपनी बहू को भी किसी की बेटी समझना होगा। चूँकि यह नहीं हुआ, अतः प्रेम की राजनीति का स्थान प्रतिशोध की राजनीति ने ले लिया। हर स्त्री अपने बेटे के माध्यम से नई पीढ़ी की स्त्री से बदला लेने लगी। अंतःपुर की इस कुटिल राजनीति को स्पष्ट करने के लिए फिर लोक गीत का ही उदाहरण लें :

बहू कहती है–हे सास जी ! मैं तुम्हारे पैर पड़ती हूँ। कहो तो भाई से भेंट कर आऊँ। सास जवाब देती है : हे बहू ! मैं क्या जानूँ। जेठानी को बुला कर पूछ लो। बहू जेठानी के पास जाती है : हे जेठानी ! मैं तुम्हारे पैर पड़ती हूँ। आज्ञा हो तो भाई से भेंट कर आऊँ। जेठानी जवाब देती है : हे बहू ! मैं क्या जानूँ। दुलारी ननद से पूछ लो। बहू ननद के पास जाती है : हे प्यारी ननद ! मैं तुम्हारे पैर पड़ती हूँ। कहो तो भाई से मिल लूँ। ननद जवाब देती है : हे भौजाई ! मैं क्या जानूँ। बखार में जितना धान है, उतना कूट कर तब भाई से भेंट करने जाओ। जितना कोठिला में गेहूँ है, उतना पीस कर तब भाई से मिलने जाना। पीपल में जितने पत्ते हैं, उतनी रोटियाँ पो कर तब भाई से मिलने जाना। *(जितना पिपरवा में पतवा उतना रोटिया पोये जाव, तब भौजी मैया भेंटन जाव।)*

इसे ही अंग्रेजी में सैडिज्म कहते हैं यानी दूसरे के दुख से प्रसन्न होना। इसका निदान क्या है ? नोबेल पुरस्कार विजेता कवि जोसेफ ब्राडस्की ने इस संदर्भ में एक बहुत महत्वपूर्ण प्रसंग की चर्चा की है–'बीस साल पहले उत्तरी रूस की असंख्य जेलों में किसी एक के अहाते में यह दृश्य घटित हुआ। सुबह सात बजे एक सेल दरवाजा खोला गया और चौखट पर खड़े हो कर जेल के एक गार्ड ने कैदियों को संबोधित कर कहा, 'नागरिको, सहवासियो, इस जेल के रक्षकों का समवाय आप लोगों को चुनौती देता है कि आप अहाते में जमा की गई लकड़ी को चीरने में समाजवादी प्रतियोगिता करें।' (यानी देखें, गार्डों और कैदियों में कौन जीतता है) रूस के उस हिस्से में एक ही स्थान से पूरे भवन को गरम करने की व्यवस्था नहीं है। सो स्थानीय पुलिस आसपास की सभी लकड़ी कंपनियों से उनके उत्पादन का दसवाँ हिस्सा टैक्स के रूप में वसूलती है। जिस समय की मैं चर्चा कर रहा हूँ, उन दिनों जेल का अहाता लकड़ी के असली गोदाम जैसा लगता था। लकड़ी के टीले दो या तीनमंजिला मकान की ऊँचाई तक लदे होते थे : उनके सामने जेल की एकमंजिला चतुष्कोणीय इमारत भी बौनी नजर आती थी। उस विशाल ढेर को चीरने की आवश्यकता स्वतः स्पष्ट थी, यद्यपि इस तरह की समाजवादी प्रतियोगिताएँ पहले भी हो चुकी थीं। कैदियों में से एक ने सवाल किया, 'यदि मैं इस प्रतियोगिता में भाग न लूँ, तो ?' गार्ड का

जवाब था, 'तो तुम्हें खाना नहीं मिलेगा।' "

कैदियों को कुल्हाड़े जारी कर दिये गये और लकड़ी की चिराई शुरू हुई। कैदी और गार्ड, दोनों निष्ठापूर्वक काम कर रहे थे और दोपहर होते-होते वे थक गये—खासकर कैदी, जिन्हें पूरा खाना नहीं मिलता था। तब मध्यांतर की घोषणा की गयी और सब लोग बैठ कर खाने लगे—सिवाय उस कैदी के, जिसने सवाल किया था। वह अपना कुल्हाड़ा चलाता रहा। इधर गार्ड और बाकी कैदी उसके बारे में मजाक करते रहे, जैसे यह कि यहूदी आम तौर पर तो स्मार्ट होते हैं, लेकिन यह...मध्यांतर के बाद काम फिर शुरू हुआ, हालाँकि इस बार सुबहवाला उत्साह नहीं रह गया था। चार बजे गार्डों की शिफ्ट खत्म हो गयी। उसके थोड़े ही देर बाद कैदियों का भी वक्त पूरा हो गया। लेकिन उस कैदी का कुल्हाड़ा चलता ही रहा। कैदियों और गार्डों, दोनों ने कई बार उससे कहा कि वह काम रोक दे, लेकिन उसने इस तरफ कोई ध्यान नहीं दिया। ऐसा लग रहा था, मानो उसने कोई लय हासिल कर ली है, जिसे वह तोड़ना नहीं चाहता था या लय ही उस पर हावी हो गई थी ?

'दूसरों को वह किसी यंत्र-मानव की तरह लग रहा था। पाँच बज गये, छह बज गये, फिर भी उसका कुल्हाड़ा उठता और गिरता रहा। अब गार्ड और कैदी, दोनों उसकी ओर बड़ी उत्सुकता से देख रहे थे : शुरू में उनके चेहरों पर कटुता का भाव था, जिसका स्थान बाद में विस्मय ने ले लिया और फिर आतंक ने। साढ़े सात बजे उस आदमी ने अपना कुल्हाड़ा रोका, अपने सेल की तरफ झपटा और फिर सो गया। अगले दिन से जब तक वह उस जेल में रहा, गार्डों और सहवासियों के बीच समाजवादी प्रतियोगिता का आह्वान कभी नहीं किया गया, हालाँकि लकड़ी का टीला ऊँचा से ऊँचा होता गया।'

स्थिति की सटीक समझ, निष्कंप निर्णय और पूरी आत्मसजगता के साथ पीड़ा का जवाब और अधिक पीड़ा से देना एक रास्ता है, लेकिन एकमात्र रास्ता नहीं है। जिस तरह सभी पीड़ाओं में साम्य होता है, उसी तरह हर पीड़ा अपने स्तर पर कुछ अनोखी भी होती है और उसका सामना उस अनोखेपन का चरित्र समझकर ही किया जा सकता है। जहाँ एक मात्र कड़ाई ही काम कर सकती है, वहाँ आत्म-पीड़ा दुखों को और बढा देगी। इसका एक उदाहरण मैं अपने हाल के अनुभव से दूँगा। हमारे पड़ोस में एक युवा स्त्री रहती है, तीन बच्चों की माँ। उसका पति काफी दिनों से उस पर आश्रित है और उसे न केवल पीटता रहा है बल्कि तरह-तरह से अपमानित भी करता रहा है। उस दिन जब वह हमारे घर पर आयी, तो उसने तीन दिन से खाना नहीं खाया था और इन तीन दिनों में काफी पिट भी चुकी थी। वह समझ नहीं पा रही थी कि क्या करे। उसे आशंका थी कि आज की रात भी वह झगड़ा करेगा और फिर उसे पीटेगा। मैंने उसे सलाह दी कि वह एक छुरा अपने पस रखे और पति को दिखा कर कह दे कि देखो, यह छुरा मेरे पास है। तुम मुझ पर हाथ

उठाने आओगे, तो मैं यह छुरा चला दूँगी। फिर वह खाना बनाये और पति को खाने को कहे। वह न खाये तो उसका खाना निकाल कर थाली ढक दे और उसे कह दे कि जब भूख लगे तब खा लेना। फिर वह बच्चों सहित खुद खाना खा ले और छुरा बगल में रख कर सो जाये। यह युक्ति सचमुच काम कर गयी। उस रात के बाद से इस स्त्री के मन में अद्‌भुत साहस का संचार हुआ और अब वह जीवन से उतनी निराश नहीं है।

कहा जा सकता है, समाज आर्थिक रूप से बहुत समस्याग्रस्त न हो, समाज में लोकतांत्रिक माहौल हो तथा स्त्रियों में शिक्षा का प्रसार हो, तब स्त्रियों के लिए अपनी स्थिति को पहचानना आसान होता है तथा वह अपना संघर्ष जारी रख सकती है। यह सही है, लेकिन गलत भी। क्या दासों का विद्रोह ठीक इन्हीं स्थितियों में नहीं हुआ था ? क्या निरक्षर-गरीब किसान अपने हकों के लिए नहीं लड़ते रहे हैं ? ऐसा लगता है कि स्त्री के संघर्ष के दो स्तर होने चाहिए—पहला, सामाजिक और दूसरा, संबंधों के स्तर पर। दोनों एक-दूसरे के पूरक हैं। लेकिन पहली तरह का संघर्ष शुरू करने में व्यापक तैयारी की जरूरत होती है, जबकि संबंधों के स्तर पर संघर्ष किसी भी क्षण शुरू किया जा सकता है। यह जरूर है कि पति-पत्नी के बीच संघर्ष शब्द लाना शायद उचित नहीं है। माँ का बेटे से या बेटे का माँ से क्या संघर्ष हो सकता है ? ऐसे अंतरंग रिश्तों में कोई भी कार्यवाही प्रेम तथा संवेदना से ही संचालित होनी चाहिए। संवेदना से ही हम अपना बड़प्पन बचाये रख सकते हैं और प्रतिवाद को रचनात्मक बना सकते हैं। वैसे, यह अंतरंग ही नहीं, सभी नाते-रिश्तों पर लागू होती हैं। जिंदगी में कठिनाइयाँ बुराई के रास्ते से आती हैं, तो उनका समाधान अच्छाई के रास्ते से ही आ सकता है। लेकिन यह तभी सफल होगा, जब हममें अपने चुने हुए रास्ते पर चलने और उसके लिए कोई भी जोखिम उठाने का साहस हो। संघर्ष शक्ति की परीक्षा तो प्रतिकूल स्थितियों में ही होती है। अनुकूल स्थिति में किया गया संघर्ष भी क्या कोई संघर्ष है ! बिना जोखिम या त्याग के जीवन में कुछ भी हासिल नहीं होता—सच्चा प्रेम तो नहीं ही; बल्कि प्रेम जितना सच्चा होगा, जोखिम उठाने और त्याग करने का माद्दा उतना ही ज्यादा होगा। कभी-कभी यह साहस मृत्यु की ओर भी ले जा सकता है। लेकिन क्या स्वतंत्रता इतनी बुनियादी चीज नहीं है कि जरूरत पड़ने पर उसके लिए जान को भी दाँव पर लगा दिया जाये ?

□□□